수덕·신비 신학 *4*

수덕 신학
신비

4

빛의 길 ★ 아돌프 땅끄레 지음 · 정대식 옮김

가톨릭
크리스챤

Adolphe Tanquerey
Précis de Théologie Ascétique et Mystique
© 1923 et 1924 by Desclée & Co., Paris

역자의 말

 아돌프 땅끄레(Adolphe Tanquerey) 신부의 원저,「수덕·신비 신학의 개요」(Précis de Théologie Ascétique et Mystique)라는 이 책은 교회의 전통적인 영성신학 서적으로 매우 유명하다. 이러한 땅끄레 신부의 원래 저서를, 요한 고찌에(Jean Gautier) 신부가 요약하고 축소시켜서,「나의 내적 삶을 위하여」(pour ma vie int rieure)라는 책으로 출판하였다.
 그리고 한국에서는 1959년 8월에 한공렬 대주교가 신학생들의 영성 강화를 위하여, 이 축약된 고찌에 신부의 책 가운데 제Ⅰ권(제1항-제326항의 요약된 문항)만을 번역 출간하였다. 그리고 축약된 고찌에 신부의 제Ⅱ권은 현재까지 발간되지 않고 있다.
 역자는, 진리는 언제나 변하지 않는다는 신념 아래 비록 미세하고 부분적인 약간의 변화가 있지만, 제2차 바티칸 공의회 이후의 오늘날에도 땅끄레 신부의 저서「수덕·신비 신학의 개요」는 교회의 기본 진리를 이해하고 영성생활을 발전시키는 데 꼭 필요한 책으로 여기고 있다. 이러한 뜻에서 역자는 땅끄레 신부의 원저 전체(제5판), 즉 제Ⅰ권(제1항-제617문항)과 제Ⅱ권(제618항-제1599문항) 모두를 제5편으로 나누어 완역하였다.
 원저「수덕·신비 신학의 개요」는 모두 1000쪽의 방대한 분량으로 쓰여졌는데, 땅끄레 신부는 이 책에서 생명의 기원과 본질

및 중요성, 영혼 안에서 역사하시는 성령, 그리스도적 생명의 완성, 성화를 위한 마리아의 역할, 완덕의 본질과 의무 그리고 그 필요성 등을 다루고 있다. 이 책은 무엇보다 먼저, 강생의 교의를 바탕으로 영혼이 어떻게 올바른 신심과 내적 생활을 통하여 완덕에 이르는가를 상세하게 설명하고 있다.

제1편(제1항-제294항)은, 초자연적인 생명의 기원과 본질이 어떻게 그리스도 안에서 완성되는가를 분명하게 밝히고 있다. 그리고 세례를 받은 그리스도인이면 누구나 완덕에 나아가야 한다는 사명을 깨우치고 있다.

제2편(제295항-제617항)은, 완덕에 이르는 보편적인 방법들을 제시하면서 특히 실천적인 점들을 강조하고 있다. 즉 하느님과의 일치는 완덕의 삶에서 매우 실천적이고 보다 현실적이며 구체적임을 강조하고 있다. "그저 듣기만 하여 자기 자신을 속이는 사람이 되지 말고 말씀대로 실천하는 사람이 되십시오."[1]

제3편(제618항-제960항)은, 영혼이 하느님께 나아가는 정화의 길에 대해서 말하고 있는데, 교회의 전통적인 교의와 영성의 여러 학파들에 대한 학설에 기초를 두고 있다. 그리고 영혼의 정화가 모든 선의 원천이신 하느님과의 일치 안에서 어떻게 완전해질 수 있는가를 살피고 있다.

제4편(제961항-제1288항)은, 빛의 길에서 하느님과의 친밀하고 내적인 일치에 관하여 말한다. 그리고 이 일치는 우리 안에 살아 계시는 성삼위의 인도 아래 실현된다는 것을 분명하게 밝히고 있다.

---

1) 야고 1, 22.

끝으로 제5편(1289항-1599항)은, 하느님과의 일치를 위해서 어둠의 세력과 세속, 낡은 인간의 성향에 대항하는 싸움이 필요하다는 것을 사도 바오로와 함께 강조한다.

이와 같이 영성생활에서 수덕·신비 신학이 말하는 교회의 전통적인 완덕에 대한 세 가지 단계를 상세하게 제시해 준다. 즉 정화의 길, 빛의 길, 일치의 길을 위해서는 영성적 전쟁, 줄기찬 노력, 인내와 극기, 유혹, 타락에서 끊임없는 회개가 영성생활의 기초임을 일깨워 주고 있다.

번역 후에 언제나 느끼는 부족함에는 할 말이 없다. 특히 현대적인 용어 사용을 시도하는 데는 많은 어려움이 있었음도 고백한다. 그럼에도 이 책이 완덕과 영성적 성장을 지향하는 영혼들에게 조금이라도 도움이 된다면 더 없는 기쁨이 될 것이다.

끝으로 이 책이 나오기까지 많은 노력과 성원을 아끼지 않은 안영주(데레사)님과 김정이(프란치스카)님, 크리스챤 출판사 한용환(사도 요한)님께 깊은 감사를 전하며 하느님의 축복을 기원한다.

2000년 10월 15일
성녀 예수의 데레사 대 축일에

정 대 식(플로리아노) 신부

차 례

역자의 말 / 5

제4편 빛의 길(진보된 영혼)

서 론

I. 어떤 영혼들이 빛의 길에 적합한가 / 16
II. 빛의 길을 따르기 위한 계획은 무엇인가 / 19
III. 진보 과정에 있는 두 종류의 영혼들 / 24

제 I 부 정감적 묵상기도

- 제1장 정감적 묵상기도의 본질 / 32
- 제2장 정감적 묵상기도의 유익성 / 38
- 제3장 정감적 묵상기도의 위험과 장애 / 41
- 제4장 정감적 묵상기도의 방법 / 45
  I. 성 이냐시오의 방법 / 45
  II. 성 슐피스의 방법 / 50

제 II 부 윤리덕(倫理德)

I. 일반적인 주입덕 / 55

  II. 윤리덕 / 64

  제II부 윤리덕의 분류 / 67

● 제1장 현　　명 / 68

  I. 현명의 덕에 대한 본질 / 68

  II. 현명의 덕의 필요성 / 75

  III. 현명의 덕을 완성시킬 수 있는 방법들 / 78

● 제2장 정　　의 / 86

 제1절 엄밀한 의미로서의 정의 / 86

  I. 정의의 덕의 본질 / 86

  II. 정의를 실천하기 위한 규범들 / 89

 제2절 경신덕 / 93

  I. 경신덕의 본질 / 93

  II. 경신덕의 필요성 / 96

  III. 경신덕의 실천 / 99

 제3절 순　　명 / 103

  I. 순명의 기초와 본질 / 103

  II. 순명의 단계 / 108

  III. 순명의 자질 / 110

  IV. 순명의 탁월성 / 116

● 제3장 용　　기 / 123

 제1절 용덕의 본질 / 123

  I. 용덕의 정의 / 123

  II. 용덕의 단계 / 125

 제2절 용덕과 관계되는 다른 덕들 / 130

  I. 아　　량 / 130

  II. 관대함 / 131

  III. 인　　내 / 133

  IV. 항구심 / 139

제3절 용덕을 획득하고 완성시키는 방법 / 141
● **제4장 절　　제** / 145
　제1절 정　　결 / 146
　　　Ⅰ. 부부간의 정결 / 148
　　　Ⅱ. 동정 또는 독신 / 151
　제2절 겸　　손 / 169
　　　Ⅰ. 겸손의 본질 / 170
　　　Ⅱ. 겸손의 여러 단계 / 174
　　　Ⅲ. 겸손의 탁월성 / 181
　　　Ⅳ. 겸손의 실천 / 186
　제3절 온　　유 / 202
　　　Ⅰ. 온유한 덕의 본질 / 202
　　　Ⅱ. 온유한 덕의 탁월성 / 203
　　　Ⅲ. 온유한 덕의 실천 / 205

제Ⅲ부　대신덕(對神德)

● **제1장 신　　덕(믿음)** / 215
　　　Ⅰ. 신덕의 본질 / 215
　　　Ⅱ. 신덕의 성화적 역할 / 219
　　　Ⅲ. 신덕의 실천 / 226
● **제2장 망　　덕(희망)** / 234
　　　Ⅰ. 망덕의 본질 / 234
　　　Ⅱ. 망덕의 역할 / 237
　　　Ⅲ. 망덕의 실천 / 242
● **제3장 애　　덕(사랑)** / 252
　제1절 하느님께 대한 사랑 / 255

Ⅰ. 하느님께 대한 사랑의 본질 / 256
       Ⅱ. 하느님께 대한 사랑의 성화적 역할 / 261
       Ⅲ. 하느님께 대한 사랑의 점진적 실천 / 266
   제2절 이웃에 대한 사랑 / 276
       Ⅰ. 형제적 사랑의 본질 / 276
       Ⅱ. 형제적 사랑의 성화 / 277
       Ⅲ. 형제적 사랑의 실천 / 280
   제3절 사랑의 원천이신 예수 성심 / 290

           제Ⅳ부 악의 공격에 대한 투쟁

● 제1장 일곱 가지 죄에 대한 각성 / 304
       Ⅰ. 죄의 성향에서 교만까지 / 304
       Ⅱ. 감각적 죄들 / 305
       Ⅲ. 영적 인색 / 307
● 제2장 영적 미지근함 / 309
       Ⅰ. 영적 미지근함의 본질 / 309
       Ⅱ. 영적 미지근함의 위험들 / 313
       Ⅲ. 영적 미지근함에서의 이탈 / 315

   부   록 : 빛의 길을 위한 영의 식별 / 318

   제4편 빛의 길의 요약 / 322

제 4 편

빛의 길
(진보된 영혼)

제4편 빛의 길에서는, 영혼이 어떻게 덕(德)의 실천을 통해 예수님을 따르는가를 분명하게 보여 주고 있다. 즉 영혼은 예수님의 모범에 따라 빛의 길을 걸어야 한다. 그러기 위해서 영혼은 초자연적 덕(對神德)과 자연적 덕(倫理德)을 실천함으로써 예수님으로부터 생명의 빛을 얻도록 해야 한다.

961 우리가 빛의 길을 걷기 위해서는 죄를 지은 그만큼 비례하여 엄격하게 길고 힘든 회개(悔改)가 있어야 한다. 그리고 죄를 정화(淨化)시키면서 묵상 기도와 고행(苦行)이 뒤따라야 한다. 그리하여 유혹과 악한 성향을 쳐 이기는 덕이 튼튼해졌을 때, 영혼은 빛의 길로 들어간다.

여기서 우리가 굳이 빛의 길이라 부르는 이유는, 이 길이 그리스도인으로서 덕행을 적극적으로 실천함으로써 그리스도를 본받기 때문이다.

즉 예수님은 세상의 빛이시고 그분을 따르는 사람은 어둠 속을 걷지 않는다. "나는 세상의 빛이다. 나를 따라오는 사람은 어둠 속을 걷지 않고 생명의 빛을 얻을 것이다"(Qui sequitur me non ambulat in tenebris, sed habebit lumen vitae).[2]

---

[2] 요한 8, 12.

서 론[3]

우리는 영적 진보 과정에 있는 영혼들이 실천해야 할 덕목(德目)들을 말하기 전에, 먼저 밝혀야 할 세 가지 질문이 있다.

  I. 어떤 영혼들이 빛의 길에 적합한가?
  II. 빛의 길을 따르기 위한 계획은 무엇인가?
  III. 빛의 길에서 경건(pieuses)하고 열성적(ferventes)인 영혼들의 차이점은 무엇인가?

I. 어떤 영혼들이 빛의 길에 적합한가

962 성녀 예수의 데레사는 「영혼의 성」 세 번째 궁방(宮房)에 거주하는 진보된 영혼들에 대하여 다음과 같이 표현한다. "보십시오, 이 궁방에 있는 영혼들은 존엄하신 군주(君主)를 거역하지 않으려고 노력합니다…. 또 무슨 일이 있어도 죄를 짓지 않으려 하고, 거의가 소죄마저 짓는 일이 없고, 시간과 재산을 유익하게 사용합니다…. 그들은 고행을 좋아하며… 마음의 평정을 가지고… 시간을 유익하게 사용합니다…. 그리고 이웃에 대한 애

---

3) PhiL. A SS. Trinitate, *Sum. Theol. myst.*, P. II; Le Gaudier, *De perfect. vitae spir.*, P. II*, sect. II*; Schram. *Instit. myst.*, § CIII; A. Saudreau, *Les degrés*, t. I, 빛의 길.

덕을 실천합니다…. 그들의 궁방 안에는 모든 것이 잘 정돈되어 있습니다."⁴⁾

963 우리는 위의 말에서 다음과 같은 결론을 내릴 수 있다.

(1) 빛의 길은 영혼이 주님을 모방(模倣)하는 길이다. 그래서 이 빛의 길에 들어가려면, 예수님이 우리에게 모범으로 보여 주신 성덕을 적극적으로 실천함으로써 스승을 따르는 데 있다. 그러기 위해 영혼은 다음 세 가지를 실현해야 한다.

(가) 먼저 성덕을 본받기 위하여 영혼은 일상적으로 주님과 일치해야 한다. 그러기 위해 영혼은 이 일치를 열망하도록, 어느 정도 순수한 마음을 이미 지니고 있어야 한다. 이 말은 영혼은 가끔 대죄에 빠질 위험이 있기에, 무엇보다 먼저 죄를 지을 기회와 유혹과 본성(本性)의 악한 성향과 싸워야 한다.

이와 같은 어려움들을 극복하면서, 영혼은 덕행을 긍정적이고 효과적으로 실천하게 된다. 그리고 더 나아가 영혼은 단호하게 소죄마저 혐오(嫌惡)하면서 피하려고 노력하게 된다.

(나) 그리고 영혼은 마음의 격정(激情)을 억제해야 한다. 예수님을 따르기 위해 영혼은 대죄뿐만 아니라 결연히 소죄마저 끊어야 한다. 특히 자주 범하고 애착하는 죄를 버려야 한다. 그리하여 격정과 일곱 가지 죄(七罪宗)를 거슬러 용감하게 싸움으로써 영혼을 신적 모범에 접근하도록 한다. 그리고 덕행을 보다 적극적으로 실천하게 하는 자기 억제를 가능하게 한다. 그 때 비로소, 영혼은 피정(避靜)이나 또 주어진 자기 의무를 잘 조정(調整)하면서 영성 생활을 완수할 수 있게 된다.

---

4) *Château*, troisièmes demeures, ch. I, 전체 참조.

964 (다) 끝으로 주요한 진리에 대한 깊은 확신을 묵상을 통해 획득하기 위해, 기도와 신심에 더 많은 시간을 갖는 것이 필요하다. 결국 영혼은 이 기도와 신심을 통해, 주님의 덕성을 본받아 별 어려움 없이 덕행을 실천할 수 있다.

그러므로 일반적으로 이 두 가지 징표를 보고 빛의 길을 걷는 진보자임을 알 수 있다.

① 대개 진보자들은 순수한 논리적 추리에 의한 기도에 많은 어려움을 느낀다. 그리고 성령의 매력은 이 진보자들로 하여금 많은 정감과 추리들을 만나게 한다.

② 영적 진보자들에게는 예수님을 알고 사랑하면서, 그분을 본받고 일치하려는 열렬한 소망이 있다.

965 (2) 지금까지 말한 것에서, 우리는 정화의 길과 빛의 길 사이에 존재하는 차이점을 발견할 수 있다.

(가) 그러면서도 정화의 길과 빛의 길에서 영혼의 목표는 모두 투쟁과 노력이다. 그래서 초보자들은 죄와 그 죄의 원인과 싸우지만, 진보자들은 예수님의 덕성을 획득하여 영혼을 꾸미기 위해 싸운다. 그럼에도 불구하고 이 두 길의 방향에는 대립이 없다. 다만 정화의 길은 빛의 길을 준비할 뿐이다.

즉 정화의 길에서는 죄와 그 원인으로부터 자신을 깨끗이 함으로써, 특히 첫 단계로서 부정적인 것들을 초월하는 덕행을 실천하게 한다. 한편 빛의 길에서 실천하는 적극적인 덕행들은 이기심과 피조물로부터의 이탈(離脫)을 통해 완덕에 이르게 한다.

첫 번째 경우인 정화의 길에서는 부정적 측면을 강조하고, 두 번째 경우인 빛의 길에서는 긍정적 측면을 강조한다. 그러나 이 두 길은 상호 보완적이다. 그러므로 영혼은 예수님을 더욱 더 닮고 그분과 일치할 목적으로, 회개와 고행을 멈추지 말아야 한다.

(나) 정화의 길과 빛의 길은 실질적으로 같으면서도, 완덕을 지향하는 적용 방법은 다르다. 묵상은 추리적(推理的)인 것에서 정감적(情感的)으로 변하고, 우리의 사상(思想)은 꾸준히 하느님께로 향해야 한다. 그래서 영혼은 예수님을 알며 사랑하고 닮기를 원해 더욱 더 그분께 집중한다. 그 이유는 예수님이 실제로 우리 삶의 중심이시기 때문이다.

II. 빛의 길을 따르기 위한 계획은 무엇인가

966 빛의 길을 따르기 위한 계획은 우리가 이미 말한 것에 그 근거를 둔다.

(1) 빛의 길을 따르기 위한 직접적인 목표는 예수님이 우리 삶의 중심이 되도록, 그분과 일치하는 데 있다.

(가) 빛의 길에서 우리의 중심은 예수님이시다. 그래서 우리는 언제나 새롭게 마음을 사로잡는 성서와, 주님의 삶과 기적(奇蹟)들에 대한 공부를 즐긴다. 우리는 구세주의 삶의 가장 미소한 부분까지, 특히 그분의 덕성에 더욱 관심을 두고 성서를 천천히 정답게 읽는다. 또 예수님의 말씀을 묵상(默想)하기 좋아하면서, 그 말씀을 상세하게 분석한다. 그리고 그 말씀을 우리에게 적용시키면서, 성서에서 무궁무진한 기도의 주제들을 찾는다.

우리가 덕행을 실천하고자 할 때, 예수님의 모범과 가르침을 되새기면서, 먼저 그분의 덕성을 공부해야 한다. 그리고 그 덕성에서 우리는 예수님의 뜻과 덕성의 재현(再現)을 위해 더욱 끈기 있게 그 원인을 찾아야 한다. 또 미사와 영성체할 때, 우리 사상의 중심은 언제나 예수님이시다. 전례 기도는 우리에게 그분을 인식하는 데 가장 탁월한 방법이다.

끝으로 열심한 독서를 통해 영혼은 주님의 가르침을, 특히 영적 교의(敎義)를 더 깊이 깨닫게 된다. 즉 우리는 "책 속에서 예수님을 찾는다"(Jesum quaerens in libris).

967 (나) 이와 같이 빛의 길에서 예수님께 대한 인식은 우리를 사랑으로 이끈다. 그리고 예수님은 우리 정감(情感)의 중심이 된다.

ㄱ) 예수님께 대한 사랑의 불타오름을 느끼지 않고, 우리는 어떻게 선(善, bonté)하시고 아름다우신(beauté) 예수님을 매일 공부할 수 있겠는가?

라꼬르데르(Lacordaire) 신부는, "내가 예수 그리스도를 알고 난 후, 그분 보다 더 아름다운 분은 나에게 아무도 없었습니다."라고 말했다.[5]

제자들은 다볼 산에서 변모(變貌)하신 주님의 인성(人性)을 보면서, 경탄과 사랑에 넋이 빠져 다음과 같이 외쳤다. "주님, 저희가 여기에서 지내면 얼마나 좋겠습니까!"(bonum est nos hic esse).[6] 이처럼 부활하신 예수님으로부터 반사(反射)되는 거룩한 아름다움 앞에 선 우리 자신은 얼마나 더 황홀하겠는가?

ㄴ) 이제 우리는 예수님의 강생(降生), 구원 사업, 성체성사(聖

---

5) Chocarne, *vie du P. Lacordaire*의 생애, t. II, 119.
6) 마태 17, 4.

體聖事) 안에서 끊임없이 우리에게 증거하시는 당신의 사랑을 묵상하면서 어떻게 그분을 사랑하지 않을 수 있겠는가?

성 토마스는 우리에게 대한 주님의 큰 은혜를 아주 간결한 시(詩)로 다음과 같이 요약하였다.

> 나실 때 우리의 동료 되시고
> 식사 때 제자들의 음식 되시며
> 죽을 때 만민들의 죄 값 되시고
> 승리 후 신자들의 상급 되셨네.[7]

예수님은 탄생하시면서 우리를 홀로 내버려두지 않으시려고 우리의 형제가 되시고, 친구와 길동무가 되신다. 예수님은 성체성사를 제정(制定)하시면서, 목마르고 굶주린 영혼을 당신의 거룩하심을 통해 피와 살로 채워 주시고, 우리의 음식(飮食)이 되신다.

그리고 십자가에 달려 돌아가심으로써, 우리의 몸 값을 치르시고, 죄의 노예 상태에서 구해 내신다. 더 나아가 예수님은 영적 생명을 우리에게 되돌려 주시고, 친구에게 줄 수 있는 가장 큰사랑의 징표를 우리에게 주신다.

끝으로 예수님은 하늘에서 우리에게 당신 자신을 대속물(代贖物)로 주신다. 그래서 우리는 하늘 나라를 영원히 차지할 수 있고, 이제부터 우리의 행복은 예수님의 영광과 합쳐지게 되었다. 그러므로 우리는 언제나 예수님의 무한하신 선(善)에 감사드리고

---

7) 성체 성혈 대 축일 성무일도, 아침기도의 찬미가. Se nascens dedit socium, Convescens in edulium, Se moriens in pretium, Se regnans dat in praemium.

사랑해야 할 것이다.

968 (다) 빛의 길을 걷는 영혼은 사랑을 모방(模倣)한다. 정확히 말해 친구의 덕행에 대한 존경으로 인해 친구에게 이끌렸기 때문에, 친구와 한 마음 한 뜻이 되기 위해 자신도 같은 친구의 덕행을 닮으려 한다. 그 결과 깊고 친밀한 이 사랑의 일치는 친구의 덕행과 사상에 공감(共感)함으로써 느낄 수 있다. 우리는 본능적으로 우리가 좋아하는 것을 흉내낸다.

이처럼 예수님은 우리 활동의 중심이 되시고, 우리 삶의 전부가 되신다. 그래서 우리는 기도할 때, 필요한 은총을 예수님께 효과적으로 간청한다. 그리고 예수님을 찬양하기 위해, 신앙의 정신으로 우리 안에 주님을 모신다. 또 우리가 일할 때, 예수님처럼 영혼 구원과 하느님 영광을 위해 일하듯 나자렛의 거룩한 일꾼과 일치한다.

우리가 어떤 덕을 획득하고자 할 때, 그 덕의 모범이신 예수님을 먼저 우리 안에 모시고, 그분과 함께 덕을 실천하도록 노력해야 한다. 더 나아가 우리의 휴식마저, 하느님과 교회의 보다 큰 유익을 위해 그분의 정신과 일치하는 것을 잊어서는 안된다.

969 (2) 빛의 길에서 그 목표에 도달하기 위해서는 방법이 있어야 한다. 그 방법은 정감(情感)어린 기도 외에, 예수님을 닮고 사랑하고 이해하게 하는 그리스도인의 덕인 대신덕(對神德, 초자연적 덕)과 윤리덕(倫理德, 자연적 덕)을 꾸준히 실천하는 데 있다. 그렇게 함으로써 우리는 감정(émotion) 아닌 깊은 신념(conviction)에 뿌리를 둔 견고한 덕을 얻게 될 것이다.

(가) 이와 같은 덕들은 대신덕의 실천 없이는 윤리덕을 실천할 수 없다는 점에서, 상호적(相互的)이며 대조적(對照的)으로 실천된다. 이래서 우리는 하느님 사랑에 의해 고무(鼓舞)되고, 망덕으로 일관되며, 신덕의 빛으로 인도되지 않고서는 그리스도적 신중함을 유지할 수 없다. 이와 마찬가지로 신덕과 망덕은 현명(prudence), 용기(force), 정의(justice), 절제(tempérance)를 전제로 한다. 그 외 다른 덕들도 마찬가지이다.

그럼에도 불구하고 빛의 길에서는 영혼에게 더 적합한 덕들이 있다. 이처럼 빛의 길을 걷는 영혼들은 교만과 관능적인 쾌락의 이탈(離脫)에 더 많은 필요성을 느끼는 윤리덕에 더욱 중점을 둔다. 이와 같은 악을 지배한 후, 영혼은 하느님과 더욱 직접적으로 일치하기 위해 대신덕에 각별히 전념하게 될 것이다.

970 (나) 위에서 말한 교의(敎義)를 보다 잘 이해하기 위해, 이제 우리는 덕들의 차이점을 간략하게 소개하고자 한다.

ㄱ) 대신덕(믿음·희망·사랑)은 신적 특성(特性)에 근거하여, 영혼으로 하여금 하느님을 직접적인 대상으로 한다. 영혼은 믿음으로 인해, 신적 권위(權威, autorité)에 의지하여 하느님을 믿는다. 그리고 사랑을 통해 영혼은 하느님의 무한하신 선(善) 때문에 그분을 사랑한다. 이러한 덕들로써 영혼은 하느님과 직접 일치할 수 있다. 즉 믿음은 우리에게 하느님의 사상(思想)과 일치되게 하고, 사랑은 그분의 사랑과 일치하게 한다.

ㄴ) 윤리덕은 하느님의 참된 선에 근거하면서, 창조된 선행을 직접 그 대상으로 한다. 그래서 정의(正義)는 각 영혼이 하느님

으로부터 받은 것을 되돌려 드려야 하는 데, 그 이유는 바로 정직함이다. 이 윤리덕들은 불의(不義)와 같은 장애물들을 물리치면서 영혼을 하느님과 일치하도록 준비시켜 준다. 왜냐하면 영혼은 정의 그 자체이신 하느님과 결합되기 때문이다.

그러나 대신덕은 영혼을 보다 직접적으로 하느님과 일치시키면서 또한 그 일치를 완성시킨다.

971 (다) 교회의 전통적인 순서에 따라 덕들의 실천을 검토한다면, 당연히 대신덕부터 검토해야 할 것이다. 그러나 보다 불완전한 것에서부터 완전한 것으로 나아가려는 심리적인 순서를 따르자면, 먼저 윤리덕부터 시작한다. 그러나 앞서 지적했듯이 그리스도인의 덕들이 동시에 이루어지는 영적 발전을 염두에 두어야 할 것이다.

Ⅲ. 진보 과정에 있는 두 종류의 영혼들

우리는 빛의 길을 걷는 영혼들을 다음 두 종류로 구분할 수 있다. 즉 경건(敬虔, pieuses)한 영혼들과 열성적(ferventes)인 영혼들이다.

972 (1) 경건한 영혼들은 선행(善行)의 진보에 대한 좋은 뜻을 갖고 있으며, 고의로 짓는 죄를 피하려고 진지하게 노력한다. 그러나 이 영혼들은 아직 잘난 체하며 허영심이 많다. 그리고 희생하는 데 익숙하지 않으며, 또 시련이 닥쳤을 때 노력과 인내가 부족하다.

이와 같은 경건한 영혼들의 행동에는 많은 동요(動搖)가 뒤따른다. 즉 시련(試鍊)이 아직 멀리 있을 때는 고통을 받을 모든 준비가 되어 있지만, 막상 고통과 무미건조(無味乾燥)함이 들이닥치면 인내가 부족하고 투덜거린다. 그리고 영혼이 재빠르게 용감한 결정을 내리지만, 특히 예기치 않았던 어려움이 닥치면, 불완전하게 그 결정들을 완수한다. 그래서 경건한 영혼들의 영적 진보는 느려지기에, 용기와 인내 및 겸손의 덕을 더 가꾸어야 할 필요가 있다.

973 (2) 열성적인 영혼들은 보다 관대(寬大)하며 겸손하다. 이러한 영혼들은 자기 자신보다 하느님을 더 신뢰한다. 그래서 이 영혼들은 그리스도적 자기 희생에 익숙하며 매사(每事)에 인내롭고 단호(斷乎)하다. 그럼에도 불구하고 열성적인 영혼들의 포기(抛棄)는 아직 절대적이며 전적이지 않다. 이 영혼들은 완덕에 대한 큰 열망은 갖고 있지만, 아직 그들의 덕은 시련(試鍊)을 통해 충분히 견고하지 않다. 이러한 열성적인 영혼들은 위로와 기쁨이 있을 때, 그것을 흔쾌히 받아들이고 만족하면서 거기에 의지한다. 이러한 영혼들은 아직 십자가에 대한 사랑이 충분하지 않다.

그래서 열성적인 영혼들은 아침에 굳게 결심한 것들을 매우 조금만 실천할 뿐이다. 왜냐하면 자신들의 노력에 충분히 인내하지 않기 때문이다. 열성적인 영혼들은 위험을 포기하기 위해 하느님 사랑에 충분히 진보했지만, 영성 수련에서 만나게 되는 위로와 하느님께서 사랑하도록 허락한 부모님과 친구들에게 가끔 지나치게 애착한다. 그러므로 하느님과 일치하는 데 방해가 되는 모든 것에서 완전히 벗어나야 한다.

여기서는 두 종류의 영혼 외에는 다루지 않겠다. 그러나 영적 지도자들은 우리가 말한 여러 덕들 가운데, 각 영혼에게 가장 적합한 덕을 선택할 것이다.

제4편의 구 분

974 예수님을 자기 삶의 중심으로 선택하는 것이 빛의 길에서 진보 과정에 있는 영혼들의 목표이다.

(1) 신적 모범에 대한 인식과 사랑을 닮기 위해, 빛의 길에 있는 영혼은 정감적 묵상기도를 정성껏 드려야 한다.

(2) 빛의 길을 통해 진보 과정에 있는 영혼들은 윤리덕을 전문적이지만 배타적이지 않게 실천하도록 해야 한다. 그리고 하느님과의 일치를 방해하는 장애물을 치워 주고, 완덕의 모범이신 예수님과 일치하도록 윤리덕을 실천한다.

(3) 이미 정화의 길에서 윤리덕과 병행하여 실천하고 있던 대신덕은, 빛의 길을 걷는 영혼들 안에서 커 나갈 것이다. 그리고 이 대신덕은 진보 과정에 있는 영혼들의 삶에 주된 원동력(原動力)이 될 것이다.

(4) 그러나 빛의 길에서 진보 과정에 있는 영혼들에게 영적 싸움은 아직 끝나지 않았기 때문에, 죄(罪)의 공격을 예견하면서 싸워야 한다.[8]

---

8) 빛의 길에서는 감각의 수동적 정화와 무념무상의 기도를 다루지 않겠다. 그것은 이미 주입적 관상의 시작이므로 일치의 길에 속하기 때문이다. 그러나 각주의 저자들은 첫 번째 수동적 정화와 무념무상이 빛의 길에 속한다고 생각한다는 것을 독자들에게 미리 알린다. Cf. P. Garrigou-Lagrange, *Perfect. chrét. et contemplation*, t. I, p. VIII.

이와 같이 빛의 길은 모두 제4부로 크게 나눈다.

    제1부   정감적 묵상기도.
    제2부   윤리덕.
    제3부   대신덕.
    제4부   악의 공격에 대한 투쟁.

제 I 부

정감적 묵상기도[9]

975 빛의 길에서 진보 과정에 있는 영혼들도(제657항) 정화의 길을 걷는 초보자들의 영성 수련을 계속해야 한다. 그리고 이 수련의 기간을 늘이면서, 이미 묘사했던(제522항) 일상적인 기도는, 일치의 길에 이르러서야 완전히 실현될 것이다. 그러므로 이 진보 과정에 있는 영혼들은 차츰 추리적(推理的) 묵상기도와 대체하게 될, 정감적 묵상기도에 더욱 전념하도록 해야 한다.

---

9) Thom. de Vallgornera, q. II, disp. VI, 성 토마스의 수많은 인용과 함께; Rodriguez, P. I, Ve Traité, De l'oraison; Crasset, *Instr. familières sur l'oraison*; Courbon, *Instr. famil. sur l'oraison*, 2e partie; Ven, Libermann, *Ecrits spirituels*, Instruct. sur l'oraison, De l'oraison d'affection; R. de Maumigny, *Oraison mentale*, t. I, 3e P., Oraison affective; D.V. Lehodey, *Les Voies de l'or, mentale*, 2e P., ch. VIII.

제1장 정감적 묵상기도의 본질

976 (1) 정감적 묵상기도의 정의(定義)

정감적(情感的) 묵상기도는 그 단어가 뜻하는 것처럼, 경건한 사랑이 기도의 중심이 된다. 이 기도는 의지적인 실천을 통해 하느님께 진보자의 사랑과 그분을 영광되게 할 열망을 표현한다. 이 정감적 묵상기도에서는 '마음'(coeur)이 '정신'(esprit)보다 더 많은 영역을 차지한다.

이미 (제668항에서) 초보자들에게 말한 바와 같이, 진보자들도 이 정감적 묵상기도에 확신을 가질 필요가 있다. 그러나 아직 진보자들은 추리에 역점을 두고, 정감에는 극히 제한된 자리를 내어 준다. 그렇지만 정감적 묵상기도에 대한 확신이 영혼 안에 깊이 뿌리내리는 정도에 따라, 진보자들은 정감적 묵상기도에 좀더 많은 시간을 할애할 수 있다.

하느님께 대한 사랑과 덕의 아름다움에 매혹되어, 영혼은 쉽게 모든 선의 뿌리이신 그분께 대한 경건한 열성으로, 흠숭·찬미·감사·사랑으로 자신의 품성(品性)을 높인다. 그리고 정감적인 자신의 감정을 드리기 위해 영혼은, 구원자·모범자·지도자·친구·형제이신 우리 주 예수 그리스도께 향한다. 이미 (제166항에서) 보았듯이 진보자들은 신적 은혜의 분배자(分配者)이시며, 예수님의 어머니이시고, 우리의 어머니이신 성모께 가장 큰 신뢰와 자녀다운 사랑을 드리기 위해 기도한다.

자신의 비참(悲慘)에 대한 굴욕과 혼돈 및 부끄러운 감정들과, 더 잘 해 보려는 열정과 은총을 얻으려는 신뢰의 기도가 진보자들의 마음에 자연적으로 솟아오른다. 하느님의 영광을 위한 진보자의 열렬한 감정은 교회와 영혼들의 보다 큰 유익을 위해 정감적 묵상기도를 실천하게 한다.

977 (2) 추리적(推理的) 묵상기도에서 정감적(情感的) 묵상기도로 전환

빛의 길을 걷는 진보자가 묵상기도 시작에서 갑자기 정감적 묵상기도에 이르는 것은 아니다. 이 기도에 도달하기까지는 많은 관찰(觀察)과 정감(情感)이 다소 혼합된 전환기(轉換期)를 거쳐야 한다. 또 정감적 묵상기도에서 마음에 대한 관찰은 하지만, 때로는 사랑이 대화(colloque)의 형태로 나타나기도 한다.

예를 들어, 다음과 같이 기도할 수 있다. "오 하느님! 이러저러한 덕이 제게 필요함을 잘 이해하도록 도와주소서. (그리고 잠시 생각한다. 그 다음 계속해서) 하느님, 당신의 거룩한 빛에 감사 드립니다. 이 확신이 저의 마음 안에 보다 깊숙이 스며들게 해 주십시오. 왜냐하면 이 덕들은 저의 삶에 매우 효과적으로 작용하기 때문입니다…. 제가 얼마나 이 덕에서 멀리 떨어져 있는지를 보게 해 주소서…. 지금 당장…. 그리고 제가 해야 할 덕을 잘 실천하도록 깨닫게 해 주십시오."

마침내 진보자에게 묵상기도에서 추리(推理)가 거의 완전히 멈추거나 적어도 매우 짧아지는 순간이 온다. 그 후 정감적 묵상기도의 대부분이 경건한 대화로 이루어진다. 그럼에도 불구하고

진보자는 가끔 자신의 정신(esprit)에 전념하기 위해, 순간적인 마음(coeur)의 고찰로 되돌아올 필요성을 느낀다. 이와 같이 빛의 길을 걷는 진보자의 기도도 영적 지도자를 통해 조절된 은총의 움직임을 따라야 한다.

978 (3) 묵상에서 정감적 묵상기도의 과정을 증명하는 징표

(가) 진보자가 정감적 묵상기도의 시기를 알리는 징표를 아는 것은 매우 중요하다. 즉 너무 일찍 이 기도의 과정을 실행하는 것은 신중하지 못하다. 왜냐하면 영혼이 이 정감을 감당할 만큼 충분히 진보하지 않아, 분심(分心)이나 마음의 건조(乾燥)함에 빠질 위험이 있기 때문이다. 그런가 하면, 한편으로는 너무 정감적 묵상기도에 이르는 것을 지체하는 것도 유감스러운 일이다. 왜냐하면, 많은 영성가들에 의하면, 진보자가 하느님께 영광을 드리면서 덕을 자신 안에 끌어들이는 의지적인 행위는, 묵상기도보다 정감적 묵상기도가 더 많은 열매를 맺기 때문이다.

(나) 정감적 묵상기도에 이르는 징표들은 대개 다음과 같다.

① 좋은 의지(意志)에도 불구하고, 추리(推理)에서 영적 이득을 얻기가 어려울 때이다. 그리고 다른 한편으로는 영혼이 정감적 묵상기도로 자꾸 기울어 질 때이다.

② 정감적 묵상기도에 대한 확신이 깊이 뿌리박혀 진보자가 기도 초기부터 이 정감을 확신할 때이다.

③ 마음이 죄로부터 이탈되면서, 정감적 묵상기도를 통해 영혼이 하느님과 예수님을 향할 때이다.

그러나 빛의 길을 걷는 진보자 자신이 스스로 좋은 평가(評價)자가 되지 못하기에, 영적 지도자의 판단에 따른 그 징표들

에 순명해야 한다.

979 (4) 정감적 묵상기도를 성장시키는 방법들

(가) 정감적 묵상기도에서 경건한 감정을 연장하고 증가시키는 것은 특히 애덕을 실천하는 데 있다. 결국 이 감정은 하느님께 대한 사랑이 지배하는 마음에서 흘러나온다. 그 마음이 우리로 하여금 신적 완성을 찬미하게 한다. 그리고 믿음으로 밝아진 이 마음은 하느님의 무한하신 자비와 아름다움과 선을 갖게 한다. 이 때 마음은 감사·찬미·친절을 일으키게 하는, 감탄과 경배의 감정이 자발적으로 발생한다. 정감적인 기도는 하느님을 사랑하면 할수록 영혼은 더 다양한 덕을 실천한다.

이것은 예수 그리스도를 향한 진보자의 사랑에서도 마찬가지이다. 이미 (제967항에서) 지적한, 사랑하는 구세주께서 우리를 위해 참고 견딘 고통들과, 성체(聖體) 안에서 아직도 우리에게 증거하시는 사랑과 은혜를 진보자들은 영적으로 회상해야 한다. 그리고 진보자는 우리를 그처럼 사랑하신 분께 찬미와 기쁨을 드릴 필요를 느끼고, 경배·찬양·감사·연민과 사랑의 감정들에 쉽게 빠져들게 한다.

980 (나) 이와 같은 신적 사랑을 용이(容易)하게 하기 위해, 하느님께서 진보자들에게 끊임없이 주시는 사랑의 참된 진리를 자주 묵상하도록 권고한다.

예를 들어, 다음과 같은 기도의 주제를 생각할 수 있다.

ㄱ) 우리 영혼 안에 거처하시는 성 삼위(聖三位)의 부성애(父性愛)적 활동(제92항-제130항)이다.

ㄴ) 그리스도와의 합체(合體, incorporation)와 그리스도인의 삶

에서 예수님의 역할(제132항-제153항)이다. 그리스도인의 삶과 신비, 특히 고통스러운 수난(受難, Passion), 성체 안에서의 그리스도의 사랑이다.

ㄷ) 그리스도인의 삶에서 성모님과 천사와 성인들의 역할(제154항-제189항)이다. 이 주제에서 우리는 하늘의 어머니와 천사들, 그 중에서도 수호 천사와 성인들, 특히 많은 신심을 불러일으키는 성인들에게 기도한다. 그리고 진보자는 이 기도에서 자신의 사랑을 표현할 값진 여러 방법들을 찾는다.

ㄹ) 주님의 기도와 성모송, 그리고 숨어 계시는 성체(聖體)께 드리는 흠숭이다[10]. 그리고 하느님의 뜻에 일치하는, 감사와 사랑이 가득 찬 구송(口誦) 기도이다.

ㅁ) 하느님께 대한 신심처럼, 주요한 덕들은 장상께 대한 순명·겸손·용기·절제와 특히 세 가지 대신덕(對神德)이다. 진보자들은 위와 같은 덕들을 추상적으로 뿐만 아니라, 예수님께서도 실천하신 만큼 주님을 닮고, 그분께 사랑을 증거하기 위해 덕을 실천하도록 노력해야 한다.

ㅂ) 빛의 길에 있는 진보자는, 회개·고행·죄와 최후의 심판에 대하여 계속 묵상한다. 그러나 추리적인 초보자들의 묵상보다는 정감적인 방법으로 할 것이다. 그래서 진보자는 예수님을 회개와 고행(苦行)의 완전한 모범으로 생각하고, 순교(殉敎)를 통해 우리의 죄 때문에 주님이 속죄(贖罪)하셨음을 생각해야 한다. 그리고 진보자는 예수님을 자신 안에 모든 덕과 함께 이끌어 들이도록 노력할 것이다.

---

10) l' Adoro te devote latens deitas. etc.

만일 빛의 길을 걷는 진보자가 죽음과 천국 그리고 지옥을 묵상한다면, 예수님과 일치하기 위해 창조된 것들을 끊어 버리기 위해서이다. 이로써 진보자는 선종(善終)을 통해 예수님 곁에서 은총을 보장받을 수 있게 된다.

제2장 정감적 묵상기도의 유익성

정감적(情感的) 묵상기도의 유익성은 그 기도 자체의 본질에서 흘러나온다.

981 (1) 정감적 묵상기도의 핵심은 하느님과의 가장 내적이고 일상적인 일치에 있다. 정감을 키우는 진보자의 기도는 자신 안에 하느님께 대한 사랑을 증가시킨다. 그래서 정감은 사랑의 원인(cause)이며 결과(effet)이다. 즉 정감은 하느님 사랑에서 나오지만, 또한 하느님의 사랑을 완성시킨다.

왜냐하면 덕은 같은 것을 실천하는 반복(反復)을 통해 자라나기 때문이다. 바로 이와 같은 이유로 정감은 신적 완덕에 대한 인식을 증가시킨다.

성 보나벤뚜라의 지적처럼, "하느님을 바르게 인식하는 가장 좋은 방법은 그분 사랑의 단맛을 보는 것입니다. 왜냐하면 이 인식의 방법은 추리(推理)를 통하여 사랑을 찾는 것보다 더 탁월하고 고귀하고 감미로운 방법"[11]이기 때문이다.

우리는 대개 과일을 맛봄으로써 그 나무의 우량함을 더 잘 판단할 수 있다. 이처럼 하느님 사랑의 감미로움을 맛보았을 때

---

[11] Sent. 1. III, dist. 35, a. I, q, 2: "Optimus enim modus cognoscendi Deum est experimentum dulcedinis; multo enim excellentior et nobilior et delectabilior est quam per argumentum inquisitionis."

신적 특성의 탁월함을 더 잘 알 수 있다. 진보자의 하느님께 대한 바른 인식은 사랑과 열정을 증가시키고, 모든 덕을 더욱 완전하게 실천하고자 하는 충동을 준다.

982 (2) 정감적 묵상기도는 모든 덕이 생기는 사랑의 증가로 인해 완성된다.

ㄱ) 하느님의 뜻과 일치 : 영혼은 사랑하는 분의 뜻을 실천할 때 행복하다.

ㄴ) 하느님의 영광과 영혼 구원에 대한 열망 : 영혼은 하느님을 사랑할 때, 정감의 대상을 찬미하고 찬양하지 않을 수 없다.

ㄷ) 마음의 고요함과 침묵 속의 사랑 : 영혼은 사랑하는 분께 자신의 사랑을 고백한다. 그리고 자주 사랑하는 분을 생각하기 위해 그분과 단 둘이 있기를 원한다.

ㄹ) 잦은 영성체의 열망 : 영혼은 사랑의 대상을 가능한 한 더 완전하게 소유하기를 원한다. 그리고 마음 속에 사랑하는 분을 맞아들이는 것이 행복하며, 하루종일 그분과 일치하기를 원한다.

ㅁ) 희생정신 : 영혼은 자기와 자신의 안위(安慰)함을 포기하고, 자기의 십자가를 확고하게 진다. 그로 인하여 영혼이 섭리적(攝理的)인 모든 시련(試鍊)을 받아들이게 될 때, 그 영혼은 십자가의 예수님과 직접 일치할 수 있을 것이다.

983 (3) 영혼은 정감적 묵상기도에서 자주 영적 위로를 찾는다. 즉 영혼이 친구와 함께 이 위로를 찾는 것보다 더 감미롭고 순결한 기쁨은 없을 것이다. 예수님은 친구 가운 데 가장 너그럽고 다정한 분이시다. 그래서 영혼은 예수님의 현존에서 하늘

나라의 기쁨 같은 것을 느낀다(esse cum Jesu dulcis paradisus). 물론 이러한 기쁨 속에도, 가끔 시련과 메마름이 있다. 그러나 빛의 길을 걷는 진보자는 시련과 메마름을 부드러운 체념(諦念)으로 받아들인다. 이러한 어려움에도 불구하고, 영혼은 하느님께 사랑과 봉사를 끊임없이 드리며 되풀이한다. 이와 같이 하느님을 위해 고통받으려는 각오는 이미 영혼의 고통을 가볍게 하고 위로를 가져다 준다.

이제 우리는 정감적(affective) 묵상기도가 추리적(discursive) 묵상기도보다 더 힘들지 않다고 말할 수 있다. 왜냐하면 추리적 묵상기도에서는 논리(論理)를 따르기 때문에 영혼이 빨리 피로해지기 때문이다. 그런데 만일 사랑과 감사와 찬양의 감정에 자신의 마음을 내어 맡긴다면, 영혼은 거기서 활동을 위한 힘을 저축(貯蓄)하는 감미로운 휴식을 맛보게 될 것이다.

984 (4) 끝으로 정감적 묵상기도는 언제나 단순(單純)해야 한다. 말하자면, 영혼은 정감의 다양한 모습과 그 횟수를 줄이면서, 정감들 사이를 강하게 하기 위해 조금씩 단순한 기도로 이끈다. 이 단순한 묵상기도는 이미 획득한 관상(觀想, contemplation)이며, 이 기도를 주입적(注入的, infuse) 관상이라 한다. 그리고 이 묵상기도는 엄밀한 의미에서 관상에 불림을 받은 영혼을 준비시킨다.

제3장 정감적 묵상기도의 위험과 장애

좋은 일에는 대개 자신들만의 위험과 장애가 있다. 그래서 영혼은 정감적 묵상기도에서, 신중하게 규칙에 따라 행하지 않는다면 오류(誤謬)에 빠지게 된다. 이제 우리는 정감적 묵상기도의 중요한 요인(要因)들을 구제책(救濟策)과 함께 소개하고자 한다.

985 (1) 정감적 묵상기도의 첫 번째 위험은 긴장(緊張, contention)인데, 이 긴장은 영혼을 피로와 쇠약으로 이끈다. 이 긴장은 영혼들의 정감을 증대시키기를 원하면서, 본성(本性)이 은총보다 더 많은 부분을 차지하게 한다. 그리고 이 긴장은 사랑의 열정과 그 실천을 드러내려고, 맹렬히 흥분하고, 마음과 머리를 복잡하게 한다.

이와 같은 긴장은 영혼으로 하여금 신경계통(神經系統, système nerveux)을 피로하게 하고, 피는 뇌(腦)로 쏠리고, 신열(身熱)같은 것이 힘을 소진(消盡)시킴으로써 빨리 영혼을 지치게 한다. 이 긴장으로 영혼은 생리적(physiologiques)인 불균형과 정감적 열심에 다소 관능적(官能的)인 감동이 섞이게 될 수도 있다.

986 이와 같이 정감적 묵상기도에서 갖는 긴장은 영혼에 매우 위험하다. 그래서 빛의 길을 걷는 진보자는 정감적 묵상기도의 위험한 상태를 현명한 지도자에게 빼놓지 않고 알리고, 그의 충

고를 따라 기도 초기부터 치료하는 것이 중요하다. 이 위험에 대처하기 위해서는, 하느님께 대한 참된 사랑은 감수성(感受性, sensibilité)보다 의지(意志, volonté)와 더 깊이 관련된다는 것을 영혼이 확신하는 데 있다. 또 이 사랑의 너그러움은 강한 감정의 충동(衝動)에[12] 있는 것이 아니라, 하느님께 아무 것도 거절하지 않겠다는 확고부동하고, 침착한 의지에 있다.

사랑은 언제나 의지(意志)의 행위라는 점을 잊지 말아야 한다. 물론 사랑은 감수성에 자주 젖어 들면서, 다소 강한 감동(感動, émotions)이 생겨난다. 그러나 감동은 진짜 신심(信心, dévotion)이 아니고, 우연한 표현일 뿐이다. 그러기에 감동은 의지에 의해 절제되고, 종속되어야 한다. 그렇지 않으면, 정감적 묵상기도에서 감정이 우세해 진다. 이것은 분명 영적 무질서이다. 그 결과 영혼은 굳은 신심을 촉구하는 대신, 감성적(sensible)이고 관능적(sensuel)인 사랑으로 퇴보한다.

모든 열성적인 감동들은 대개 같은 종류이며, 한 감정에서 다른 감정으로 쉽게 넘어가기 때문이다. 그러므로 정감적 묵상기도를 영성화(靈性化) 하기 위해, 감수성을 의지에 봉사하도록 시도해야 한다.

그 때 비로소 영혼은 모든 감정을 뛰어넘는 평화를 맛보게 될 것이다. "하느님의 평화가 여러분의 마음과 생각을 지켜 줄 것입니다"(pax Dei quae exsuperat omnem sensum).[13]

---

12) 물론 감각적 표현을 통해 외적으로 해석된 사랑의 충동을 가진 성인들이 가끔 있다. 그러나 그들이 이를 자극한 것이 아니라 하느님의 은총으로 인한 것이며, 성인들을 모방하려고 강렬한 감동으로 자기 자신을 자극하려 하는 것은 자만이다.
13) 필립 4, 7.

987 (2) 정감적 묵상기도의 두 번째 장애는 교만(驕慢)과 당돌한 자부심(自負心)이다. 왜냐하면 영혼은 선(善)하고 고귀한 감정과 성스러운 열망과 영적 진보에 대한 계획을 갖고 있으며, 감성적 열정을 갖고 있기 때문이다. 그래서 영혼은 허영과 쾌락과 재물에서 이탈(離脫)하는 순간, 자신은 스스로 생각보다 많이 영적으로 진보하지 않았을까 하고 믿는다. 더 나아가 영혼은 관상과 완덕의 정상(頂上)에 좀더 가까이 이르지 않았는가를 스스로 자문하기도 한다.

가끔 영혼은 정감적 묵상기도 시간에 신적 통교(通交, communications)에 대한 기대로 숨을 죽이기도 한다. 이러한 느낌은 영혼에게 오히려 완덕의 정상에서 아직도 얼마나 먼가를 분명하게 보여 줄 뿐이다. 왜냐하면 성인들과 열심한 영혼들은 자신을 불신(不信)하면서 항상 자신의 나약함을 인정하기 때문이다. 그래서 이러한 영혼들은 기꺼이 다른 이웃이 언제나 자신보다 낫다고 믿는다.

그러므로 우리는 나중에 이 덕을 다룰 때 다시 살펴볼 것이다. 어쨌든 빛의 길을 걷는 진보자는 정감적 묵상기도를 통해 겸손하면서 자기만을 믿지 않도록 해야 한다. 그렇지 않고 영혼 안에 만일 교만의 감정이 커나갈 때, 하느님께서는 자주 그들에게서 위로와 선택의 은총을 빼앗아 버리신다. 그리고 하느님께서는 능력(incapacité) 없고 자격(indignité) 없는 영혼들이 정확한 감정을 갖도록 당신이 직접 이끄실 것이다. 그 때 영혼들은 자신이 열망하는 완덕의 목표에서 아직도 멀리 떨어져 있음을 알게 된다.

988 (3) 정감적 묵상기도에서 자신의 직무와 일상적인 덕의 실천을 소홀히 하면서, 영적 위로(慰勞)만을 찾는 데 모든 신심을 쏟는 영혼들이 있다. 이러한 영혼들은 훌륭한 기도를 하기만 하면, 바로 완전자가 된다고 크게 착각한다.

그러나 분명한 사실은, 하느님의 뜻에 순종하지 않는 완덕이란 없다. 영혼은 하느님의 뜻인 계명 외에도, 겸손·온유·친절·배려 등 작은 덕을 실천해야 한다. 그래서 영혼이 묵상기도와 영적 위로를 특히 좋아하기 때문에 성인이 될 수 있다고 믿는다면, 그것은 하느님의 뜻을 실천하는 사람만이 완전하다는 예수님의 말씀을 잊은 것이다.

"나더러 '주님, 주님' 하고 부른다고 다 하늘 나라에 들어가는 것이 아니다. 하늘에 계신 내 아버지의 뜻을 실천하는 사람이라야 들어간다."[14]

이와 같이 우리가 지적한 방법을 통해 감각적 기도의 위험과 장애들을 멀리하게 될 때, 정감적 묵상기도는 사도직(apostolique)의 열정처럼 영적 진보에 매우 유용할 것이다. 그러므로 어떤 방법이 우리로 하여금 덕을 더 잘 실천하게 하는가를 살펴보기로 한다.

---

14) 마태 7, 21.

제4장 정감적 묵상기도의 방법

정감적 묵상기도 방법에는 다음 두 가지 형태가 있다. 성 이냐시오의 방법과 성 슐피스의 방법 등이다.

I. 성 이냐시오의 방법[15]

성 이냐시오의 정감적 묵상기도 방법에는 다음 세 가지가 있다.
(1) 성 이냐시오적 관상.
(2) 다섯 가지 감각의 적용.
(3) 두 번째 묵상기도 방법.

   (1) 성 이냐시오적 관조(觀照)

989 여기서 말하는 성 이냐시오의 정감적 묵상에 대한 관조는 주입적(注入的, infuse) 관상이나 습득적(習得的, acquise) 관상에 대한 문제가 아니다. 다만 영혼이 정감적 묵상기도 방법에 따른 관조에 대한 문제를 살펴볼 뿐이다. 정감적 묵상기도는 영혼이

---

15) 성 이냐시오, 영성 수련., 2ᵉ Sem.; R. Maumigny, *Pratique de l'or. mentale*, t. I, Vᵉ Partie.

그 대상(對象)을 관조할 때 얼른 지나치듯 바라보는 것이 아니라, 침착하게 깊이 관찰하는 것을 말한다.

이것은 마치 어머니가 어린아이를 연민의 눈으로 바라보는 것과 같다. 그래서 이 정감적 묵상기도의 관조(觀照)는 신적 속성(屬性) 또는 예수님의 신비(神秘)를 그 대상으로 할 수 있다.

영혼이 어떤 신비를 묵상할 때,

① 그 신비와 관계되는 분들, 예를 들어 성 삼위(聖三位), 예수님, 성모님, 다른 영혼들의 내적 또는 외적인 면을 살펴본다.

② 영혼은 정감적 묵상기도 중에 주제와 관계되는 분들의 말을 듣는다. 그리고 이 기도에서 영혼은 누구에게 말하고 있으며, 말한 내용이 무엇인지를 자문한다.

③ 정감적 묵상기도에서 영혼은 행위와 그 본질과 상황을 고찰해야 한다. 그래서 이 묵상기도는 영혼으로 하여금 모두가 주님을 더욱 사랑하고 이해하도록 한다. 곧 이 묵상기도는 예수님과 성모님을 통해, 하느님께 대한 우리의 의무를 드리기 위한 목적으로 한다.

990 이처럼 정감적 묵상기도의 관조를 더욱 풍요롭게 하기 위해, 영혼은 과거의 사건으로 그 신비를 바라보지 말고, 지금 내 눈 앞에서 일어나는 사건처럼 바라보아야 한다. 왜냐하면 신비는 그 자체에 주어진 은총으로 인해 존속하기 때문이다.

예를 들면, 영혼은 아기 예수님의 탄생 앞에 성모님의 마음이 되면서, 단순한 구경꾼으로서가 아닌, 예수님을 경배하는 사람들 가운 데 한 사람으로 참여한다. 이와 같은 경배를 통해 영혼은 주님을 아낌 없이 사랑하게 되고, 예수님을 보다 내적으로 깊이 실제적으로 인식하게 된다.

이처럼 위에서 본 바와 같이 영혼의, 찬미 · 흠숭 · 감사가 하느님을 향한 사랑의 감정처럼 이웃에게도 이 사랑의 감정이 향해져야 한다. 그렇게 할 때 영혼은 모든 기도와 죄에 대한 뉘우침, 부끄러움, 회개 등의 감정들을 이 신비의 범주(範疇) 안에 쉽게 들어가게 할 수 있다.

묵상기도에서 실현되는 정감의 다양성(多樣性)이 영혼의 고요함과 평화를 깨뜨리지 않기 위해, 성 이냐시오는 현명하게 다음과 같이 지적한다. "만일 내가 내 자신 안에서 일어나는 감정들을 느끼려 한다면, 나는 내 영혼이 완전히 만족할 때까지 그대로 거기 멈추고, 쉬면서 다른 감정으로 넘어가지 않을 것입니다. 왜냐하면 영혼을 만족시키고 풍요롭게 하는 것은 지식의 풍성함이 아니라, 묵상하는 진리의 내적 감미로움과 감정이기 때문입니다."[16]

(2) 다섯 가지 감각(感覺)의 적용

991 우리는 다섯 가지 감각(五感, 시각 · 청각 · 후각 · 미각 · 촉각)의 이름으로 매우 단순하고 정감적인 묵상기도 방법을 지적할 수 있다. 이 정감적 묵상기도 방법은 신비의 모든 상황을 영혼 안에 깊이 스며들게 한다. 그리고 열성적인 감정과 훌륭한 결심을 마음 속에 일으키도록 하기 위해, 예수님의 몇 가지 신비에, 정신적이고 상상적인 다섯 가지 감각을 적용시키도록 해 본다.

---

16) 영성 수련, 2ᵉ annot., 4ᵉ addit.
　　Durand, *Médit. et lectures pour une retraite de 8 ou 10 jours*, p. 256-259.

즉 성탄의 신비에서 그 예를 찾아보자.

① 시각(視覺)의 적용

"나는 구유 안에 있는 갓난 아기를 본다. 아기가 누워 있는 짚, 아기를 감싸고 있는 강보… 추위로 떨고 있는 아기의 작은 손과 눈물로 얼룩진 그 눈을 바라본다…. 그분은 나의 하느님이시다. 굳센 믿음으로 그분을 흠숭한다. 또 나는 성모님을 본다. 그분은 얼마나 겸손하시며, 천상적 아름다움을 지니셨는가!… 나는 성모님이 강보에 싸인 아기 예수를 당신 품에 꼭 안으시고, 다시 아기 예수를 강보에 누이심을 본다. 예수님은 성모님의 아드님이시며 하느님이시다! 흠숭과 기도를 드린다…. 나는 영성체를 생각한다. 나는 똑 같은 예수님을 받아 모시는 것이다…. 나는 정말 같은 믿음과 같은 사랑을 갖고 있는가?"

② 청각(聽覺)의 적용

"아기의 울음소리를 듣는다…. 그에게 고통을 주는 신음 소리… 그는 춥고, 특히 인간들의 배은망덕으로 고통을 당하신다…. 아기 예수의 마음에서 성모님의 소리를 듣는다. 성모님의 충만한 믿음·흠숭·겸손·사랑의 대답을 듣는다. 그리고 성모님의 감정과 일치한다…."

③ 후각(嗅覺)의 적용

"나는 예수 그리스도의 향기와 구유에서 풍기는 덕의 향기를 맡는다. 그리고 참된 겸손의 향기를 맡게 해 줄 영적 감각을 나에게 주시도록 구세주께 간청한다…."

④ 미각(味覺)의 적용

"나는 예수, 마리아, 요셉과 함께 있는 행복을 맛본다. 그들을 사랑하는 행복을 보다 더 음미하기 위해 나는 말없이 나의 구세주 곁에 아주 가까이 머문다."

⑤ 촉각(觸覺)의 적용

"나는 구세주가 누워 있는, 구유와 짚에 경건하게 손을 얹고 사랑으로 입맞춘다…. 그리고 예수 아기가 내게 허락한다면, 그의 발에 입맞춘다."[17]

이와 같이 영혼은 위에서 가상적(假想的)으로 말한 것처럼 정감적 묵상기도에서 느끼는 구세주를 더욱 용감하게 사랑할 은총을 구한다. 그리고 예수님과 성모님께 드리는 경건한 대화로써 정감적 묵상기도를 끝맺는다.

992 신적 속성(屬性, attributes)에 관한 정감적 묵상기도는, 하느님께 전적으로 자신을 선물로 드리기 위해, 각 속성을 흠숭과 찬미, 사랑의 감정과 함께 고찰하면서 기도한다.[18]

(3) 두 번째 묵상기도 방법

993 두 번째 묵상기도의 방법은 주님의 기도, 성모송, 여왕이시며(Salve Regina) 등, 각 말씀의 의미를 음미하고 고찰하기 위해, 구송(口誦)기도를 천천히 살펴보도록 한다.

주님의 기도는, 이렇게 생각하면서 기도한다. "오 나의 하느님, 영원하시고 전능하시며, 모든 것의 창조주로써 저를 당신 자녀로 입양하시고 제 아버지가 되셨습니다. 당신이 아버지이신 것은 저를 세례 때 당신의 신적인 삶에 통교(通交)시키셨고, 제

---

17) 성 이냐시오는 감히 그렇게 멀리까지는 가지 않는다. 다른 성인들은 감행했는데, 만일 은총이 허락한다면, 우리는 그들을 모방할 수 있을 것이다.
18) 성 이냐시오의 마지막 관상을 보라. *Ex. spir.*, IVe Sem.

영혼 안에서 매일 그 생명을 자라게 하시기 때문입니다…. 당신이 아버지이신 것은, 어떤 아버지나 어머니도 자식을 당신만큼 사랑할 수 없을 정도로 저를 사랑하시고… 저에게 부성적(父性的)으로 배려하시기 때문입니다….".[19]

　이와 같은 정감적 묵상기도에서 영혼은 몇 가지 빛과 힘 또는 위로를 얻게 될 감정과 의미를 찾을 때까지 그대로 머문다. 그리고 이 묵상기도의 주제에서 기도 시간 전체를 채울 만한 소재(素材)를 찾는다면, 다른 생각으로 넘어가려고 노력하지 않아도 된다. 그 대신 묵상기도의 주제를 음미하고, 거기에서 실천적인 결론을 내리고, 그것을 완수할 수 있도록 기도한다.
　이처럼 위에서 말한 정감적 묵상기도의 실천은 매우 단순하고 쉬운 방법이다.

II. 성 슐피스의 방법

　우리는 제701항에서 묵상기도의 여러 방법을 지적하였다. 그러므로 빛의 길을 걷는 진보한 영혼들은 정감적 묵상기도를 위해 다음과 같이 지적하는 세 가지 방법을 고려하면서 실천할 것이다.

994　(1) 첫째, 정감 어린 묵상기도는 하느님께 대한 경배(敬拜 adoration)이다. 초보자들의 묵상기도에서 아주 짧았던 경배는 점점 증가하여, 진보자의 정감적 기도의 절반 이상을 경배에 전념한다. 하느님 사랑에 불탄 영혼은 덕의 완전한 모범이신 성 삼

---

19) A. Durand, op. cit., p. 458-459; R. de Maumigny, l. c., ch. VI.

위(聖三位)를 자기 안에 끌어들이기를 원한다. 그리고 특히 이
성 삼위께, 흠숭·경배·찬양·축복·감사를 드린다. 또 상황에
따라서는 성인들과 성모님께 사랑과 감사를 드린다. 이렇게 함
으로써, 영혼은 그분들의 성덕을 본받고 싶어한다.

995 (2) 둘째, 정감적인 묵상기도는 하느님과의 완전한 정감적
일치(communion)이다. 이 묵상기도에서 영혼이 행하는 몇 가지
고찰은 아주 짧으며, 그것마저도 하느님 또는 예수님과의 대화
의 형태로 이루어진다. "오 하느님, 저로 하여금 덕의 실천을
확신하도록 도와주소서…."

정감적 묵상기도는 덕을 실천하려는 열렬한 욕망과, 받은 빛에
대한 감사의 정(情)을 동반하게 한다. 이 때 진보자는 예수님의
눈으로 덕을 살펴보면서, 신적 모범과 비교해 본다. 그 결과 영
혼은 예수님과 자신의 차이 때문에 스스로의 잘못과 비참함을
더 확실하게 보게 된다. 그래서 영혼이 느끼는 굴욕과 혼동의
감정은 매우 깊어지고, 하느님께 드리는 신뢰는 더욱 커진다.

왜냐하면 영혼을 치유하시는 하느님 앞에서 우리는 도움을
청하는 자연적인 마음의 외침이 있기 때문이다. "주님, 주님께
서 사랑하시는 이가 앓고 있습니다"(ecce quem amas infir-
matur).[20] 여기서 영혼은 자신뿐 아니라, 온 교회와 이웃을 위해
기도하면서 덕을 실천할 수 있는 은총을 구하기 위한 열렬한
기도가 나온다. 왜냐하면 그리스도와 합체(合體)된 신뢰의 기도
는 그분 안에 뿌리를 두고 있음을 알기 때문이다.

---

20) 요한 11, 4.

996 (3) 세째, 정감적 묵상기도는 하느님께 대한 정감 어린 협력(coopération)이다. 영혼은 예수님께 순종하면서 그분의 허락을 받아, 더욱 완전하게 그분과 합체를 실천해야 한다. 그리고 자신을 불신(不信)하면서 예수님의 도움을 기대한다. 영혼은 하루에도 자주 이 합체의 결심을 신심기도와 영적 꽃다발의 지향으로 삼는다. 이 정감적 묵상기도는 예수님과 합체하는 결심을 실천하게 한다. 뿐만 아니라 영혼에게 합체의 결심을 하도록 영감(靈感)을 주신 분께 정감 어린 감정을 갖도록 도와 준다.

997 이러한 영감에도 불구하고 영혼은 무미건조(無味乾燥)함을 통해 정감을 만들어 내는 데 많은 고통이 따른다. 이 때 영혼은 예수님의 뜻에 온전히 자기 자신을 내어 맡기면서, 그분을 사랑하길 원하며, 어떤 희생을 치르더라도 봉사하려고 결심한다. 그리고 언제나 예수님의 현존(現存) 안에 머무르면서, 그분께 충실하도록 노력한다.

영혼은 겸손되이 자신의 무자격(無資格)과 무능함을 재인식(再認識)하고, 의지로써 예수님과 일치해야 한다. 또 영혼은 예수님께 드려야 할 의무를 다한다. 그리고 영혼이 당하는 모든 시련(試鍊)들을 절대자이신 하느님의 영광을 위해 그분과 일치한다. 이처럼 의지적인 행동은 경건한 정감보다 더 가치로운 것이다.

지금까지 말한 것들은 정감적 묵상기도의 주된 방법들이다. 각 영혼은 자신에게 알맞은 방법을 선택하고 은총의 작용에 따라, 영혼의 초자연적인 성향에 따라 현실적으로 필요한 것을 선택한다. 이와 같은 정감적 묵상기도 방법은 영혼으로 하여금 덕의 실천을 통해 영적 진보를 가져다 줄 것이다.

제II부

윤리덕[21)]

우리는 윤리덕을 이야기하기 전에, 먼저 간략하게나마 주입덕 (注入德, vertus infuses)에 대한 신학적 개념을 살펴보기로 한다.

I. 일반적인 주입덕[22]

998 초자연적 대신덕(對神德)이 아닌 자연적 윤리덕(倫理德)은 올바른 선(善)의 실천을 쉽게 해 주는, 자주 반복된 습성(習性)으로 인해 얻어지는 좋은 덕이다. 그래서 무신론자(無神論者)나 이방인(異邦人)들도 하느님의 본성적 일치를 통해, 현명·정의·용기·절제인 윤리덕을 얻을 수 있고 완성시킬 수 있다. 이 덕에 대해서는 다음에 말하겠다. 다만 여기서는 그리스도인에게 존재하는 주입적 또는 초자연적 덕만을 다룰 것이다.

999 영혼이 초자연적 상태에 이르고, 지복직관(至福直觀, vision béatifique) 외에 다른 목표가 없어지면, 그는 초자연적 동기와 원리의 영향 아래 행한 행동만을 지향(志向)해야 한다. 영혼을 주입덕으로 이끄는 행위와 목적은 조화(調和)되기 때문이다. 그

---

21) 성 토마스, I^a II^{ae}, q. 55-67; II^a II^{ae}, q. 48-170; Suarez, *Disput. metaphys.*, XLIV; *de Passionibus et habitibus, De fide* etc.; Joannes A 성 토마스, *Cursus theol., Tr. de Passionibus, habitibus et virtutibus*, etc.; Alvarez de Paz, t. II, lib. III, de adeptione virtutum; Phil A SS. Trinit., P. II, tr. II, dis. I, II; P. Rodriguez, 크리스챤의 완덕, 다양한 고찰; 성 프란치스코 살레시오, *Vie dévote* passim; J. J. Olier, *Introd.* 그리스도인의 생명과 덕행에 대한 서문.; Mgr. Gay, 그리스도인의 덕행과 생명에 관하여, tr. VI, VII, IX, X, XI; Ribet, 덕행과 은사; P. de Smedt, 초자연적인 생명, t. II.
22) 성 토마스, I^a II^{ae}, q.62-63; Suarez, *De Passionibus et habitibus*, diss. III; J. A 성 토마스, *op cit.*, disp. XVI; L. Billot, *De virt. infusis*; P. Janvier, *Carême* 1906 사순절; P. Garrigou-Lagrange, 그리스도인의 완덕과 관상, p. 62-75.

러므로 영혼은 세상에서 자연적이라 부르는 덕들을 초자연적 방법으로 실천해야 한다.

이런 이유에서 라그랑즈(P. Garrigou-Lagrange) 신부가 지적한 것을, 성 토마스에 따라 살펴보면 "그리스도인의 윤리덕은 주입덕이며, 위대한 철학자들에 의해 기술된 가장 높은 단계에서 습득된 윤리덕과는 본질적인 차이가 있습니다. 바른 이성에 의해서만 조절된 아리스토텔레스적 절제와 초자연적이고 믿음에 의해 조절된 그리스도인의 절제 사이에는 무한한 차이점이 있습니다."[23]

우리 안에 생활하시는 성령을 통해, 어떻게 우리에게 덕이 전달되는지를 이미 제121항-제122항에서 제시했으므로, 기술(記述)하는 것만 남았을 뿐이다.

이제 우리는 다음에 제시될 주입덕에 대한 규범을 살펴보기로 한다.

(1) 주입덕의 본질.
(2) 주입덕의 성장.
(3) 주입덕의 쇠퇴.
(4) 주입덕 사이에 존재하는 관계 등이다.

(1) 주입덕의 본질

1000 (가) 주입덕은 초자연적 능력(能力)의 역할을 영혼 안에 작용시키기 위해 하느님께서 삽입한 행동의 원리들이다. 이 초자연적 능력은 영혼에 대해 공로(功勞)의 행위를 하게 한다.

---

23) *Op. cit.*, p. 64.

그러므로 덕의 본질(origine)과 실천 방법(mode d'exercice)과 목표(fin)의 세 가지 관점에서 볼 때, 습득(習得)된 덕과 주입(注入)덕 사이에는 본질적으로 차이가 있다.

ㄱ) 덕의 본질에서, 자연적 덕은 같은 행위를 반복함으로써 얻어진다. 그러나 초자연적 덕은 하느님에게서 오는, 생명의 은총(grâce habituelle)으로 영혼 안에 주어진다.

ㄴ) 덕의 실천 방법에서 볼 때, 자연적 덕은 같은 행위를 반복함으로써 얻어진다. 그래서 영혼은 즐겁고 신속하게 비슷한 행위를 쉽게 실천한다. 그러나 하느님께서 영혼 안에 주입하시는 초자연적 덕은 공로의 행위를 일으킬 성향(性向)과 능력을 우리에게 주신다. 덕을 실천하는 쉬운 방법은 같은 행위를 반복함으로써 이루어질 것이다.

ㄷ) 덕의 목표에서, 자연적 덕은 올바른 선을 추구하고 창조주를 향하게 한다. 그러나 주입덕은 초자연적 선을 추구하고, 믿음이 알려주는, 삼위일체(三位一體)이신 하느님을 향하게 한다. 그래서 주입덕에 영감(靈感)을 주는 동기(動機)는 초자연적이어야 하며, 이 동기는 하느님과의 깊은 우정으로 이끈다. 그러기에 영혼은 하느님과 조화를 이루기 위해, 현명·정의·용기·절제의 덕을 실천해야 한다.

1001 초자연적 덕의 실천은 습득덕(習得德)의 행위보다 더 완전하다고 결론지을 수 있다.[24]

예를 들어, 절제는 인간의 존엄성을 지키게 할 뿐만 아니라,

---

24) 신학대전, $II^a\ II^{ae}$, q. 63, a. 4; H. Noble, *Vie spirituelle*, 1921년 11월호, p. 103-104.

구세주 예수님을 더욱 닮기 위해 영혼을 적극적인 고행(苦行)으로 이끈다.

또 겸손은 정중하지 못한 성냄과 지나친 교만을 피하게 할 뿐만 아니라, 영혼으로 하여금 신적 모범을 닮게 해 주는 모욕(侮辱)을 포용(包容)하게 한다. 그러므로 주입덕과 습득덕 사이에는 본질적(本質的)으로 큰 차이가 있다. 이 두 가지 덕의 근원(根源)과 형식적 동기(動機)도 다르다.

1002 (나) 주입덕을 실천하는 데 수월함은, 더욱 신속하고(promptius), 쉽고(facilius), 즐겁게(delectabilius) 같은 행위를 반복함으로써 덕을 얻는다는 것이다. 이처럼 지금 말한 세 가지 주요한 원인은 행복한 결과와 경합(競合)한다.

ㄱ) 덕의 실천에서 습관은 장애물과 악한 성향의 저항(抵抗)을 줄인다. 그래서 덕의 습관은 같은 노력으로도 더 많은 결과를 얻는다.

ㄴ) 덕의 실천에서 습관은 영혼의 능력을 조정(調整)하여 그 실천을 완전하게 한다. 그리고 덕의 실천은 영혼을 선으로 이끄는 이유를 재빨리 파악하여, 인지(認知)된 선을 보다 적절히 실천하게 한다. 매우 능숙하게 피아노 건반을 두드리는 예술가의 손가락처럼, 덕의 실천에서 유연하게 자기 능력을 발휘할 때, 영혼은 기쁨을 느낀다.

ㄷ) 끝으로 영혼이 충실하게 덕을 실천한다면, 많은 은혜를 주는 도움의 은총은 이 실천에 대한 영혼의 의무를 쉽게 하고 사랑하게 한다.

일단 영혼이 한번 획득한 버릇은 대죄로 인해 주입덕을 잃어

버리는 불행이 오더라도 즉시 없어지지 않는다. 오히려 이 버릇은 자주 되풀이된 덕의 실천에 대한 결과이므로, 심리적 규범에 따라 획득한 습관이 얼마 동안 지속된다.

(2) 주입덕의 성장

1003 (가) 주입덕(注入德)은 영혼 안에서 자란다. 그리고 실제로 주입덕이 흘러나오는 생명의 은총을 자라게 하는 정도에 따라 이 덕은 성장한다. 이 주입덕의 성장은 하느님께로부터 직접 온다. 하느님만이 영혼 안에서 신적 생명과 그 생명을 구성하는 여러 요인들을 증가시킬 수 있기 때문이다. 우리가 성사(聖事)를 받고 기도와 선을 실천할 때, 하느님께서는 영혼 안에서 이 주입덕을 증가시키신다.

ㄱ) 이미 제256항-제261항에서 보았듯이, 성사는 제도(制度) 그 자체로, 우리 안에 생명의 은총을 증가시킨다. 이 말은 성사를 통하여 주입덕이 첨가되는 데, 그것은 영혼의 자세에 따라 은총이 비례한다.

ㄴ) 영혼의 선한 행위는 하느님의 영광에 기여할 뿐만 아니라, 생명의 은총과 주입덕의 성장에 기여한다. 이것 역시 제237항에서 언급했듯이, 이 주입덕의 성장은 영혼의 열성적 자세에 많이 좌우된다.

ㄷ) 기도는 공덕(功德)의 가치 외에 은총과 덕의 성장을 구하면서 간청하여 얻는 데 가치가 있다. 그래서 주입덕의 성장은 역시 기도하는 영혼의 열성에 비례한다. 그러므로 영혼은 교회와 함께 신덕·망덕·애덕의 증가(增加)를 청원하며, 교회의 기

도와 일치하는 것이 중요하다. "우리에게 믿음과 희망과 사랑을 키워 주소서"(Da nobis fidei, spei et caritatis augmentum).

(나) 성 토마스에 따르면, 주입덕의 성장은 단계(段階)나 양(量)의 증가(增加)가 아닌, 보다 활동적이고 완벽하게 덕을 소유하는 데 있다는 것이다. 이러한 의미에서 주입덕은 영혼 안에 뿌리를 깊이 내려, 더욱 단단해지고 활동적이어야 한다.

(3) 주입덕의 쇠퇴(衰退)

영혼이 주입덕을 우유부단(優柔不斷)하게 실천하지 않을 때, 그 덕은 점점 약화되거나 완전히 쇠퇴해 버린다.

1004 (가) 덕의 쇠퇴에 대하여

사실 주입덕은 덕이 속해 있는 성화 은총(grâce sanctifiante)보다 더 약화될 수 없다. 즉 소죄(小罪)는 생명의 은총(grâce habituelle) 그 자체를 쇠퇴시킬 수는 없다. 그러나 특히 고의(故意)로 죄를 짓게 되면, 앞서 획득한 주입덕의 능력은 축소되고, 덕의 실천은 적지 않게 방해를 받게 된다. 이 능력은 항구한 노력과 확실한 열정으로 얻어진다.

그런데 제730항에서 보았듯이, 분명한 소죄는 영혼의 성장을 꺾어 버리고, 활동의 일부를 마비시킨다. 그러나 가벼운 소죄는 주입덕을 약화시키지는 않는다. 그렇지만 이 소죄는 관능적 쾌락의 절제를 통해 얻은 능력을 조금씩 잃어버리게 한다. 게다가 은총의 남용(濫用)은, 약간의 열정으로나마 영혼으로 하여금 주입덕의 실천을 용이하게 하는 도움의 은총마저 감소시킨다.

끝으로 제731항에서 언급한 바와 같이, 확고한 소죄는 대죄에 길을 터주고 주입덕을 잃어버리게 한다.

1005 (나) **주입덕의 상실에 대하여**

원칙적으로 주입덕은 분명한 목적과 동기가 무너질 때, 그 덕을 잃어버리게 되고 기초마저 파괴된다.

ㄱ) 애덕은 그 본질이 어떻든 모든 대죄를 통해서는 아무 소용이 없게 된다. 왜냐하면 대죄는 직접적으로 하느님의 무한한 선을 반대하고, 주입덕의 기초와 분명한 목적을 영혼 안에서 파괴하기 때문이다.

ㄴ) 주입적 윤리덕(vertus morales infuses)은 대죄로 인해 사라진다. 이 주입덕은 애덕과 연관되어 있기 때문에, 애덕이 사라지면 주입덕도 같이 없어진다. 그럼에도 불구하고, 현명·정의·용기·절제 등의 실천으로 습득(習得)되었던 능력들은 획득된 습관의 집요함으로 인해, 주입덕을 잃은 다음에도 얼마간 존속한다.

ㄷ) 신덕과 망덕의 경우, 대죄가 이 덕을 직접 반대하는 죄가 아닐 때, 대죄로 인해 은총을 잃어버렸을 때에도 영혼 안에 이 덕들은 존속한다. 결국 다른 죄는 신덕과 망덕의 기초를 영혼 안에서 파괴하지 못한다.

한편 하느님께서는 당신의 무한하신 자비에 의해, 구원의 마지막 보루(堡壘)로써, 신덕과 망덕이 영혼 안에 남아 있기를 바라신다. 영혼이 하느님을 믿고 희망하는 한, 회개는 그에게 상대적으로 쉽게 된다.

(4) 주입덕 사이에 존재하는 관계

1006 모든 덕은 서로 밀접한 관계를 가지고 있다. 이러한 생각은 다음 몇 가지 설명을 요한다.

(가) 먼저 잘 이해되고 실천된 애덕은 신덕과 망덕 뿐만 아니라 모든 덕을 포함한다.

사도 바오로에 의하면, "사랑은 오래 참습니다. 사랑은 친절합니다…."(Caritas patiens est, caritas benigna est….)[25]라고 말한다. 이미 제318항에서 설명한 바와 같이 애덕은 윤리덕까지 포함한다. 하느님을 사랑하고 이웃을 사랑하는 영혼은 모든 덕을 실천할 준비가 되어 있다. 그래서 양심은 영혼에게 사랑의 의무를 바르게 인식하게 해 줄 것이다.

결국 영혼은 모든 것에 앞서, 주님의 계명과 권고를 지킬 각오가 되어 있지 않으면, 하느님을 완전히 사랑할 수 없다. 그래서 애덕의 특성은 마지막 목표인 하느님을 향해 모든 행위가 실천되므로, 결과적으로 그리스도인의 덕에 따라 애덕의 행위가 조절된다. 그래서 애덕이 증가하면 할수록, 다른 덕들도 근본적으로 증가한다고 말할 수 있다.

그럼에도 불구하고 하느님의 사랑은 윤리덕의 실천을 용이하게 한다. 하느님께서는, 현명·겸손·순명·애덕 등을 당장 또는 반드시 완덕에 이르도록 하지는 않으신다. 예를 들어, 악한 습관들이 몸에 배인 후, 진실로 회개한 죄인을 가정(假定)해보자. 그 영혼이 아무리 진지하게 애덕을 실천한다 하더라도, 한꺼번

---

25) 1고린 13, 4.

에 완벽하게 현명함과 정결 또는 절제를 실천할 수 없다. 그 영혼에게는 옛 습관을 없애고, 새롭게 좋은 습관을 몸에 익히기 위해 많은 노력과 시간이 필요하다.

1007 (나) 애덕의 모습은 모든 덕을 완성하는 마지막 보완(補完)이다. 모든 덕은 애덕 없이 완성될 수 없다. 그래서 죄인의 신덕과 망덕은 참된 덕이지만, 궁극 목표인 하느님께 나아가는 덕에서는 완덕을 빼앗긴 미완성의 덕이 된다. 이 미완성의 상태에서 실천하는 신덕과 망덕의 행위는 다만 회개의 준비로서, 이 덕들이 초자연적임에도 불구하고 하늘 나라를 위한 공로가 되지 못하기 때문이다.

1008 (다) 윤리덕에서 애덕이 없다면 이 윤리덕은 미완성이 된다. 그래서 윤리덕을 완전하게 소유하려면, 다른 덕이 없이, 한 덕만을 소유할 수 없기에 모든 덕 사이에는 밀접한 관계가 있다.

모든 덕이 완전하게 되기 위해서는 현명(賢明)의 덕이 전제된다. 현명의 덕은 정의와 용기와 절제의 협력 없이는 완전하게 실천할 수 없다. 불의(不義)와 무절제(無節制)의 경향이 있는 연약한 성격은 여러 상황에서 현명의 덕을 거스르게 된다.

정의(正義)의 덕은 영혼의 용기나 절제 없이는 완전하게 실천될 수 없다. 용기(勇氣)의 덕은 정의와 현명함에 의해 절제되어야 하며, 절제 없이는 오랫동안 지속되지 못한다.[26]

만일 윤리덕이 낮은 단계에서 존재한다면, 그 현존은 다른 덕의 실천에 필수적이지 않을 것이다. 그래서 겸손하지 않고도 정

---

26) Cf. 성 아우구스티누스, 제롬에게 쓴 편지 167. *P. L.*, XXXIII, 735.

숙한 영혼이 있고, 자비롭지 않고도 겸손한 자가 있으며, 정의를 실천하지 않고도 자비로운 영혼이 있다.[27]

II. 윤리덕

우리는 간단하게 윤리덕의 본질과 그 종류와 공통적 특성을 살펴보기로 한다.

1009 (1) 윤리덕의 본질
다음 두 가지 이유에서 우리는 이것을 윤리덕이라 부른다.
ㄱ) 윤리덕은 학문이나 예술 등, 윤리적 삶과 직접 관계되지 않고 지식(知識)만을 완성시키는, 순수한 지성적 덕행과는 구분한다.
ㄴ) 열정의 조절 등, 윤리덕은 창조된 초자연적 선을 직접 다루면서 도덕적 관념(觀念)을 규정짓지만, 하느님을 직접 그 대상으로 하기에 대신덕(對神德)과 구분한다. 그러나 윤리덕 역시 하느님의 생명에 참여하면서 영혼에 지복직관(至福直觀)을 준비시켜 준다는 사실을 잊지 말아야 한다.
이 윤리덕은 특히 성령의 은사(恩賜)로 보완되고 완성되는 정도에 따라, 대신덕과 가까워지면서, 윤리덕에 의미를 부여하는 애덕의 다양한 표현으로써 존재하게 된다.

1010 (2) 윤리덕의 종류
윤리덕에는 여러 종류의 다양한 덕들이 있으며 그 수가 많다.

---
27) 성 그레고리오, *Moral.*, 1. XXII, c. 1.

그러나 윤리덕은 사추덕(四樞德)에 근거를 두고 있다. 즉 네 가지 덕목(현명·정의·용기·절제) 위에 다른 덕들이 파생되어 뿌리를 내리고 있다. 그래서 사추덕은 영혼의 윤리적 능력(能力)을 완성시켜 준다.

1011 (가) 윤리덕은 영혼에 필요한 모든 것에 응답한다.

ㄱ) 영혼은 무엇보다 먼저 초자연적 목표에 이르는 데 유익하거나 필요한 방법들을 선택해야 한다. 이것이 바로 현명함의 역할이다.

ㄴ) 영혼은 다른 사람의 권리를 존중해야 한다. 이것은 정의를 실천하는 것이다.

ㄷ) 영혼은 자신과 재산을 위협하는 위험에 대항하기 위해, 또 폭력과 두려움 없이 방어하기 위해 용기가 필요하다.

ㄹ) 영혼은 세상의 재물과 만족을 알맞게 사용하기 위해, 절제가 필요하다.

그러므로 정의는 이웃과의 관계를 조절하고, 용기와 절제는 자신과의 관계를 조절하며, 현명은 위의 다른 셋을 지휘한다.

1012 (나) 윤리덕은 영혼의 윤리적 모든 능력들을 완성시킨다. 지식(知識)은 현명에 의해 조절되고, 의지(意志)는 정의에 의해서, 조급한 욕망(慾望)은 용기에 의해, 소유욕(所有慾)은 절제에 의해 조절된다. 조급한 욕망과 소유욕은 의지에 의해서만 도덕성이 가능하다. 그리고 용기와 절제는 의지로부터 지도를 받는 열등한 능력에서처럼 상급의 능력에도 존재한다.

1013 (다) 끝으로 사추덕의 각 덕은 필요 불가결(intégrantes)하

고, 주관적(subjectives)이며, 잠재적(potentielles)인 같은 요소를 포함하는 종류의 덕으로 간주될 수 있다는 것을 덧붙인다.

ㄱ) 사추덕의 필요 불가결한 요소들은, 덕을 실천하는 데 필요하거나 또는 유용한 보충 요인들이다. 그 결과 이 요소들이 없이는 덕이 완전해질 수 없다. 그래서 인내와 항구한 마음은 용기의 구성 요소들이다.

ㄴ) 사추덕의 주관적 요소들은, 주요한 덕에 종속된 다양한 종류들이다. 그래서 정결과 검소함은 절제의 주관적 부분들이다.

ㄷ) 사추덕의 잠재적 요소들은, 주된 덕과 뚜렷하게 닮은 점을 가지지만, 덕의 모든 조건에 충분히 만족하지는 못한다. 그래서 경신덕(敬神德)은 정의의 덕과 관계된다. 경신덕은 하느님께 의무적인 제사를 드리지만, 엄밀하게 말해 정의와 평등함을 원하는 완덕을 행할 수 없기 때문이다. 순명의 의무는 우리를 장상에게 복종하게 한다. 그러나 이 순명 역시, 정의와 완전히 같지도 않고 절대적인 엄격함을 갖지도 않는다.

사추덕의 실천과 독자들의 이해를 쉽게 하기 위해, 우리는 사추덕의 모든 분류나 세세한 목록에까지 들어가지 않겠다. 이제 우리는 참으로 가꾸어야 할 주요한 덕을 선택해서, 이론과 실천의 두 관점에서 가장 본질적인 요소들에 대해서만 강조하겠다.

1014 (3) 윤리덕의 공통적 특성

ㄱ) 모든 윤리덕의 실천은 중용(中庸)의 덕을 보존하는 데 있다(in medio stat virlus). 그러므로 윤리덕은 신덕에 의해 밝혀진 바른 이성(理性)의 규범들을 지켜야 한다. 왜냐하면 윤리덕은 자

첫 잘못하면 한쪽으로 기울거나 또는 정도를 지나쳐 규범을 그르칠 수 있기 때문이다. 그러므로 윤리덕은 양편(兩便)의 과도함을 피하는 데 있다.

ㄴ) 대신덕 그 자체는, 영혼이 하느님을 사랑하는 데, 아무런 제한이 없다고 성 베르나르도는 말한다. 대신덕은 중용과 관계되는 것이 아니라는 것이다. 그러나 대신덕이 영혼들간의 관계에서는 모든 덕목들의 중용을 지켜야 한다. 다른 표현에 의하면, 현명의 덕으로 관리된 덕들은 대신덕을 어느 때 실천해야 하고, 또 할 수 있는지를 가르쳐 준다. 예를 들어, 현명함은 영혼이 믿어야 할 것과 믿지 말아야 하는 것을 가르쳐 준다. 그리고 또 어떻게 영혼이 자만과 실망을 동시에 피할 수 있는지를 일깨워 준다.

제Ⅱ부 윤리덕의 분류

1015 제Ⅱ부에서는 차례로 사추덕(四樞德)과 이 덕에 관계되는 주요한 덕들을 소개한다.

  Ⅰ. 현　명.
  Ⅱ. 정　의(경신 · 순명).
  Ⅲ. 용　기.
  Ⅳ. 절　제(정결 · 겸손 · 온유).

제1장 현 명(賢明)[28]

이제 우리는 (1) 현명의 덕에 대한 본질. (2) 현명의 덕의 필요성. (3) 현명의 덕을 완성시킬 수 있는 방법들을 제시하고자 한다.

I. 현명의 덕에 대한 본질

먼저 이해를 돕기 위해 현명의 덕에 대한 정의와, 그 구성 요소와 종류들을 살펴보기로 한다.

1016 (1) 현명의 덕에 대한 정의
초자연덕과 윤리덕은 이 덕의 최종 목표에 도달하기 위한 가장 좋은 방법을 선택하도록 영혼에게 지혜를 준다.
그러므로 현명의 덕은 순전히 인간적이고 육체적인 현명만이 아니다. 이 덕은 어디까지나 그리스도인적 현명함이다.
(가) 현명의 덕은 결코 육체적이 아니다.
육체적 현명의 덕은 세속적으로 영혼을 명예롭게 하고, 부귀(富貴)와 열정을 만족시키고, 나쁜 목표에 도달할 방법들을 찾도

---

[28] Cassien, *Confér.*, II; S. J. Climaque, *L'Echelle*, XXVI; S. Thom., II^a II^{ac}, q. 47-56; CH. de Smedt, 우리의 초자연적 생명, II, P. 1-33; P. Janvier, *carême* 1917.

록 만든다. 육체적 현명은 하느님의 법에 대항하는, 하느님의 적(敵)이고, 영원한 죽음으로 이끄는 인간의 적이기 때문에, 사도 바오로에 의해 이미 단죄되었다.[29]

그런가 하면 자연적 덕의 목표에 도달하기 위해 최상의 방법을 찾는 노동자, 예술가, 상인, 실업가의 현명함도 있다. 또 영원한 행복이나 하느님을 찾지 않고, 오히려 돈과 명예를 얻으려고 노력하는 인간적인 현명함도 있다. 그 영혼들에게는 온 세상을 다 얻더라도 자기 영혼을 잃어버린다면 무슨 소용이 있겠는가를 일깨워 주어야 한다.[30]

1017 (나) 그리스도인의 현명은 믿음에 뿌리를 두고, 하늘 나라를 차지하고 땅에서 하느님을 사랑하는, 초자연적 목표로 모든 덕을 이끈다. 물론 현명의 덕은 믿음에 의해 영혼에게 제시된 초자연적 목표에 직접 관여하지는 않는다. 그러나 현명함의 모든 행동은 초자연적 목표로 향해 최상의 방법을 믿음의 빛을 통해 찾도록 영혼을 비추어 준다.

현명의 덕은 우리 삶의 모든 세세한 부분을 다룬다. 영혼이 하느님 밖에서 헤매지 않도록 우리의 생각을 조정(調整)한다. 또 순수함을 부패시킬 수 있는 것들을 멀리하기 위해, 의향(意向)을 조정한다. 그리고 현명함을 하느님께 매어 두기 위해 영혼의 의지와 감정을 조절한다. 끝으로 초자연적 목표로 이끌기 위해 영혼의 결심과 실천 그리고 외적인 행위까지도 조절한다.[31]

---

29) 로마 8, 6-8.
30) 마태 16, 26.
31) 성 토마스., II^a II^{ae}, q. 47, a. 73; "Prudentia est et vera et perfecta quae ad bonum finem totius vitae recte consiliatur, judicat et praecipit."

1018 (다) 엄격히 말한다면, 현명의 덕은 특별한 상황 속에서도 초자연적 목표를 얻기에 가장 적합한 것을 판단하고 식별하기 때문에, 현명은 지성 안에 존재한다. 이 현명은 매우 주요한 인식(認識)으로, 우리의 삶을 조절하는 과정에서 가능한 현실적 인식을 만나게 하는 지성이다.[32]

어쨌든, 현명한 의지는 이미 알려진 선택을 실천하는 동기(動機)와, 이성(理性)을 고찰하는 지성(知性)을 명령하기 위해 개입한다. 그리고 나중에 의지는 현명한 선택의 방법을 실천하기 위해 영혼 안에서 중재한다.

1019 (라) 그리스도인적 현명의 규범은 믿음에 의해 밝혀진 이성(理性)이다. 이 현명의 규범을 예수님은 유다 학자들의 잘못된 주석(註釋)을 없애면서, 옛 법을 보충하고 완성시킨 산상 설교(山上說敎)에서 더 고귀한 표현을 찾는다. 그러므로 초자연적 현명은 세상의 법과 정반대인 성서적 격언(格言) 안에서 그 빛과 영감(靈感)을 가져온다.

영혼은 복음적 현명을 매일의 삶에 적용하기 위해서, 자신을 이끌어 주는 교회가 오류(誤謬)를 범할 수 없다는(無謬性, infallible) 가르침과, 성서를 따라서 살았던 성인들의 모범을 본받으려 노력해야 한다. 그래서 영혼은 오류에 빠지지 않기 위해 확실하게 복음적 현명을 따르도록 한다.

한편 복음적 현명이 사용하는 성사(聖事)와 기도의 초자연적인 방법은 올바를 뿐 아니라, 선(善)을 향해 영혼의 힘을 증가시키

---

32) 성 토마스., II^a II^{ae}, q. 47, a. 3; "Ideo necesse est quod prudens et cognoscat universalia principia rationis et cognoscat singularia, circa quae sunt operationes."

는 좋은 결과를 가져다 준다. 이제 우리는 이 현명의 덕에 대한 구성 요소(構成要素)를 공부하면서 그 결과를 더 잘 알게 될 것이다.

1020 (2) 현명의 덕에 대한 구성 요소들

영혼이 현명의 덕을 실천하기 위해서는 특별히 다음 세 가지 조건이 필요하다. 즉 조심성 있게 심사 숙고(délibérer)하고, 지혜롭게 결심(décider)하고, 신중하게 실행(exécuter)해야 한다.

(가) 먼저 분별 있는 심사숙고(深思熟考)는 현명의 덕이 제안된 목표에 도달하기 위해 절실히 요구되며, 또 내려야 할 결심의 중요성에 비례한다. 이 조심성 있는 심사숙고를 더욱 분별 있게 하기 위해서는, 개인적으로 생각하고 지혜로운 사람들과 의논할 것이다.

1021 ㄱ) 현명의 덕은 영혼 스스로 자신의 과거, 현재, 미래에 대해서 생각하게 한다.

① 영혼이 자신의 과거를 되돌아본다는 것은 스스로에게 매우 유익하다. 세대의 흐름과 함께 그 안에서 머물고 있는 인간 본성은, 자신 앞에 놓인 문제들을 조상(祖上)들이 어떻게 풀어 나갔는지를 보기 위해 역사를 찾는 것은 중요하다.

현명함은 조상들이 문제의 해결을 위해 시도했던 경험들을 밝혀 줄 것이며, 오류(誤謬)를 일깨워 줄 것이다. 영혼은 성공과 실패를 보면서, 피해야 할 장애물(障碍物)과 취해야 할 방법을 이해할 것이다.

그러나 현명함은 또한 자신의 체험을 살피게 할 것이다. 또 영혼은 스스로 성공하고 실패했던 원인들을 자문토록 할 것이다. 그리고 영혼은 같은 위험에 놓이거나 같은 유혹에 빠지지 않도록 할 것이다.

② 현명함은 영혼이 현실적으로 다양한 조건 속에 살고 있음을 고려(考慮)하게 한다. 영혼은 각 시대의 흐름에 따라 각자 자신의 특별한 모습을 갖고 있다. 우리 역시 어려서부터 갖고 있던 것과 같은 취향을 성숙기에는 갖고 있지 않다. 그러므로 여기서 지성(知性)은 현실에 맞게 과거의 체험을 해석(解釋)하도록 도와주기 위해 영혼 안에 개입한다.

③ 끝으로 현명함은 영혼의 미래까지 살펴보게 한다. 먼저 영혼이 결심하기 전에, 이웃과 자신에게 미칠 행위의 결과를 예견(豫見)하는 것은 매우 유익하다. 영혼이 미래를 예견하고 과거를 기억함으로서 현재를 잘 구성할 수 있기 때문이다.

예를 들어, 현명한 덕을 정결에 적용하기 위해서, 역사는 영혼에게 세속의 위험 안에 순수하게 머물러 있기 위해 성인들이 실천했던 것을 되새겨 준다. 영혼의 체험은 자신의 유혹에 어떤 것이 있었고, 또 유혹을 물리치기 위해 사용했던 방법들과 성공과 실패를 되새기게 한다. 그리고 여기서 현명함은 영혼에게 여러 만남과 독서나 사고 방식이 장래에 어떤 결과를 초래할 것인지를 알게 해 준다.

1022 ㄴ) 현명함은 영혼이 충분히 분별 있게 심사 숙고하지 않았을 때, 경험 있고 지혜로운 사람들과 의논하게 한다. 그리고 여러 사람의 충고는 우리 눈을 열어 주고 우리가 잊었거나 소홀히 했던 부분을 일깨워 준다.

혼자서 생각하는 것 보다 두 사람의 지혜가 더 낫고, 논쟁(論

爭) 가운데서도 영혼에게 현명한 빛이 솟아오른다. 더구나 영혼의 상태를 잘 아는 영적 지도자의 충고는 덕의 삶에서 매우 중요하다. 영적 지도자는 영혼의 문제에 사심(私心)이 없으므로, 영혼에게 무엇이 유익한지를 더 잘 알 것이 아닌가?

그러므로 현명함은 영혼으로 하여금 섬세하며 경험 있고 지혜로운 사람들과 대화하게 한다. 이와 같이 현명함은 고유한 관찰을 통해 영혼에게 주어진 권고(勸告)에 기초를 두게 한다. 그리고 현명함은 주어진 상황을 재빨리 정확하게 파악하게 하는 개인적 슬기를 통해 덕의 실천을 방해하지 않는다.

이제 우리는 "오소서 성령이여!"(Veni Sancte Spiritus!)라고 신뢰에 가득 찬 기도를 해야 한다. 그리고 우리는 빛의 아버지이신 최상의 권위자에게 도움을 구하는 것이 어떤 심사 숙고보다 영혼에게 더 유익하다는 것을 잊지 말아야 한다.

1023 (나) 현명의 덕을 통해 영혼은 추정(推定)된 방법 중에서 어떤 것이 덕의 실천에 효과적인지를 잘 결정하고 판단한다. 여기서 성공하려면,

ㄱ) 먼저 이성의 판단을 흐리게 하는 요소인 느낌과 열정, 선입견을 피해야 한다. 또 신앙의 빛으로 모든 것을 식별(識別)하기 위해 영원 앞에서 단호하게 평가해야 한다.

ㄴ) 현명함은 여러 측면에서 볼 때, 영혼을 극복(克服)하게 하는 이성(理性)적인 면에서 멈추지 않게 한다. 오히려 현명함은 선(善)의 이익과 불이익을 바른 통찰력(洞察力)으로 철저히 분석하게 한다.

ㄷ) 끝으로 현명함은 영혼을 지나치게 머뭇거리지 않게 하고

단호히 판단하게 한다. 현명의 덕으로 인해 영혼은 일의 경중(輕重)에 따라 심사 숙고하면서 최선의 것을 선택한다. 이 때 하느님께서는 우리의 이러한 태도를 결코 나무라시지 않을 것이다. 왜냐하면 우리는 하느님의 뜻을 알기 위해 열심히 노력했기 때문이다. 그리고 우리의 결심을 실천하기 위해 하느님의 은총에 전적으로 의지하였다.

1024 (다) 현명의 덕을 통해 영혼이 결심한 계획의 실천은 결코 지체하지 말 것이다. 그러기 위해 영혼은 다음 세 가지 사항을 실천해야 한다. 즉, 예견(豫見, prévoyance)·신중성(愼重性, précaution)·용의주도(用意周到, circonspection)함이다.

ㄱ) 예견에 대하여

예견은 영혼이 얻고자 하는 결과에 어울리는 적합한 노력을 말한다. 또 예견은 영혼이 계획을 완수하는 데 만나야 할 장애물들과 그것을 이길 방법들을 미리 재어 보는 것이다.

ㄴ) 신중성에 대하여

영혼은 가능한 한 좋은 결과를 얻기 위해, 대상(對象)이 되는 사람이나 물건을 꼼꼼히 살피는 것이 중요하다. 그러기 위해 현명함은 영혼으로 하여금 덕의 삶을 바르게 하기 위해 모든 상황을 관찰하게 한다. 현명의 덕은 영혼이 덕의 삶을 바르게 선용하게 하고, 반대로 그 덕에 대한 어려움을 보살피게 한다.

ㄷ) 용의주도함에 대하여

"여러분은 어떻게 처신해야 할지 깊이 생각하십시오"(videte quomodo caute ambuletis).[33] 영혼이 모든 덕의 삶에서 용의주도

---

33) 에페 5, 15.

했다 하더라도, 그 예상(豫想)이 항상 그가 생각했던 것처럼 이루어지는 것은 아니다. 왜냐하면 우리의 지혜(智慧)는 약하고 한계가 있기 때문이다. 그러므로 바른 윤리 생활을 위해서, 영혼은 항상 조심하고, 덕의 실천을 위해 힘을 비축해야 한다.

영혼이 영적 적들(탐욕·세속·악마)과 싸워야 하는 일에 대해서는, 이미 제900항에서 설명하였다. 현명의 덕은 영혼에게 영적 지도자의 권고와, 성사와 기도의 삶을 위해 도움을 청하게 한다. 그렇게 함으로써 영혼은 예상하지 못한 상황에서도 희생되지 않는다. 영혼은 하느님의 은총으로 당황하지 않고 분별 있는 계획을 통해 좋은 결과를 얻는다.

1025 (3) 여러 종류의 현명의 덕

현명의 덕은 실천하는 그 대상(對象)에 따라 변화한다. 현명이 사적인 행동을 규제할 때는 어디까지나 개인적이다. 그러나 현명이 사회적 선(善)을 대상으로 할 때는 사회적이다.

일반적으로 가족적인 공동체에서 현명함은 부부간의 관계와 부모 자식간의 상호 관계를 규제한다. 사회적 공동체에서 현명함은 시민으로서 공동선(共同善)을 따르고, 국가의 이익을 추구한다. 이와 같이 현명의 덕은 개인적이고 공동체적인 그 대상에 따라 그들에게 제시된 문제들을 연구해야 할 것이다.

Ⅱ. 현명의 덕의 필요성

현명의 덕은 개인적인 행동과 이웃을 인도(引導)하기 위해 필요하다.

1026 (1) 현명함은 개인적인 행동과 성화(聖化)를 위해서. 죄를 피하고 덕을 실천하도록 도와 준다.

(가) 현명함은 죄를 피하기 위해 그 원인을 알게 해 주고, 그 대책을 강구하도록 도와 준다. 그래서 우리는 제1020항에서 현명한 덕의 구성 요소에 대하여 이미 결론을 지었다. 곧 현명함은 영혼을 조심성 있게 심사 숙고하고, 지혜롭게 결심하고, 신중하게 실천하게 한다는 것이다.

현명함은 현재의 영혼 상태와 과거의 경험을 참조하여, 현재와 미래에 닥쳐올 죄의 원인과 기회를 미리 알게 한다. 이로써 현명함은 영혼으로 하여금 유혹을 이기고 그 원인을 없애면서 성공하기 위해 최상의 방법을 떠오르게 한다. 이와 같은 현명함이 없을 때 얼마나 많은 영혼들이 죄를 짓게 될 것인가!

1027 (나) 덕을 실천하고, 하느님과의 일치를 보다 쉽게 하기 위해 영혼에게는 현명함이 절대적으로 필요하다. 그래서 현명함은, 영혼을 하느님께 인도할 수레를 모는 마부(auriga virtutum)의 덕에 비유하는 이유를 알 수 있다. 말하자면, 현명함은 영혼이 피해야 할 장애물과 따라가야 할 길을 바라보게 하는 눈이다.

① 현명함은 모든 덕을 실천하는 데 매우 필요한 덕이다. 그러기에 현명함은 윤리덕의 실천에서 영혼에 중용(中庸, justemilieu)을 지키도록 하고, 과도함을 피하도록 한다. 대신덕(對神德)은 삶의 다양한 상황에 알맞은 방법으로 적응하도록 실천되어야 한다. 이처럼 현명함은 신덕을 위협하는 위험에서 벗어날 방법이 무엇인지를 찾게 해 주고, 또 신앙을 어떻게 자라게 하고 실천할 수 있는지를 일깨워 준다.

현명함은 영혼이 어떻게 자만(自滿)과 실망에서 벗어나, 마지막 심판을 두려워하면서 하느님을 전적으로 신뢰할 수 있는지를 가르쳐 준다. 또 현명함은 어떻게 사랑이 우리 본분(本分)의 실천을 방해하지 않고도, 모든 행동에 의무를 부여할 수 있는지 깨우쳐 준다. 그러기에 현명함은 영혼에게 얼마나 많이 형제적 사랑을 실천하게 하는가!

② 현명은 정의·자애·용기·온유와 올바른 건강을 갖게 한다. 그리고 현명함은 이웃에 대한 헌신과 정결, 내적 삶과 교제(交際) 등, 얼핏 반대되는 것처럼 보이는 일정한 덕의 실천을 위해 더욱 필요하다.

1028 (2) 현명의 덕은 사도직의 삶에 매우 필요하다.

ㄱ) 현명함은 사도직을 실천하는 사제에게 말해야 할 것과 침묵(沈默)할 것을 알려 준다. 또 청중(聽衆)들을 이해시키고 감동을 주고 회개하도록, 하느님의 말씀을 그들의 지적 수준에 맞도록 어떻게 말해야 하는지를 알려 준다. 사도직에서 현명함은 어린이들을 가르치고, 아이들의 영혼 안에 온 생애 동안 남에게 인장(印章)을 찍는 교리를 가르칠 때 더욱 필요하다.

ㄴ) 고백소에서, 신부가 고백자의 상황을 바르게 고려(考慮)하고, 개인의 나이와 조건에 따라 분명하게 그들의 죄를 식별하게 하는 것도 현명이다. 그리고 현명함은 영혼을 총괄적(總括的)이고 통찰력이 있는 재판관(裁判官)이 되도록 한다.

사도직에서 현명함은 몇몇 영혼의 미래를 예견(豫見)할 수 있도록 밝혀 주거나, 또는 믿음 안에서 추문(醜聞) 없이 교육할 줄 아는 스승이 되게 한다. 현명의 덕은 병(病)을 발견하고 지혜롭게 처방하며, 병의 원인을 민감하게 탐구할 수 있는 의사(醫師)가 되게 한다. 현명함은 영혼이 너무 인간적인 호감(好感)에 충동받지 않고, 조심스럽게 신뢰를 일으키도록 매우 헌신적인 아버지가 되게 한다.

ㄷ) 세례성사 · 첫 영성체 · 혼배성사 · 병자성사 · 장례미사에 따르는 사도직에서, 전례와 신적 규범에 따라 가족(家族)들의 욕망을 화해시키기 위해 얼마나 많은 노력이 필요한가! 그리고 사도직에서 병자나 신자들을 방문하는 것이 얼마나 중요한가!

ㄹ) 현명함은 본당의 임시 관리와 여러 행사와 교무금에 대한 책정 문제를 슬기롭게 실현한다. 현명함은 영혼의 감정을 상하지 않고 추문 없이, 사제가 지녀야 할 완전한 무사 무욕(無私無慾)으로 명예를 더럽히지 않으면서, 교회를 위해 필요한 생활 수단을 얻을 줄 알게 한다.

Ⅲ. 현명의 덕을 완성시킬 수 있는 방법들

1029 대신덕과 윤리덕 등, 모든 덕의 실천을 완성시키는 일반적 방법은 바로 기도이다. 현명함의 덕은 기도를 통해 영혼 안에 예수님과 그분의 덕성(德性)을 끌어들인다. 이제 우리는 기도를 다시 논하지 않기 위해 한번에 모두 언급하고자 한다. 그리고 각 덕에 알맞은 고유한 기도 방법은 언급하지 않겠다.

1030 (1) 모든 사람을 주재(主宰)하고, 모든 영혼에게 적용되는 기도의 보편적 원리는, 초자연적 최종 목표에 모든 결정과 판단을 집결한다. 이 기도는 영성 수련의 첫 머리에 있는 성 이냐

시오의 권고이며, 성인의 근본적인 묵상 안에 있다.

ㄱ) 그럼에도 불구하고, 기도의 보편적 원리는 모든 영혼에게 같은 방법으로 이해되지 않는다. 완덕의 길에 있는 초보자는, 인간의 종말(終末)을 생각하고 구원(救援)에 역점을 둔다. 그 대신 완성자는 하느님의 영광에 역점을 둔다. 영혼에게 완성자의 방법은 그 자체로서는 매우 좋지만, 모든 영혼들에게 음미(吟味)되고 이해될 수는 없다.

ㄴ) 이와 같은 기도의 원리를 구체화하기 위해서는, 우리 눈앞에 생생하게 놓인 몇 가지 격언(格言)에 이 기도의 보편적 원리를 결부시킬 수 있다.

예를 들어, "이것이 영원에 무슨 소용이 있는가?"(Quid hoc ad aeternitatem?). "영원하지 못한 것은 아무것도 아니다"(Quod aeternum non est, nihil est). "인간에게 무슨 소용이 있겠는가?" (Quid prodest homini?…).

위의 격언 중 몇 가지를 잘 터득하기 위해 현명의 덕을 실천해야 한다. 그리고 우리에게 기도가 친숙하게 될 때까지 생활 안에 습관화시키는 것은, 그리스도인적 현명의 기초를 자신 안에 세우는 방법이다.

1031 (2) 덕을 완성시키는 기도의 원리로 무장한 초보자들은 그리스도인의 현명함에 반대되는 죄를 없애 버리는 데 전념해야 한다.[34]

ㄱ) 이렇게 완덕의 길을 걷는 초보자들은 육체적 쾌락에 대한

---

34) 여러 번 같은 덕에 되돌아오지 않기 위해, 가능한 한 완덕의 여러 단계에 관계되는 각 덕의 진보를 지적할 것이다.

애정을 죽이고, 헛된 향락(享樂)만을 남기는 이 세상의 기쁨은 영원한 기쁨과는 비교할 수 없다는 것을 되새겨야 한다. 그리고 초보자들은 다음 세 가지 탐욕(육신·세속·악마)을 만족시킬 방법을 게걸스럽게 찾는 육신(肉身)과 용기 있게 싸울 것이다.

ㄴ) 완덕으로 나아가는 초보자들은 올바른 목적의 추구(追求)에서, 가장 훌륭한 정책(政策)은 정직(正直)에 있음을 알고, 간사함과 사기(詐欺)와 속임수들을 조심스럽게 버려야 한다. 목적은 방법을 정당화(正當化)하지 못하기 때문이다.

성서에 따르면 초보자들은 뱀처럼 슬기롭고 비둘기처럼 양순해야 한다는 것이다. 이처럼 성직자들, 수도자들, 경건한 그리스도인들도 부정(不正)과 잘못에 대해서는 언제나 비난받을 수 있다. 그러므로 초보자들은 나무랄 데 없는 정직성과 복음적인 순박함을 세심하게 가꿀 필요가 있다.

1032 ㄷ) 초보자들은 현명한 덕의 판단을 교란(攪亂)시키는 요소인 열정과 선입견(先入見)을 억제하도록 노력한다. 선입견은 잘못되거나 부조리(不條理)할 수 있는 지레짐작한 동기(動機)들에 의해 결정을 내리게 하기 때문이다. 곧 열정·교만·육욕·관능적 쾌락·세상의 재물에 대한 지나친 걱정들은 마음을 동요시킨다. 그로 인하여 초보자들은 영혼에 가장 좋은 것보다 일시적인 흥미의 관점에서 가장 유익하고 편리한 것만을 찾게 된다.

영혼을 교란시키는 영향으로부터 해방되기 위해서, 초보자들은 다음과 같은 복음적 권고를 상기해야 한다. "너희는 먼저 하느님의 나라와 하느님께서 의롭게 여기시는 것을 구하여라" (Quaerite primum regnum Dei et justitiam ejus).[35]

그러므로 초보자들은 강한 열정의 작용에서 결정 내리는 것을 피해야 한다. 현명의 덕은 평온함이 초보자들의 마음 안에 돌아오기를 기다리게 한다. 그럼에도 불구하고 영혼이 만일 빨리 어떤 결정을 해야 한다면, 하느님 앞에 한 순간이라도 자신을 두기 위해 그분의 빛을 간청하고, 그 빛을 충실히 따르도록 노력한다.

ㄹ) 현명함은 영혼의 경솔한 정신과, 판단 또는 서두름을 피하기 위해, 영원이라는 관점에서 어떤 동기로 행동하는 가를 자문해야 한다. 그리고 초보자들의 행동이 유감스럽거나 아니면 좋은 결과가 되는가를 숙고하지 않고서는 행동에 옮기지 말 것이다. 현명한 덕의 이 심사숙고(深思熟考)는 내려야 할 결정의 중요성에 따라서 조절되어야 한다. 그리고 중대한 것에 대해서 현명함은 지혜롭고 경험이 많은 사람과 상의하게 한다. 이렇게 현명함은 초보자들로 하여금 조금씩 하느님과 덕의 완성을 위한 최종 목적과 관계가 없을 때는, 아무것도 실행하지 않고 결정하지 않는 습관을 기르게 한다.

ㅁ) 끝으로 현명의 덕을 실천하는 데 지나친 망설임과 우유부단(優柔不斷)함을 피하기 위해, 이 영적 병(病)의 원인을 제거하는 데 신경 써야 한다(매우 복잡하거나, 너무 당황하는 정신, 자발성의 부족 등). 초보자는 현명한 지도자에 의해 결정된 규범의 덕분으로 일상적일 때는 신속하게 결정하며, 어려운 경우에는 지도자와 상의하게 된다.

1033 (3) 완덕의 길을 걷는 진보자의 영혼들은, 다음 세 가지

---

35) 마태 6, 33.

방법으로 현명의 덕을 완성시켜야 한다.

ㄱ) 진보자는 현명의 덕에서 행동의 방향을 찾고, 기도를 통해 하느님을 닮도록 그들을 이끌기 위해, 성서가 가르치는 예수님의 말씀과 삶을 연구한다.

① 진보자는 예수님의 숨은 삶에 나타난 그분의 현명함에 감탄한다. 예수님의 삶을 통한 교훈 없이는, 진보자들이 겸손・순명・가난 등의 덕들을 실천하지 못하리라는 것을 주님은 예견하셨다. 그래서 예수님은 우리에게 많은 고통을 주는 덕들을 삼십 년 동안 몸소 실천하셨다.

진보자들은 예수님이 공적(公的) 삶에서 보여주신 그분의 현명함에 놀란다. 예수님은 악마들의 계략(計略)을 헷갈리게 하시고, 반박할 수 없는 대답으로 악마와 대적(對敵)하신다. 하느님의 아들이시며 메시아이신 당신의 특성을 점진적으로 나타내시면서, 상황에 따라서 당신의 가르침을 단계적으로 실천하신다. 예수님은 진보자들에게 당신의 생각을 더 잘 이해시키기 위해 친숙한 비유(比喩)들을 이용하시고, 상황에 따라 감춰졌거나 밝혀진 비유를 사용하신다.

예수님은 재치 있게 영혼의 적(敵)인 악의 가면(假面)을 벗기시고, 교묘한 그들의 질문에 대답하신다. 예수님은 제자들의 결점을 감내(堪耐)하시면서, 그들이 이해할 수 있도록 당신의 가르침을 적용시켜, 단계적으로 제자들을 교육하신다. "지금은 너희가 그 말을 알아들을 수 없을 것이다"(non potestis portare modo).[36]

그럼에도 불구에도 예수님은 십자가의 어리석음으로부터 제자

---
[36] 요한 16, 12.

들을 준비시키기 위해, 참기 어려운 수난(受難)의 진실을 제자들에게 말씀하신다. 예수님은 고통스런 수난 가운데서도, 적절하게 침묵하시면서, 재판관(裁判官)들과 시종(侍從)들에게 침착하게 대답하신다. 한 마디로 예수님은 당신 의무에 성실한 확신을 가지시고 가장 완전하게 현명함을 모든 것에서 조정하셨다.

② 우리는 예수님의 말씀을 다음과 같이 요약할 수 있다. "너희는 먼저 하느님의 나라와 하느님께서 의롭게 여기시는 것을 구하여라… 그러므로 너희는 뱀같이 슬기롭고 비둘기처럼 양순해야 한다…"(Quaerite ergo primum regnum Dei et justitiam ejus… Estote ergo prudentes sicut serpentes et simplices sicut columbae…).[37] "항상 깨어 기도하라"(Vigilate et orate).[38]

이제 진보자들은 예수님의 위와 같은 가르침과 그분의 모범을 묵상할 것이다. 그리고 예수님의 현명함을 우리에게 통교(通交)해 주시도록 열심히 간청하는 것만이 이 현명의 덕을 완성할 수 있는 참된 방법이다.

1034 ㄴ) 다음, 진보한 영혼들은 현명의 덕을 구성하는 다음과 같은 요소들을 연마(鍊磨)해야 한다. 이미 말한 것처럼, 영혼은 현명하게 분별력을 갖고, 심사 숙고하는 습관과, 이웃과 상의하는 온순함을 갖도록 한다. 그리고 현명의 덕을 통해 올바른 결단력의 정신과 예견(豫見)과 용의주도(用意周到)한 정신을 키워야 한다.

1035 ㄷ) 끝으로 완덕으로 나아가는 진보자들은 사도 야고보

---
37) 마태 6, 33; 10, 16.
38) 마르 13, 33.

가 지적한 현명의 덕을 실천하는 자질(資質)에 대해 말한다. 사도는 먼저 참되고 거짓된 지혜를 구별하도록 다음과 같이 덧붙인다. "위에서 내려오는 지혜는 첫째 순결하고 다음은 평화롭고 점잖고 고분고분하고 자비와 착한 행실로 가득 차 있으며 편견과 위선이 없습니다"(Quae autem desursum est sapientia, primum quidem pudica est, deinde pacifica, modesta, suadibilis, plena misericordiâ et fructibus bonis, non judicans, sine simulatione).[39]

우리는 현명의 덕을 실천하기 위해 다음 몇 가지를 마음에 두어야 한다.

① 순 결(Pudica) : 하느님과 일치하는 우리의 마음과 육체의 순결을 지키면서, 이 순결을 통하여 영원한 지혜에 도달하도록 한다.

② 평 화(Pacifica) : 영혼의 평화·평온·역량(力量)을 지키면서, 현명한 결정을 내리게 하는 침착함이다.

③ 점잖음(Modesta) : 이웃에 대해 친절로 가득차 있고 고분고분하며, 정당한 이유에는 양보하고 납득한다. 그리고 영혼들의 점잖음은 논쟁을 부르는 분노를 피하게 한다.

④ 충만한 자비와 착한 행실(Plena misericordia et fructibus bonis) : 불행한 영혼들에게 자비가 충만하고, 그들에게 선행을 실천하는 것을 좋아한다. 이와 같은 선행들은 하늘에 보화(寶貨)를 쌓아 두는 현명한 그리스도인들의 징표이기 때문이다.

진보자에게는 편견과 위선(Non judicans, sine simulatione)이 없

---

[39] 야고 3, 13-18.

다. 더 나아가 그에게는 현명한 덕의 판단과 영혼을 뒤흔드는 잘못인 편파성과 이중성이 없으며 위선도 없다.

1036 완성자에 대해서는 일치의 길에서 다루겠지만, 탁월한 방법으로 권고와 은혜의 영향 아래 현명의 덕을 실천한다.

제2장 정 의(正義)[40]

먼저 간략하게 정의의 덕에 대한 신학적 가르침을 언급한 후, 정의에 관련된 경신(敬神)의 덕과 순명의 덕을 차례로 살펴보기로 한다.

제1절
엄밀한 의미로서의 정의

(1) 정의의 덕의 본질. (2) 정의의 덕을 실천하기 위한 주요한 규범들을 제시한다.

I. 정의의 덕의 본질

1037 (1) 정의(正義)의 덕에 대한 정의(定義)

성서에서 자주 말하는 정의(正義)는 그리스도인적 덕의 한 모습을 의미한다. 그래서 예수님은 "옳은 일에 주리고 목마른 사

---

40) 성 토마스, II^a II^{ae}, q. 56-122; Dom Soto, *De justitiâ et jure*; Lessius, *De justitiâ*; Ad. Tanquerey, *Synopsis theol, moralis*, t. III, De virtute justitiae, 인용된 수많은 저자들과 함께; P. Janvier, *Carême*, 1918.

람은 행복하다."(Beati qui esuriunt et sitiunt justitiam.)[41]라고 선포
하신다. 말하자면 정의는 바로 거룩한 덕(德)이다. 그러나 좁은
의미에서, 정의는 이웃에게 끊임없이 실행해야 할 진리로써, 영
혼이 의지를 굽혀 실천하는 초자연적 윤리덕을 가리킨다.

그래서 정의 덕은 의지(意志) 속에 있으며, 이웃에 대한 우리
의무를 정확하게 조절한다. 이로써 정의는, 예수 그리스도 안에
서 이웃을 형제처럼 사랑하게 한다. 그리고 참된 정의 밖에서
이웃에게 봉사하게 하는, 대신덕의 애덕과는 구별된다.

1038 (2) 정의의 덕의 탁월성

정의는 공동체 생활에서처럼 사적(私的) 생활에서도 평화와 질
서를 존속시킨다. 정확히 말해서 정의는 각자의 권리를 존중하
기 때문에 부정행위를 근절시키고, 약자들과 비천한 이들의 권
리를 보호한다. 그리고 정의는 강자(强者)들의 부정과 약탈(掠奪)
을 억제하고, 맡은 일에 정직하며, 공동체 안에서 규율을 바로
잡는다.[42]

정의가 없을 때, 강한 자는 약한 자들을 박해(迫害)하고 경쟁
자들은 서로 이해관계로 싸우게 되며, 무질서한 상태가 되고 악
이 승리하게 될 것이다.

만일 방금 말한 자연적 정의가 이처럼 탁월하다면, 하느님의
정의에 참여하는 그리스도인의 정의는 얼마나 더 좋을까? 성령

---

41) 마태 5, 6.
42) 그것은 Bossuet의 지적이다, 정의에 관한 설교, éd. Lebarcq, t. V, p. 161 : "정의라
고 말할 때, 나는 성스러운 관계인 인간 사회와 방종에 필요한 억제를 동시에 말한
다…. 정의가 다스려질 때, 믿음은 약속 안에 있고, 명료함은 사업 속에 있고, 질서는
치안유지 속에 있으며, 땅은 편안하고, 하늘조차 가장 온화한 감응을 우리에게 보내
주고 쾌적하게 빛난다."

은 우리 마음 안에 정의를 심으면서, 우리 영혼의 심연(深淵)까지 정의가 스며들도록 해주고, 부패가 접근하지 못하게 해 준다. 그래서 성령은 말 그대로의 부정(不正)뿐만 아니라, 가장 작은 무례(無禮)함까지도 혐오(嫌惡)하게 하는 이웃의 권리에 대한 배려를 더하여 준다.

1039 (3) 정의의 두 종류

정의는 근본적으로 다음 두 가지로 구분된다. 즉 공동체에 의해 규정된 보편적 정의와, 개인들이 실천해야 할 사적(私的) 정의이다.

ㄱ) 첫 번째 공동체적인 것을 법률적인 정의라고 한다. 왜냐하면 이 정의는 법을 정확하게 준수하는 데 기초를 두고 있기 때문이다. 그리고 정의는 공동체가 우리에게 기대하는 봉사와 부과되는 합법적인 책임을 감내하면서, 공동체를 통해 받는 많은 편의(便宜)를 인지(認知)하도록 해 준다.

이러한 정의는 공동체의 유익(有益)이 바로 개인의 유익과 직결되어 있음을 말한다. 그러나 개인들은 자신의 재산과 자유를 수호하기 위해 목숨까지 위협을 받는 희생을 해야 할 경우도 있다.

그 대신 정의는 공동체뿐만 아니라 각 개인에게도 정의에 대한 의무를 갖게 한다. 정의는 공동체로 하여금 각 개인의 능력에 따라 부정적 분배가 아닌 평등의 규범에 따라 분배되도록 한다.

공동체는 정의에 의해 개인의 유익과 권리를 지켜 주는 필요불가결 도움과 보호의 의무를 갖는다. 만일 직권남용(職權濫用)에 의한 불의(不義)가 있다면 그 행위는 분배적(分配的) 정의에 반대되는 것이다.

1040 ㄴ) 두 번째로 사적인 정의는, 개인들 사이에 존재하는 의무와 권리를 종속시킨다. 이 말은 정의는 개인의 소유권(所有權)뿐만 아니라, 평판·명예·자유·생명·영혼과 육체의 유익을 위한 권리를 존중하게 한다.

우리는 여기에서 사적 정의의 세부 사항에 대해서는 이미 윤리신학에서[43] 제시했기에 더 깊이 들어가지는 않겠다. 이제 우리는 이 정의의 덕을 실천하게 하는 주요한 규범들만 상기하는 것으로 충분할 것이다.

II. 정의를 실천하기 위한 규범들

1041 (1) 정의 실천의 원칙

사제나 수도자 또는 열심한 신앙인들은 세속 사람들보다 더 완전하고 엄격하게 정의를 실천해야 한다. 그들의 의무는 다른 모든 덕목들에도 정의를 통해 좋은 모범을 보여 주어야 할 것이다. 정의롭지 못한 행동들은 이웃으로부터 빈축(嚬蹙)을 사게 될 것이며, 또 종교를 비판하고 반대하는 자들에게 빌미를 주는 것이 된다.

더 나아가 부정(不正)한 행위는 영적 진보에 장애물을 놓는 것과 같다. 왜냐하면 정의로우신 하느님께서는 계명들을 분명하게 거스르는 사람들에게 당신과의 내적 친교(親交)를 허락하시지 않기 때문이다.

1042 (2) 정의 실천에 대한 적용

---

43) *Synopsis theologiae moralis*, t. III, De virtute justitiae.

(가) 먼저 정의는 세상의 재물과 그 소유권을 존중하게 한다.

ㄱ) 정의로운 영혼은 어떤 작은 죄도 신중하게 피하도록 노력한다. 왜냐하면 작은 잘못이 어쩌면 큰 부정(不正)을 낳기 때문이다. 정의는 가장 작은 부정에서부터 무의식적인 혐오감(嫌惡感)을 갖는다는 이 원리(principe)를 어릴 때부터 가르쳐 준다. 상품의 양과 질을 습관적으로 속이는 업자들이나, 장사꾼이 행하는 부정함도 이런 이유로 피해야 한다. 그들은 언제나 경쟁자들도 똑같이 다른 사람들을 속인다는 이유를 들면서, 지나친 폭리를 취하거나 때로는 순박함을 악용한다.

ㄴ) 정의는 빚을 갚을 능력이 없는 사람이 빚을 내는 것을 혐오한다.

ㄷ) 정의는 남의 물건을 빌리게 될 때, 그 물건이 마치 자기 것인양 아껴 쓰고 빨리 돌려 준다. 얼마나 많은 영혼이 무의식적인 부정을 조심성 없이 소홀히 하는가!

ㄹ) 만일 어떤 영혼이 의도적(意圖的)으로 몇 가지 손실을 입혔다면, 그 손해 배상(損害賠償)은 의무적이다.

ㅁ) 정의는 좋은 일을 위해 받은 제물들은 언제나 그 위탁자나 봉헌자의 뜻에 맞게 사용하도록 한다.

1043 (나) 정의는 이웃의 명예나 평판을 존중한다.

ㄱ) 그러므로 정의는 이웃에 대한 경솔한 판단(判斷)을 피하게 한다. 다만 외양(外樣)만으로 형제를 판단하거나, 그들의 깊은 뜻을 모르는 체 하찮은 이유만으로 판단하는 것은, 최고 심판자이신 하느님의 권위를 침해하는 것이 된다. 또 이러한 정의는 이웃에게 불의(不義)를 범하는 것이 된다. 왜냐하면 이웃의 행위

에 대한 동기(動機)도 모르고 대화도 없이 단죄하는 것이 되며, 몇몇 편견(偏見)과 선입견(先入見)에 사로잡혀 이웃을 판단하기 때문이다. 이와 반대로 정의와 애덕은 이웃을 판단하지 않고 그의 행위를 가능한 한 호의적(好意的)으로 해석하기를 요구한다.

ㄴ) 정의는 다른 사람에게 이웃의 감추어진 결점이나 죄를 드러내는 중상 모략(中傷謀略)을 삼가게 한다. 물론 이와 같은 결점들이 사실이고 또 추측이 가능하지만, 그 결점들이 공개되지 않은 이상, 우리가 그 결점들을 드러낼 권리는 없다.

이러한 결점에 대하여,

1) 자신의 명예를 소중히 여기는 이웃에게, 매우 고통스러운 비평(批評)으로 그의 명예를 훼손시킨다면 이것은 분명 이웃을 슬프게 한다.

2) 우리는 이웃이 동료들로부터 받는 존경을 낮추어 버린다.

3) 우리는 비평을 통해 이웃이 자신의 사업을 위해 또는 정당한 영향력을 행사하기 위해 필요한 신용과 권위를 실추시킨다. 따라서 어떤 때 영혼은 스스로에게 복구(復舊)시킬 수 없는 손실을 가져다 주기도 한다.

그래서 정의는 우리가 말하는 허물들이 이웃을 평판(評判)하는 데 아무런 영향을 주지 않는다고 말해서는 안 된다고 한다. 오히려 정의는 이웃의 허물들이 공개될 때까지 그는 평판을 보존해야 한다는 것이다. 이제 우리는 다음과 같은 주님의 말씀을 잊지 말아야 한다. "너희 중에 누구든지 죄없는 사람이 먼저 저 여자를 돌로 쳐라."[44]

---

44) 요한 8, 7.

정의는 성인들의 자비(慈悲)가 어떤 경우에서도 형제의 평판을 지켜 주려고 애썼다는 것을 주목하게 한다. 그러기에 우리도 성인들의 모범을 본 받아야 할 것이다.

ㄷ) 이러한 방법으로 우리는 이웃이 범하지 않은 죄를 고발하는 중상 모략을 피할 수 있다. 중상 모략이나 질투는 악의(惡意)에 의해 자주 착상(着想)을 얻는다는 것이 확실하다. 중상 모략이 얼마나 많은 악을 영혼 안에 끌어들이는지! 또 인간적인 악이 그렇게 환대를 받다니! 중상 모략은 입에서 입으로 빠르게 전달되면서, 희생된 사람들의 권위와 평판을 실추시킨다. 그리고 영혼들에게 괄목할 만한 손해를 끼친다.

1044 그러므로 정의(正義)는 중상 모략(calomnies)과 비방(médisances)하는 영혼에게 속죄해야 할 의무를 일깨워 주어야 한다. 물론 이러한 실천이 매우 어려운 것이 사실이다. 왜냐하면 뱉아버린 말을 취소하기란 매우 쉬우며, 또 취소가 아무리 진지하다 하더라도, 지은 불의는 다시 담을 수 없기 때문이다.

우리가 거짓말을 하고 그 말을 철회했을 때, 우리 안에 지울 수 없는 흔적을 남긴다. 이것은 우리가 지은 불의(不義)를 속죄하지 않기 위한 이유가 될 수 없다. 즉 정의는 죄가 큰 그만큼 영혼으로 하여금 더 많은 인내와 열정으로 속죄(贖罪)하게 한다. 그러나 속죄의 어려움은 우리를 멀게 또는 가까이 죄에서 떨어지게 할 수 있는 모든 것을 끊어 버리도록 이끌어 준다.

완덕을 지향하는 진보자들은 정의만을 실천하지 않고, 이웃 안에서 하느님을 만나도록 노력해야 한다. 그리고 진보자들은 이웃을 슬프게 할 수 있는 모든 것을 피하도록 하는 애덕도 함께 가꾸어야 한다. 애덕에 관해서는 나중에 다시 다루기로 한다.

제2절
경신덕(敬神德)[45]

1045 경신덕은 정의와 관련된다. 왜냐하면 경신덕은 영혼으로 하여금 하느님께 예배를 드리도록 하기 때문이다. 그러나 하느님께서 받으셔야 할 무한한 경배를 우리의 힘만으로 드릴 수 없으므로, 경신덕은 정의의 덕에 대한 모든 조건을 충족시키지 못한다. 또한 경신덕은 순수한 의미에서 정의의 행위가 아니지만 가능한 한 그 경배에 도달하려고 애쓴다.

이제 우리는 I. 경신덕의 본질. II. 경신덕의 필요성. III. 경신덕의 실천에 대하여 설명하고자 한다.

I. 경신덕의 본질

1046 경신덕(敬神德)은 하느님의 무한한 탁월성과 그분의 통치권(統治權)으로, 당신께 예배를 드리도록 영혼의 의지를 굳세게 하는 초자연적인 윤리덕이다.

ㄱ) 경신덕은 하느님을 직접 대상으로 하는 대신덕과는 차이가 있다. 그러나 이 특별한 경신덕은 내적 또는 외적으로 하느

---

[45] 성 토마스 아퀴나스, II^a II^{ae}, q. 84; Suarez, *De virtute et statu religionis*, t. I, 1. II; Bouquillon, *De virtute religionis*; J. J. Olier, *Introd. à la vie et aux vertus*, ch. I; Mgr. D'Hulst, Carême 1893, Conf. I; Ch. de Smedt, op. cit., p. 35-104; Ribet, *Les vertus*, ch. XXI.

님께 제사를 드리는 신앙을 직접 그 대상으로 한다. 그래서 경신덕은 하느님의 법을 우리에게 밝혀 주는 믿음을 전제로 한다. 이러한 결과 경신덕이 완덕에 도달하면, 애덕의 모습으로 나타나고, 마지막에는 대신덕의 표명과 표현으로 끝난다.

ㄴ) 경신덕의 참된 동기의 대상은 시작이요 마침이신 하느님이시다. 즉 하느님은 완전한 존재이시고, 모든 것이 그분께 종속되어 있고, 그분을 향해 모든 것이 이끌리는 창조주이시기에, 경신덕은 하느님의 무한한 탁월성을 재인식하는 것이다.

ㄷ) 영혼을 경신(敬神)으로 이끄는 행위는 내적과 외적인 것들이 있다.

1047 내적인 경신 행위는, 하느님께 우리의 영혼과 함께 능력뿐만 아니라, 지성과 의지까지도 복종시킨다.

① 경신덕의 행위에서 가장 중요하고 우선적인 것은 하느님을 흠숭(欽崇, adoration)하는 것이다. 이 흠숭은 영혼이 존재의 충만함이시고, 모든 창조의 원천인 하느님 앞에 자신의 온 존재를 봉헌(奉獻)하는 것이다. 흠숭은 하느님의 무한한 완전성을 목표로 보면서 영혼이 느끼는 공손한 경탄이 따르거나 동반된다.

② 하느님께는 우리가 소유한 모든 행복의 창조자이시므로 우리의 감사를 내적 행위로서 증거해야 한다.

③ 그러나 우리가 죄인임을 상기하면서, 하느님의 영원한 왕권을 거스른 죄를 속죄하려는 마음을 갖도록 해야 한다.

④ 우리는 선을 실천하고 영원한 생명을 얻기 위해 끊임없이 하느님의 도움을 청해야 한다. 그리고 하느님께서 모든 선의 근원임을 인정하면서 기도를 드린다.

1048 완덕으로 나아가는 진보자의 참된 내적 의식(意識)들은 언제나 외적 행위로 드러난다. 그러기에 외적 행위의 표현은 내적 행위만큼 그 가치를 가지고 있다.

① 이와 같은 내적 또는 외적 행위들의 요점(要点)은 분명 희생에 있다. 영혼들의 희생 제사(犧牲祭祀)는 하느님과 일치하는 데 있다. 그리고 희생 제사는 그분의 존엄성을 거스른 잘못을 속죄하고, 그분의 거룩하심을 인정하기 위해 교회의 이름으로 사제가 하느님께 바치는 행위이다.

신약 성서에서는 하느님께 드리는 유일한 제사인 미사 성제(彌撒聖祭)를 말하고 있다. 미사는 갈바리아의 희생을 새롭게 하면서 영혼들을 위해서 필요한 모든 은혜를 얻게 하고, 하느님께 무한한 찬양을 드린다. 이것은 이미 제271항-제276항에서 미사의 은혜를 누리기 위해, 영혼의 필요한 자세와 그 효과에 대하여 지적하였다.

② 희생 제사에는 다음과 같은 행위들이 곁들어진다.

첫째, 희생 제사는 교회의 이름으로 바쳐지는 공식적인 기도다. 특히 성체 축성(聖體祝聖)과 성무일도(聖務日禱)가 여기에 해당된다.

둘째, 개인적인 구송기도(口誦祈禱)와 함께, 하느님을 위해 신중하게 약속(約束, serments)과 서원(誓願, vaeux)하는 것을 말한다.

셋째, 하느님의 영광을 위해, 영혼이 실현하는 외적이고 초자연적인 행위들이다.

사도 베드로의 표현에 의하면, 이러한 행위는 영혼이 하느님께 드리는 영적 희생이라고 말한다. "하느님께서 기쁘게 받으실 만한 신령한 제사를 예수 그리스도를 통하여 드리십시오"(offerre spirituales hostias, acceptabiles Deo).[46]

위에서 말한 여러 이유에서, 교회는 경신덕을 윤리덕 가운 데 가장 탁월하다고 결론짓는다. 왜냐하면, 경신덕은 영혼으로 하여금 거룩한 제사(祭祀)를 하느님께 드리게 하고, 또 다른 덕들보다 더 가까이 하느님께 다가서게 하기 때문이다.

II. 경신덕의 필요성

이제 우리는 순서에 따라 간단하게 경신덕의 필요성을 살펴본다.
 (1) 모든 피조물은 하느님께 영광을 드려야 한다.
 (2) 영혼이 하느님께 영광을 드리는 것은 특별한 의무이다.
 (3) 사제는 더욱 특별히 하느님께 영광을 드려야 한다.

1049 (1) 모든 피조물(被造物)은 하느님께 영광을 드려야 한다. 이것은 우리가 작품을 만든 예술가에게 그 영예(榮譽)를 안겨 주는 것과 같다. 이처럼 모든 피조물도 창조주이신 하느님께 영광을 드려야 할 것이 아닌가? 예술가는 작품을 만들 뿐, 그 작품이 완성되면 그의 역할도 끝난다. 그런데 예술가인 하느님께서는 피조물을 창조하실 뿐만 아니라, 피조물을 무(無, néant)에서 이끌어 내셨고, 당신의 특성(génie)을 피조물 안에 각인(刻印)했을 뿐 아니라, 완성의 모습을 남겨 놓으셨다.

또 하느님께서는 피조물을 보존하고 돌보기를 그치지 않으신다. 그리고 창조주로써 은총과 도움을 통해 피조물의 존재를 당

---

46) 1베드 2, 5

신께 종속시키신다. 그러므로 피조물은 단순한 작품들의 예술가보다 훨씬 더 창조주이신 하느님의 영광을 드려야 한다. 이것은 본래부터 생명이 없는 존재들이, 자신들의 아름다움과 조화를 드러내면서 자기들의 방식대로 우리를 하느님의 영광에 초대하는 것과 같다.

"밤은 밤에게 하느님의 영광을 알려 줍니다"(Caeli enarrant gloriam Dei).[47] "하느님께서 우리를 내셨으니, 우리는 당신의 것입니다"(ipse fecit nos et non ipsi nos).[48] 그러나 우리는 창조주 밖에서 진정한 자유가 없기에, 영혼은 불완전하게나마 하느님께 영광을 드리고 찬양할 뿐이다.

1050 (2) 영혼은 자유롭고 지혜로운 경의(敬意)를 하느님께 드리기 위해, 생명이 없는 피조물들에게 마음과 충동을 제공해 준다. 그러므로 양심적(良心的)으로 하느님께 영광을 드리는 것은 영혼의 고유한 몫이다. 또 하느님께 경의(敬意)를 표하고 관상(觀想)하기 위해, 만물을 거느리는 인간에게는 창조를 주관하는 권한이 주어졌다.

그래서 인간은 특히 자신의 이름으로 하느님을 찬양(讚揚)해야 한다. 왜냐하면 인간은 이성(理性)이 없는 존재들보다 더 완전하게 하느님을 닮은 모상(模相)으로 창조되었기 때문이다. 그리고 하느님의 생명에 참여한 인간은 자신의 성화자(聖化者)이시고 창조주이신 분께, 사랑·감사·흠숭·찬양·경탄으로 끊임없이 살아야 한다.

---

47) 시편 18, 2.
48) 시편 99, 3.

이것을 사도 바오로는 다음과 같이 말한다. "모든 것은 그분에게서 나오고 그분으로 말미암아 그분을 위하여 있습니다. 영원토록 영광을 그분께 드립니다!…. 우리는 살아도 주님을 위해서 살고 죽더라도 주님을 위해서 죽습니다…."[49]

이어서 사도 바오로는 제자들에게 영혼과 육체는 성령의 성전(聖殿)임을 상기시키면서 다음과 같은 말을 덧붙인다. "그러므로 여러분은 자기 몸으로 하느님의 영광을 드러내십시오"(glorificate et portate Deum in corpore vestro).[50]

1051 (3) 사제들에게는 하느님께 영광을 드리는 의무가 특별히 부과(賦課)된다. 불행하게도 많은 그리스도인들은 자신들의 사업과 만족에 파묻혀 하느님을 흠숭하는 데 매우 인색하게 약간의 시간만을 바칠 뿐이다. 그러므로 교회는 그리스도인들 가운데서 하느님께 경신(敬神)의 의무를 전적으로 드릴 수 있는 사제들을 특별히 뽑아야 한다.

바로 이러한 의미에서 경신덕을 실천해야 하는 사제의 역할은 매우 중대하다. 하느님에 의해 신앙인들 가운데서 선택된 사제는 하늘과 땅 사이의 중개자(仲介者)이다. 그리고 사제는 모든 피조물이 하느님께 찬양과 영광을 드리게 할 책임을 진다. 다음으로 사제는 하느님의 축복과 은총의 비를 땅에 내리게 하는 책무(責務)를 갖는다.

그래서 사도 바오로는 사제의 신원(身元)에서 갖는 의무를 설명하면서, 진정한 사제의 의무는 정의(正義)의 의무라고 하였다.

---

49) 로마 11, 36; 14, 7-8.
50) 1고린 6, 20.

"대사제는 누구나 사람들 가운 데서 뽑혀서 사람들을 대표하여 하느님을 섬기는 일을 맡은 사람입니다. 그래서 대사제는 속죄를 위해서 예물과 희생 제사를 바치는 것입니다"(Omnis namque Pontifex ex hominibus assumptus pro hominibus constituitur in iis quae sunt ad Deum, ut offerat dona et sacrificia pro peccatis).[51]

그래서 교회는 사제에게 경신덕을 실천할 두 가지 방법으로 거룩한 미사와 성무일도(聖務日禱)를 위임한다. 이로써 사제는 하느님께 영광을 드리면서 열성적으로 이 두 가지 의무를 이행하도록 해야 한다.

동시에 사제는 그리스도인의 청원이 예수님으로부터 잘 허락되도록 기도드릴 것이다. 이미 제393항-제401항에서 말한 대로, 사제는 자신의 성화(聖化)와 자신에게 맡겨진 영혼들을 위해서 열심히 사목을 한다. 또 사제의 기도는 예수님과 교회가 사제와 함께 기도하기 때문에 더 힘있고 효과적이다. 그래서 예수 그리스도께 드리는 청원기도는 항상 이루어진다. "하느님께서는 당신을 경외하는 마음을 보시고 그 간청을 들어 주셨습니다"(exauditus est pro suâ reverentiâ).[52]

Ⅲ. 경신덕의 실천

1052 경신의 덕을 잘 실천하기 위해서는 참된 신앙심을 키워야 한다. 이 신앙에 의한 의지(意志)의 습관적인 자세는 하느님께 대한 봉사를 용감하고 재빠르게 영혼이 실천하도록 이끈다.

---

51) 히브 5, 1.
52) 히브 5, 7.

결과적으로 경신덕은 하느님을 사랑의 표현이기에, 경신은 애덕과 연결된다.

1053 (1) 초보자들의 경신덕 실천

ㄱ) 주일과 축일의 성화를 위해 하느님의 법과 교회의 기도를 잘 지키면서 실천한다.

ㄴ) 기도에서 일어나는 수많은 분심(分心)의 뿌리인 내적 또는 외적인 습관적 방심(放心)을 피하도록 한다. 그리고 기도할 때 너무 세심하게 쓸 데 없는 망상(妄想)과 세속적 향락에 심취(心醉)하지 않도록 유혹과 대항하여 싸운다.

ㄷ) 이미 제446항에서 보았듯이, 기도하기 전에 주의를 기울이고 마음을 가다듬어 하느님의 현존(現存) 수련을 통해 이 경신덕을 실천하도록 한다.

1054 (2) 완덕으로 나아가는 진보자들은 성부(聖父)의 대사제이신 예수님과 일치하면서 신앙의 정신과 일치하도록 노력해야 한다. 예수님은 살아 계시거나 돌아가셨을 때 언제나 하느님께 무한한 영광을 드렸다(제151항 참조).

ㄱ) 하느님께 대한 경신(敬神)의 정신은 다음 두 가지 자세인데, 즉 공경(恭敬)과 사랑이다. 하느님을 공경하는 것은 깊은 존경과 두려움이 섞인 감정이다.

영혼은 공경을 통해 하느님을 창조주이시고 최고의 주인으로 인정하고, 그분께 전적으로 종속되어 있음을 행복하게 선포한다. 사랑은 우리를 자녀로 삼으시고 항상 부성적(父性的) 사랑으로 우리를 감싸주시는 아버지와 대화하는 것이다. 이와 같은 정서(情緖)에서 다른 모든 감정들이 솟아 나온다. 즉, 경탄·감사·

찬양이 그것들이다.

1055 ㄴ) 예수 성심(聖心) 안에서 우리는 경신의 감정을 길러 낸다. 이 신적 중개자이신 예수님은 아버지의 영광만을 위해서 살으셨다. "나는 세상에서 아버지의 영광을 드러냈습니다"(Ego te clarificavi super terram). 예수님은 아버지 밖에서 존속하고 살 가치가 없음을 확언하시면서, 당신은 성부의 뜻을 실현하기 위해 죽으셨다.

그리하여 돌아가신 후에도 예수님은 성 삼위를 끊임없이 경배하는 미사 성제뿐 아니라, 성령을 통하여 경신의 자세를 우리 영혼 안에 작용하시면서, 우리 안에서 당신의 구원 사업을 계속하신다.

예수님은 모든 그리스도인 안에 살아 계시지만, 특히 사제들 안에 현존(現存)하신다. 그리고 예수님은 사제들을 통해 찬미와 존경을 받으셔야 할 성부께 영광을 드린다. 그러므로 우리는 열렬한 마음으로 예수님을 우리 안에 받아들여야 한다. 뿐만 아니라 우리 자신을 예수님께 드림으로써, 우리를 통해 우리와 함께 우리 안에서 경신덕을 실천하시도록 해야 한다.

올리에(Olier) 신부는 이 점에 대하여 다음과 같이 쓰고 있다. "그때 예수님은 내적으로 우리 안에 경신의 감정을 전달해 주십니다. 예수님은 우리가 당신께 드릴 찬미를 우리에게 적용시키기 위해, 성체(聖體)에 대한 정신을 우리에게 통교(通交)하십니다. 그리고 예수님은 성체를 통해 지상의 사제 손에 당신을 맡기시려 우리 안에 오십니다.

예수님은 우리 안에 당신을 교묘히 스며 들게 하시며, 우리 영혼을 향기롭게 하시고, 경신의 마음으로 가득 채우십니다. 이렇게 하심으로써 예수님은 우리 영혼이 당신과 하나 되게 하십니다. 이로써 예수님은 우리의 아버지이신 하느님의 영광 안에서, 내적이고 외적인 희생・찬미・사랑・존경의 마음을 일으키십니다."[53]

1056 ㄷ) 그러므로 우리는 예수님이 우리의 협력을 원하신다는 사실을 잊어서는 안 된다. 왜냐하면 예수님은 당신의 몸인 성체(聖體)에 대한 올바른 정신과 상태를 통교하려 우리에게 오시기 때문이다. 그러기에 우리는 예수님과 함께, 그분 안에서 희생 정신으로 살고, 타락한 본성의 성향을 못박고, 은총의 영감(靈感)에 재빨리 순명해야 한다. 이 때 비로소 우리의 모든 행위는 하느님께 맞갖을 것이며, 창조주이신 하느님께 영광과 찬미를 드리면서 경신덕을 실천하게 될 것이다.

이로써 우리는 경신덕의 실천을 통해 모든 것이 하느님으로부터 났음을 선포하게 된다. 왜냐하면 우리의 최고 주인이신 하느님의 영광에 우리 모든 행위와 온 존재(存在)를 기꺼이 그분께 바치기 때문이다.

ㄹ) 이미 제274항, 제284항, 제523항에서 설명했듯이, 우리는 특히 전례 기도와 다른 형태의 기도를 드리면서, 미사에 참석하고 경신의 행위를 실천한다.

이제 우리는 완덕의 길을 걷는 완성자(parfaits)가 이 경신덕을 효성(piété)의 은사(恩賜)아래 실천하는 점에 대해서는 다음에 다시 다루기로 한다.

---

53) *Introd. à la vie et aux vertus*, ch. I.

제3절
순 명(順命)[54]

순명(順命)의 덕은 정의(正義)의 덕과 관계를 갖고 있다. 왜냐하면 순명은 장상(長上)에게 해야 하는 복종의 행위인 하나의 존경이기 때문이다. 그러나 순명은 정의와는 구별된다. 그 이유는 상급자와 하급자 사이에 불평등(不平等)을 가져오기 때문이다.

이제 우리는, (1) 순명의 기초와 본질. (2) 순명의 단계. (3) 순명의 자질. (4) 순명의 탁월성을 순서적으로 살펴 볼 것이다.

I. 순명의 기초와 본질

1057 (1) 순명의 정의(定義)

순명은 하느님의 대리자(代理者)로써 합법적인 장상의 뜻에 우리의 의지(意志)를 복종시키는 윤리덕이다. 그러기에 하느님의 대리자란 뜻이 우선적으로 설명되어야 할 것이다. 왜냐하면 이 설명은 그리스도인의 순명에 기초가 되기 때문이다.

1058 (2) 순명의 덕에 대한 기초

---

54) S. J. Climaque, *L'échelle*, IV; S. Thomas, II^a II^{ae}, q. 104-105; S. Catherine de Sienne, *Dialogue*. t. II, trad. Hurtaud, p. 251-320; S. Fr. de Sales, *Vie dévote*, 3e P., ch XI; *Entretiens*, X-XI; Rodriguez, P. III, tr. V. De l'obéissance; J. J. Olier, *Introd.*, ch. XIII; ronson, *De l'obéissance*; S. Liguori, *La véritable épouse*, ch. VII; Gr. Gay, *Vie et vertus*, tr. XI, De l'obéissance; Ch. de Smedt, *otre vie surnat*. t. II, p. 124-151; Ribet, *Vertus*, ch. XXIX; C. Marmion, *Le Christ idéal du moine*, Conf. XII, p. 334-389.

순명은 파조물이 창조주에게 드려야 하는 절대적인 순종과 하느님의 최고 권위에 그 뿌리를 두고 있다.

(가) 이미 제481항에서 보았듯이, 그리스도인들이 하느님께 순종해야 한다는 사실은 명백하다.

① 하느님에 의해 창조된 우리는 그분의 거룩한 뜻을 전적으로 따르는 존재가 되어야 한다. 모든 피조물은 하느님의 말씀에 순종해야 한다. "만물이 당신을 섬기기 때문입니다"(Omnia serviunt tibi).[55]

그렇지만 이성적(理性的)인 피조물들은 다른 피조물들보다 훨씬 더 엄격하게 순종해야 한다. 왜냐하면 그리스도인은 하느님께로부터 더 많은 것을 받았으며, 특히 자유의 은사를 받았기 때문이다. 그러기에 우리는 창조주의 뜻에 우리의 뜻을 자유롭게 순종시킴으로써 우리는 하느님의 권위를 더 잘 인정하게 된다.

② 하느님의 자녀인 우리는 예수님이 순종으로 이 세상에 오셨고 순종으로 이 세상을 떠나신 것같이, 하늘에 계신 우리 아버지께 순종해야 한다. "십자가에 달려서 죽기까지 순종하셨습니다"(factus obediens usque ad mortem).[56]

③ 죄의 속박(束縛)에서 구속(救贖)된 우리는, 우리 자신에게 더 이상 속하지 않고, 우리를 위해 피를 흘린 예수 그리스도에게 속하게 된다. "하느님께서는 값을 치르고 여러분의 몸을 사셨습니다"(Jam non estis vestri, empti mim estis pretio magno).[57] 그러므로 우리는 하느님의 율법에 순명해야 한다.

---

55) 시편 118, 91.
56) 필립 2, 8.
57) 1고린 6, 20.

1059 (나) 이와 같은 이유에서, 우리는 하느님의 합법적(合法的)인 대리자(代理者)들에게 순명해야 한다. 이 점에 대하여 우리는 올바른 이해를 가져야 한다.

ㄱ) 하느님께서는 인간 스스로 행하는 정신적, 지적, 육체적 수련만으로 충분하지 않기에, 인간들이 사회생활을 통해 완성되기를 원하셨다. 그런데 사회의 공동선(共同善)은 각 구성원들의 노력들을 조화(調和)하는 권위(權威)가 없이는 존속할 수 없다. 그러므로 하느님께서는 순명하는 하급자(下級者)들과 명령의 책임을 맡은 상급자(上級者)들로 이루어진 계급 사회(階級社會)이기를 원하신다. 이 순명을 보다 쉽게 하기 위해 하느님께서는 합법적인 장상들에게 당신의 권위를 위임(委任)하신다.

"하느님께서 주시지 않은 권위는 하나도 없다"(Non est enim potestas nisi a Deo).[58] 그래서 장상에게 순명한다면 그것은 바로 하느님께 순명하는 것이다. 또 장상에게 순명하지 않는다면 그것은 하느님의 심판대(審判臺) 앞에 서는 것이 된다. "그러므로 권위를 거역하면 하느님께서 세워 주신 것을 거스르는 자가 되고 거스르는 사람들은 심판을 받게 됩니다"(Itaque qui resistit protestati Dei ordinationi resistit, qui autem resistunt ipsi sibi damnationem acquirunt).[59]

장상들의 권위에 대한 의무는 하느님의 영광을 드러내고 공동체의 선(善)을 위해, 그분의 위임자(委任者)로써만 그 권위를 행사하게 한다. 만일 장상들이 이 권위를 거역한다면, 그들은 대리자로써 하느님의 권위에 대한 직권 남용(職權濫用)의 책임을

---

58) 로마 13, 1.
59) 로마 13, 2.

져야 할 것이다. 그러나 하급자들의 권위에 대한 의무는 하느님께 순종하는 것처럼 그 대리자들에게 순명해야 한다.

"너희의 말을 듣는 사람은 내 말을 듣는 사람이고 너희를 배척하는 사람은 나를 배척하는 사람이다"(Qui vos audit, me audit… qui vos spernit, me spernit).[60]

우리는 여기에서 순명에 대한 그 이유를 알아보았다. 즉 순명이 없는 공동체는 무질서(無秩序)와 혼란에 빠질 것이며, 공동체의 모든 구성원(構成員)은 고통스럽게 될 것이다.

1060 ㄴ) 그렇다면 과연 누가 합법적 장상인가? 모든 장상들은 공동체 안에서 하느님의 권위를 위임받은 사람들을 말한다.

① 자연적 질서에서는 사회(社會)를 대개 다음 세 종류로 구분할 수 있다. 가정(家庭) 또는 가족(家族) 사회에서는 부모들 특히 아버지가 그 가족의 책임을 맡는다. 도시(都市) 사회에서는 여러 나라에서 인정된 체계에 따라 합법적 권위를 갖고 있는 책임자들이 봉사한다. 직업(職業) 사회에서는 사장들과 노동자들이 있는데, 여기에서 존중해야 할 권위와 의무는 노사(勞使) 협정에 의해 결정된다.[61]

② 초자연적 질서에서, 장상들은 교회 안에서 직접적인 최고의 권위를 갖고 있는 교황과, 주교들이 교회의 각 교구를 관할한다. 그리고 주교들의 권위 아래 사제들과 부제들은 교회법에 지정된 범위 안에서 순명한다.

또 교회 안에는 교황과 주교에 의해 승인된 회헌과 규칙을

---

(60) 루가 10, 16.
(61) 레오 13세의 회칙, *Rerum novarum*과 해설한 프랑스어 번역서 *De Justitia*를 참조하시오.

가진 개별적인 여러 공동체들이 있다. 그 공동체들은 회헌이나 규칙에 알맞게 장상을 선출한다. 이것 역시 합법적인 권위이다.

결과적으로 어떤 공동체에 소속되기를 원하는 사람은 누구나 그 공동체에 소속됨으로 말미암아 규칙들을 지킬 것을 약속한다. 그로 인하여 공동체의 구성원은 그 규칙에 의해 정의된 범위 안에서 장상에게 순명해야 한다.

1061 (다) 그러나 하느님으로부터 위임받은 권위를 실천하는 데는 인간의 불완전성으로 인해 한계가 있다.

① 먼저 명백하게 신법과 교회법에 반대되는 것을 명하는 장상에 대한 순명은 분명 의무적이거나 허락될 수 없다.

이것은 사도 베드로의 말과 같다. "사람에게 복종하는 것보다 오히려 하느님께 순종해야 합니다"(obedire oportet Deo magis quam hominibus).[62]

이와 같이 해방(解放)을 가져다 주는 사도의 말은 모든 속박(束縛, tyrannie)에서 그리스도인적 자유를 보장해 준다.[63] 그리고 우리는 "아무도 불가능한 것을 행해야 할 의무는 없다"(ad impossibile nemo tenetur). 반대로 우리의 순명에 의심이 있을 때, 우리가 착각하기 쉬우므로, "의심스러운 경우에는 추정할 권리가 장상에게 있다"(in dubio praesumptio stat prosuperiore).

---

(62) 사도 5, 29.
(63) 이것은 성 프란치스코 살레시오의 교의, *Entretiens spirit*., 11장, 170-171이다. "많은 사람들이 몹시 속고 있다…. 이 속임수는 순명이 하느님의 계명과 성 교회에 반대된 것이라도 장상을 통해서 우리에게 명한 것은 순명해야 한다는 것이다. 그러나 이것은 틀린 생각이다…. 왜냐하면 장상들은 하느님의 계명을 지닌 모든 사람들에게는 계명에 반대되는 명령을 할 수 없고, 하급자는 이 경우에 순명할 어떤 의무도 없다. 만일 그들이 순명한다면 죄를 짓는 것이 될 것이다."

② 한 공동체의 장상이 자신의 권위에 대한 한계 안에서 지혜롭게 정의한 규범 이외의 것을 명할 때는 순명하지 않아도 된다.

Ⅱ. 순명의 단계

1062 (1) 완덕으로 나아가는 초보자들은 무엇보다 먼저 하느님과 교회의 계명과 법을 충실히 지켜야 한다. 그리고 초자연적 정신으로 세심하고 신속하게 합법적인 장상의 명령에 순명하도록 해야 한다.

1063 (2) 완덕의 길을 걷는 진보자들에 대하여

ㄱ) 예수님은 탄생하시는 첫 순간부터 아버지의 뜻을 실천하려고 자신을 바치셨다. 그리고 마지막 순간까지 순종으로 희생 제물(犧牲祭物)이 되셨다. 그러므로 우리는 예수님의 모범(模範)을 정성껏 묵상해야 한다. 진보자들은 예수님께서 순명의 정신이 깃들어 있는 자신들의 영혼 안에 오셔서 현존하시기를 기도한다.

그리고 예수님 스스로 요셉과 마리아에게 순명하신 것처럼, 우리도 장상에게 순명하기 위해 예수님과 일치하도록 노력해야 한다. "부모에게 순종하며 살았다"(et erat subditus illis).[64]

ㄴ) 완덕으로 나아가는 진보자들은 장상에게 겉으로만 순명하는 것으로 만족하지 말고, 자신의 기분에 반대되고 고생스럽더라도, 내적으로 장상들의 뜻에 순명하도록 노력해야 한다. 또 진보자들은 내적으로 불평하지 않고, 오히려 순명을 통해 예수

---

[64] 루가 2, 51.

님의 모범과 가까워짐을 행복한 마음으로 순명해야 한다. 진보자들은 특히 자신들이 원하는 것을 실천할 수 있도록 장상들을 유도(誘導)하지 말 것이다.

왜냐하면 성 베르나르도가 지적한 것처럼, "만일 어떤 것을 열망하는 영혼이, 장상으로 하여금 자신에게 원하는 것을 시키도록 일을 꾸며 놓고, 장상에게 순명하도록 조장(助長)하지 마십시오. 그것은 자기 자신을 속이는 행위 밖에 되지 않습니다. 왜냐하면 당신이 장상에게 순명하는 것이 아니라, 장상이 당신에게 순명하는 것이 되기 때문입니다."[65]

1064 (3) 완덕의 길을 걷는 완성자들에 대하여

완성자들은 장상의 명령에 대한 이유를 검토하지 않을 뿐 아니라, 그들의 판단을 장상에게 내어 맡긴다.

이러한 자세에 대하여 성 이냐시오는 다음과 같이 설명하고 있다. "만일 누가 스스로 완전한 희생 제물을 하느님께 드리길 원한다면, 먼저 자신의 의지를 하느님께 순종시켜야 합니다. 그리고 더 나아가 하느님께 자신의 판단까지도 봉헌해야 합니다…. 그렇게 함으로써 그는 장상이 원하는 것과 같은 감정을 갖도록 원하게 됩니다. 그리하여 자신의 판단이 장상의 판단에 완전히 예속되는 만큼, 이미 순명된 의지는 장상의 판단에 쉽게 순명할 수 있습니다…. 판단과 마찬가지로 우리의 의지도 감동으로 혼란될 수 있습니다. 그 결과, 우리 의지의 혼란을 막기 위해, 우리는 장상의 의지와 일치하도록 해야 합니다.

이것은 우리 자신의 판단이 틀릴 수 있다는 두려움 때문에,

---

[65] Serm. de diversis, XXXV, 4.

항상 장상의 판단과 일치하도록 하는 것입니다. 그럼에도 불구하고 만일 자신의 판단에 장상과 다른 감정이 나타난다면, 기도하면서 자기의 느낌을 장상에게 말할 수 있습니다.

그러나 이러한 감정이 이기심이나 자기 자신을 속이는 경우가 되지 않을까 두렵습니다. 그러기 때문에 조심스럽게 자신의 감정을 표현하기 전이나 후에도 똑 같은 정신으로 순명을 지켜야 합니다. 영혼은 대화를 통해 문제점들을 풀어 나가면서, 한편으로는 장상의 판단을 최상의 결정으로 보고, 장상의 명령에 순명하는 것입니다."[66]

이것을 두고 때로는 맹목적인 순명이라 말하기도 한다. 물론 맹목적인 순명은 우리를 장상의 손 안에 있게 한다. 마치 "나무토막과 같은 시체처럼"(perinde ac baculus… perinde ac cadaver).[67]

그러나 우리는 조금 전에 순명에 대한 성 이냐시오의 제안과, 제1050항-제1060항에서 우리가 위에서 다루었던 제안과 함께라면, 이러한 순명은 결코 부조리(不條理)하지 않을 것이다. 왜냐하면 순명의 자질을 설명하면서 다시 분명히 밝히겠지만, 우리 의지(意志)와 지성(知性)을 복종시키는 것은 바로 하느님이시기 때문이다.

Ⅲ. 순명의 자질

순명이 보다 완벽하게 되기 위해서는, 그 순명의 뜻이 초자연적이어야 하며, 순명은 개념의 범위가 보편적이어야 하고, 그

---

(66) Lettre CXX, trad Brouix, 1870, p. 464.
(67) 성 이냐시오., 회헌., 6, § Ⅰ, 규칙 36.

순명의 실천은 전적(全的)이어야 한다.

1065 (1) 순명의 뜻은 초자연적 이어야 한다.

이 말은 장상들 안에서 하느님과 예수 그리스도를 보아야 한다는 것이다. 왜냐하면 장상들의 권위(權威)는 항상 하느님을 통해서만 실현되어야 하기 때문이다. 순명은 언제나 쉬운 것이 아니다. 그와 동시에, 감히 누가 하느님께 순종하기를 거절하겠는가?

이것은 사도 바오로가 하느님을 섬기는 그리스도인에게 명한 것이다. "남의 종이 된 사람들은 그리스도께 순종하듯이 두렵고 떨리는 마음으로 성의를 다하여 자기 주인에게 순종하십시오. 사람에게 잘 보이려고 눈가림으로만 섬기지 말고 그리스도의 종답게 진심으로 하느님의 뜻을 실천하십시오"(non ad oculum servientes, quasi hominibus placentes; sed ut servi Christi, facientes voluntatem Dei ex animo).[68]

또 성 이냐시오는 포르투갈 수녀들에게 다음과 같이 썼다. "나는 수녀님들이 가능한 한 온 마음을 다해 장상이 누구든 간에, 장상 안에서 주님이신 예수 그리스도를 알아보기를 바랍니다. 그리고 하느님의 권위에 수녀님들이 드려야 할 경의(敬意)를, 장상 안에서 깊은 존경과 함께 드리기를 바랍니다…. 그로 인하여 수녀님들은 순명해야 할 나약한 인간을 보지 말고 장상 안에서 주님이신 예수 그리스도를 보면서 순명해야 합니다.

결국 장상에게 순명하는 것은 하느님이 장상에게 주신 선(善)함과 신중성이나 또는 다른 자질(資質) 때문이 아니라, 다만 장

---

[68] 에페 6, 5-9.

상이 하느님의 대리자(代理者)이기 때문입니다…. 만일 그와 반대로 장상이 신중성과 지혜(知慧)가 없다면 정확하지 않고 정의가 없는 장상에게 순명해야 할 이유가 없습니다. 왜냐하면 장상의 자질(資質) 속에는 과오(過誤)를 범할 수 없는 지혜이신 하느님을 대리하고 있기 때문입니다. 또 하느님께서는 당신의 덕성(德性)이나 아니면 은사를 통해 대리자인 장상에게 부족할 수 있는 모든 것에 영감(靈感)을 넣어 주시기 때문입니다."[69]

이와 같이 위에서 말한 순명에 대한 원리(原理)보다 더 지혜로운 것은 없다. 왜냐하면, 만일 장상의 자질이 자기 마음에 맞기 때문에 우리가 장상에게 순명한다면, 자질이 없어 보이는 장상을 만난다면 어떻게 할 것인가? 그리고 하느님께 순명하는 대신, 자기가 존경하는 한 사람에게 순명한다면 우리의 값진 공로(功勞)를 잃어버리게 되지 않을까?

그러므로 순명해야 할 사람은 되도록 장상의 결점(缺點)을 보지 않도록 해야 한다. 왜냐하면 이것은 순명을 가장 어렵게 하기 때문이다. 더 나아가 장상들의 자질(資質)도 보지 말아라. 그것은 순명으로 얻을 수 있는 공로를 절감시키기 때문이다. 그 대신 아랫 사람은 항상 장상 안에서 명령하시고 살아 계시는 하느님만을 바라보아야 한다.

1066 (2) 순명은 개념의 범위가 보편적 이여야 한다.

우리는 장상이 합법적(合法的)으로 명령할 때, 합법적인 장상의 모든 명령에 순명해야 한다.

그러므로 성 프란치스코 살레시오는 이렇게 말하고 있다. "순

---

[69] Lettre. CXX. trad. Bouix, p. 458-459.

명이란 자신에게 명령된 모든 것을 하느님 사랑 안에서 실천하는 것입니다. 그러기에 순명은 장상의 명령에 대한 잘 잘못을 분석하지 말고, 단순하게 장상이 명령할 권위를 가지고 있다는 조건만으로, 그 명령은 하느님과 영혼과의 만남에 도움이 됩니다."[70]

그러나 성인은 다음과 같은 뜻에서, 만일 장상이 하느님의 율법에 명백히 반대되는 것을 명령했을 때, 우리는 그 명령에 순명해야 할 의무가 없다는 것이다. 이와 같은 순명을 성 토마스 아퀴나스는 경솔한 순명이라 말한다. "부당한 일에 순명하는 것은 분별 없는 복종입니다"(obedientia… indiscreta, quae etiam in illicitis obedit).[71]

이러한 경우 외에도, 혹시 장상이 실수하거나 또 우리가 실행하려 했던 것보다 덜 좋은 것을 명령했다 하더라도, 진정으로 순명한다면 절대로 빗나가지 않는다. 왜냐하면 결국 우리가 순명해야 할 분은 하느님이시기 때문이다. 그리고 우리의 마음을 보시는 하느님께서는 우리가 실천한 것에 대한 성공을 보장(保障)해 주시면서, 순명을 보상(報償)해 주신다. 성 프란치스코 살레시오는 참된 순명에 대한 뜻을 해설하면서, "순명하는 영혼은 승리를 이야기하게 될 것입니다(vir obediens loquetur victorias). 그리고 모든 것을 하느님께 대한 순명으로 받아들인다면, 영혼은 모든 위험에서 승리자가 될 것입니다. 또 어떤 위험이 도사리고 있더라도, 그가 하느님 안에서 진정으로 순명한다면 그에게는 명예가 돌아올 것이다."[72] 다시 말하면, 장상은 명령하면서

---

70) *Entretiens spirit.*, ch. XI, p. 170.
71) 성 토마스 아퀴나스, 2부 2편, 104문, a. 3, ad 3:
72) *Vrays Entret. spirit.*, ch. XI, p. 191.

실수를 할 수 있다. 그러나 하느님 안에서 우리가 드리는 순명은 절대로 실수하지 않을 것이다.

1067 (3) 순명의 실천은 전적(全的) 이여야 한다.

그 결과 순명의 실천은 어김없고, 조건이 없으며, 인내와 기쁨 가운데 실천해야 한다.

ㄱ) 어김이 없다.

왜냐하면 사랑은 완전한 순명을 주관(主管)하기 때문에, 영혼으로 하여금 재빨리 순명하게 한다. 이것을 성 프란치스코 살레시오는 "우리는 순명하면서 그 명령을 사랑하게 됩니다. 즉 명령을 받는 순간부터, 영혼은 그것이 자신의 취향을 따지지 않고, 순명은 명령을 끌어안고, 쓰다듬고, 아낍니다."[73]

성 베르나르도 역시 말하기를, "진정한 순명은 어떤 일에나 소홀히 할 줄 모릅니다. 참된 순명은 자기 자신의 책임을 끔찍하게 여기며 주저할 줄 모릅니다. 올바른 순명은 명령을 앞지르고, 주의 깊은 눈길을 갖게 하고, 귀를 기울이고, 대답하려 준비합니다. 그리고 장상의 뜻을 실천하기 위해 언제나 준비하고 있습니다."[74]

ㄴ) 조건이 없다.

순명은 어떤 하나만을 선택하는 것이 아니다. 왜냐하면 이러한 순명의 자세는 선택한 것만 순명하고 다른 명령은 불순명하기 때문이다. 이와 같은 명령의 선택은 순명의 가치를 잃어버리게 하고, 마음에 드는 것만 순명하기에, 이러한 행위를 우리

---

73) *Ibid.*, p. 178.
74) *Sermo de diversis*, XLI, 7; 순명에 관한 이 모든 설교는 읽어야 한다.

는 초자연적 순명이라 하지 않는다.

우리는 여기에 대한 예수님의 말씀을 되새겨 보자. "율법은 일 점 일 획도 없어지지 않고 다 이루어질 것이다"(iota unum aut unus apex non praeteribit a lege donec omnia fiant).[75]

ㄷ) 순명은 많은 인내를 요구한다.

이 인내의 덕은 영혼이 얻을 수 있는 가장 큰 공로(功勞) 가운데 하나이다. "영혼은 어떤 순명을 시켜도 즐겁게 그것을 실천해야 합니다. 또 순명이 어렵지 않다 하더라도, 만일 똑 같은 일을 매일 평생 동안 한다면, 거기에 덕이 커 나가지만 동시에 어려움도 많을 것입니다."[76]

ㄹ) 기 쁨.

"하느님께서는 기쁜 마음으로 의연금을 내는 사람을 사랑하십니다"(hilarem enim datorem diligit Deus).[77] 순명은 영혼이 하느님 사랑을 영감(靈感)받지 않고서는 힘든 일을 기쁘게 할 수 없다. 진정으로 사랑하는 사람에게는 아무것도 고통스럽지 않다. 왜냐하면 순명하는 그들은 고통을 생각하지 않고 사랑하는 사람을 위해 고통받기 때문이다.

그래서 우리에게 명령하는 장상 안에서 주님을 볼 수 있다면, 우리는 장상을 사랑하지 않을 수 없을 것이다. 그리고 우리를 위해 순명을 통한 희생으로 돌아가신 하느님을 어떻게 작은 희생과 관대한 마음으로 받아들이지 않겠는가?

지금까지 우리가 제시한 순명에 대한 일반 원칙으로 항상 되

---

75) 마태 5, 18.
76) 성 프란치스코 살레시오, *Entret. spirit.*, ch. XI, 182.
77) 2고린 9, 7.

돌아 와야 할 이유는 바로 하느님 사랑 때문이다. 우리는 장상 안에서 하느님을 보아야 한다. 이 때 비로소 우리는 순명의 참된 열매들과 그 탁월함을 잘 이해하게 될 것이다.

Ⅳ. 순명의 탁월성

1068 지금까지 우리가 이야기한 순명의 기초와 본질과 단계에서, 진정한 순명의 탁월성(卓越性)이 나온다. 성 토마스는 경신덕 다음으로 순명이 모든 윤리덕 가운데 가장 완전한 덕이라고 주저 없이 말한다. 왜냐하면 순명의 덕은 다른 덕들보다 영혼을 하느님과 더욱 깊이 일치시켜 주기 때문이다.

이런 의미에서, 순명은 신적 일치(神的一致)의 가장 큰 장애물인 자기 의지를 영혼으로부터 떼어놓게 한다.[78] 이런 의미에서 순명은 모든 덕의 수호자(守護者)이고 어머니인 것이다. 그리고 순명은 우리의 일상적인 행위를 올바른 덕행으로 바꾸어 준다.

1069 (1) 순명은 영혼을 하느님과 일치시켜 주고, 우리를 당신의 삶과 일치되게 한다.

ㄱ) 순명은 우리 의지를 하느님 뜻에 순종시키며, 이로 인해 우리 의지에 속한 다른 요소들도 하느님의 뜻에 종속하게 된다. 그래서 영혼에게 순명이 자유로울수록 그 순명은 더욱 가치로울 수 있다. 생명이 없는 피조물(被造物)은 본성(本性)의 필요에 따라 하느님께 순종한다. 그러나 인간은 자기 의지의 자유로운 선택에 따라 순명한다.

---

78) 신학대전 2부 2편, 104문, a. 3.

이로써 인간은 하느님께 자기 자신을 가장 탁월한 희생 제물로 바치고, 또 가장 아끼는 것을 최고권자(最高權者)에게 헌정(獻呈)한다.[79] 따라서 이와 같은 순명을 통해 영혼은 하느님과 일치하게 된다. 그리고 영혼은 고난의 순간에 예수님의 영웅적인 말씀을 되뇌면서, 순명이란 주님의 뜻 외에는 다른 뜻이 없다고 말한다. "그러나 제 뜻대로 하지 마시고 아버지의 뜻대로 하십시오"(non mea voluntas, sed tua fiat).[80]

우리가 갖고 있는 가장 가치로운 선(善)한 의지는, 항상 거룩한 의지와 일치하기 때문에 매우 가치롭고 거룩한 일치가 된다.

ㄴ) 그리고 순명에 대한 의지는 모든 능력의 여왕이므로, 하느님과 일치하면서, 우리 영혼의 능력들을 하느님께 일치시킨다. 이와 같은 희생은 외적인 가난의 선행보다 더 크며, 정결과 고행으로 하는 육적인 선행보다도 더 크다. 이와 같은 순명은 희생 가운데 가장 탁월한 것이 된다. "순명하는 것이 제사를 드리는 것보다 낫습니다"(melior est obedientia quam victimae)".[81]

ㄷ) 또한 순명은 보다 항구적이고 더욱 지속적이어야 한다. 영혼은 성사적(聖事的) 일치를 통해서 하느님과 짧은 순간 밖에 일치할 수 없다. 그러나 일상적인 순명은 항구한 정신적 일치를 통해 하느님과 영혼 사이에 일치가 이루어진다.

순명은 하느님께서 원하는 것이 아니면, 우리 역시 아무 것도 원하지 않게 한다. 즉, "좋아하는 것도 하나요, 싫어하는 것도 하나다"(unum velle unum nolle). 그 대신 순명은 하느님께서

---

79) S. Gregorius, Moral., 1. XXV, c. 10: "per obedientiam mactatur propria voluntas."
80) 루가 22, 42.
81) 1사무 15, 22.

우리 안에 현존하시듯, 우리도 하느님 안에 머물게 해 준다. 이러한 순명은 사실 모든 일치에서 가장 현실적이고, 가장 내적이고, 가장 실천적인 것이다.

1070 (2) 그러므로 성 아우구스티누스의 아름다운 문장에 따르면, "이성적 피조물에게 있어서 순명은 모든 덕의 어머니요 수호자이다"(Obedientia in creaturâ rationali mater quodammodo est custosque virtutum).[82]

ㄱ) 순명은 애덕과 합쳐진다. 성 토마스의 가르침에 따르면, 사랑은 무엇보다 먼저 의지의 일치를 낳는다고 했다. "여기에 하느님께 대한 완전한 애덕이 있으니, 우정은 같은 것을 좋아하고 같은 것을 싫어하게 만든다"(In hoc caritas Dei perfecta est quia amicitia facit idem velle ac nolle).[83]

이것에 대하여 복음사가 요한은, 하느님을 사랑한다면서 그분의 계명을 지키지 않는 사람은 거짓말쟁이라고 한 후, 다음 같이 덧붙인다. "그러나 누구든지 하느님의 말씀을 지키면 그 사람은 진실로 하느님을 완전히 사랑하고 있는 것입니다. 이렇게 해서 우리는 우리가 하느님 안에 있다는 것을 알게 됩니다"(qui autem servat verbum ejus, vere in hoc caritas Dei perfecta est, et in hoc scimus quoniam in ipso sumus).[84]

또 누가 예수님을 사랑한다면 그분의 계명을 지키는 가르침도 같을 것이다. "너희가 나를 사랑하면 내 계명을 지키게 될

---

82) *De Civit. Dei*, 1. XIV, c. 12:
83) 신학대전, 2부 2편 104문, a. 3:
84) 1요한 2, 5.

것이다"(Si diligitis me, servate mandata).[85] 그러므로 참된 순명은 결국 애덕의 탁월한 행위다.

1071 ㄴ) 순명은 우리로 하여금 명령된 것이나 권고된 다른 덕들을 실천하게 해 준다. "장상의 명령에서도 그렇지만 모든 덕의 실천은 순명에 귀속된다"(Ad obedientiam pertinent omnes actus virtutum, prout sunt in praecepto).[86]

그래서 순명은 참회와 고행, 십계명이 말하는 모든 덕행과, 성서에 자주 되풀이 되는 애덕, 경신덕, 정의의 덕을 실천하게 한다. 순명은 하느님을 위해 자신들의 생명을 바친 순교자(殉敎者)들을 닮게 한다.

성 이냐시오가 말하듯이, "순명을 통해 영혼은 이기적인 판단과 자기의 뜻을 죽이고, 자신을 제단 위의 희생 제물처럼 바칩니다. 또 순명은 자신 안에 있는 자유의지 대신, 명령하는 장상과 일치된 주 예수 그리스도의 뜻만을 찾습니다. 그리고 영혼 안에는 순명으로 죽은 순교자들로부터 이루어진, 생명에 대한 열망뿐 아니라 모든 열망이 들어 있습니다."[87]

이것은 성 빠꼬미오(S. Pacôme)가 순교자가 되기를 열망하는 젊은 수도자에게 말한 것이다. "열심히 고행하여 순교자로 죽는 사람도 많습니다. 그래서 단칼에 죽은 순교자들보다는 평생을 인내롭게 순명하는 순교자들이 더 위대합니다."[88]

---

85) 요한 14, 15.
86) 성 토마스 2부 2편, 104문, a. 3, ad 2.
87) Lettre citée, p. 235-236.
88) 성 프란치스코 살레시오에 의해 인용된, *Entret. Spirit.*, p. 183.

1072 ㄷ) 순명은 우리 영혼에게 더할 나위 없는 안전(安全)을 가져다 준다. 만일 순명을 우리 자신에게만 맡겨 둔다면, 우리는 더 완전한 것을 요구했을 것이다. 순명은 매 순간마다 영혼에게 의무를 줌으로써, 자신을 희생하는 가장 확실한 길을 보여 준다.

우리는 순명이 제시하는 것을 실행하면서, 완덕에 요구되는 중요한 조건들을 가능한 한 완전하게 실현함으로써, 하느님의 뜻을 완수해야 한다. "나는 그분의 마음에 드는 일을 항상 실천하였다"(Quae placita sunt ei facio semper).

이와 같은 순명은 영혼에게 변하지 않는 깊은 평화를 가져다 준다. "주님, 당신 율법을 사랑하는 사람들에게 많은 평화를 주소서"(pax multa diligentibus legem tuam Domine). 장상에 의해 표명된 하느님의 뜻을 실천하려 할 때, 우리는 다만 해야 할 것이나 실천할 방법을 걱정하지 않게 된다.

즉 단순하게 하느님을 대리한 장상의 명령을 받아, 최선을 다해 순명을 실천할 뿐이다. 이와 같은 순명에는 하느님의 섭리(攝理)가 나머지를 책임질 것이다. 참된 순명은 영혼에게 성공만을 요구하지 않고, 지시된 장상의 명령을 완수하기 위한 노력만을 요구한다.

한편 우리는 순명의 마지막 결과에 대하여 안심할 수 있을 것이다. 만일 우리가 하느님의 뜻을 실천한다면, 하느님께서는 우리의 짐을 책임지실 것이다. 말하자면 하느님께서는 우리의 청원을 들어주시고 우리의 계획을 용이하게 해 주실 것이다. 그러므로 이와 같은 삶에는 진정한 평화가 있을 것이다.

그리고 우리가 마지막 순간에 이르렀을 때, 순명은 우리에게 하늘의 문을 열어 줄 것이다. 우리는 원조(元祖)의 불순명(不順命)으로 하늘나라를 잃었다. 그러나 예수 그리스도의 순명으로 되찾은 천국은 하느님의 대리자인 장상에게 맡겨져 모든 영혼들에게 열려 있다. 진실로 순명하는 영혼들에게는 지옥(地獄)이란 없다. "하느님께서는 이기적인 뜻 외에 무엇을 미워하시고 무엇을 징벌하시겠습니까? 만일 인간 중심적인 자기 자신의 뜻을 없앤다면 지옥은 영혼 앞에 존재하지 않을 것입니다"(Quid enim odit aut punit Deus praeter propriam voluntatem? Cesset voluntas propria, et infernus non erit).[89]

1073 (3) 끝으로, 순명은 우리 삶의 가장 일상적이고 평범한 일들을, 보다 가치롭고 덕성(德性)스럽게 바꾸어 놓는다. 하느님께 대한 순종의 정신으로 실천한 모든 덕행들은, 이로써 하느님을 기쁘게 해 드리고, 그분에 의해 보상(報償)받을 것이다. 그와는 반대로 장상의 뜻에 반대되는 정신으로 한 모든 일은, 개인적으로는 매우 탁월할 지 모르나, 사실상 이러한 행위는 불순명(不順命)일 뿐이다.

우리는 자주 우리의 순명을 탁월한 항해사(航海士)에 의해 조종(操縱)되는 배에 탄 여행자의 순명과 비교한다. 매 순간 여행자가 쉬고 있을 때에도, 여행자의 순명은 항구를 향해 전진한다. 이와 같이 순명은 피곤이나 걱정을 떠나 영혼이 갈망하던 목표인 영원히 복된 항구에 도착하게 될 것이다.

1074 이제 우리는 예수님의 말씀을 이해한 성녀 시에나의 카

---

[89] 성 베르나르도, *Sermo III* in tempore paschali, 3:

타리나의 말로 결론짓고자 한다. "순명 안에 모든 덕을 감싸고 있는 이 순명의 덕은 얼마나 감미롭고 찬란합니까? 순명은 애덕을 통해 잉태되고 이 세상에 나왔습니다. 순명 위에 거룩한 믿음의 돌이 굴러졌습니다…. 순명은 어떤 폭풍우도 도달할 수 없는 영혼의 한 중앙에 서 있습니다…. 결핍(缺乏)은 순명에게 어떤 고뇌(苦惱)도 주지 못합니다.

왜냐하면 순명은 예수님만을 원하도록 가르치기 때문이며, 만일 그분이 원하신다면 당신의 모든 원을 들어주실 것이기 때문입니다…. 오! 순명이여, 그대는 아무 고통 없이 항해를 완주하게 하고 구원의 항구에 파선 없이 도달하게 하는구나!"[90]

---

90) *Dialogue*, trad. *Hurtaud*, t. II, p. 259-260.

제3장 용 기(勇氣)[91]

1075 경신(敬神)과 순명에 의해서 보완된 정의의 덕은, 다른 덕들과의 관계를 조정(調整)한다. 그리고 용기(勇氣, force)와 절제(節制, tempérance)는 우리 자신과 이웃과의 관계를 조정한다.

이제 우리는 용덕에 대하여 다음과 같이 논하고자 한다.

제1절 용덕의 본질. 제2절 용덕과 관계되는 다른 덕들. 제3절 용덕을 획득하고 완성시키는 방법 등이다.

제1절
용덕의 본질

I. 용덕의 정의(定義)

1076 용덕은 영혼의 강인함과 견고한 성품을 말하며, 이것을 그리스도인의 용기라고 부른다. 그래서 용덕은 죽음에 대한 두려움에서도 동요되지 않고, 어떤 어려움 속에서도 영혼을 견고

---

91) 성 토마스, 2부 2편, 123-140문; 해설서들, 특히 *Cajetan et J. de S. Thomas*; P. Janvier, Carême, 1920; Ribet, *Vertus*, ch. XXXVII-XLII; Ch. de Smedt, *Notre vie surnat.*, t. II, p. 210-267.

하게 하는 초자연적인 윤리덕이다.

(가) 용덕의 대상은 선을 향한 우리의 노력을 마비시키는 두려움을 없애고, 용기를 조절하는 데 있다. 이와 같은 영혼의 조절 없이는 쉽게 무절제(無節制)로 빠질 것이다. "그러므로 용기는 두려움과 무모(無謀)함에 대응하는 덕이다. 용덕은 두려움을 억누르게 하고 무모함을 삼가게 한다"(Et ideo fortitudo est circa timores et audacias, quasi cohibitiva timorum et audaciarum moderativa).[92]

1077 (나) 우리가 용덕을 실천하기 위해서는 다음 두 가지 중요함을 갖는다. 용덕은 먼저 영혼으로 하여금 어려움에 투신(entreprendre)하게 하고, 다음에는 참고(endurer) 견디게 한다. 언제나 "공격하기보다는 방어하는 것이 더 어렵다"(ardua aggredi et sustinere).

ㄱ) 용기는 먼저 어려운 일을 시도(試圖)하고 실천하는 데 관여한다. 결국, 완덕의 길에는 승리하기 힘든 수많은 장애물이 끊임없이 우리 앞에 나타난다. 그 장애물들을 두려워하지 않고 앞으로 나아가려면, 이 장애물들을 뛰어넘는 데 필요한 노력을 용감하게 실천해야 한다. 이것이 바로 용기의 첫 번째 행위이다.

이 용기의 행위는 다음의 것들을 전제로 한다.

① 결심은 어떠한 희생을 치르더라도 자신의 의무를 이행하기 위해 재빠른 결론을 내리게 한다.

② 용기와 아량(雅量)은, 어려움이 클수록 거기에 버금가는 노력을 하게 한다.

---

92) 성 토마스 2부 2편 123문, a. 3:

③ 항구심은 악(惡)의 저항과 공략에도 불구하고 끝까지 노력을 계속한다.

ㄴ) 용덕은 하느님께서 영혼에게 보내시는 어렵고 수많은 시련(試鍊)들을 하느님을 위해 신음할 줄 알게 한다. 즉 용덕은 우리의 희생이 되는 고통, 병, 비웃음, 중상 등을 받아 안게 한다.

이것에 대하여 성 토마스는 "용덕은 자주 실천하는 것보다 견디는 것이 더 어려울 수 있다."라고 말한다.[93]

그래서 성 토마스는 그 이유를 다음 세 가지로 든다.

① 용덕을 잘 견딘다는 것은 강열한 악인 적(敵)에 의해 공격당했다는 것을 전제하는 반면, 공격하는 자는 악의 적보다 더 강하다고 느낀다.

② 충격을 받는 영혼은 이미 어려움과 고통을 알고 있지만, 공격하는 자는 다만 그것을 예측할 뿐이다.

③ 참고 견딘다는 사실은 악의 오랜 충격에서도 강직하게 움직이지 않고 있었다는 것을 전제한다.

II. 용덕의 단계

1078 (1) 완덕으로 나아가는 초보자들은 용덕의 의무에 장애(障碍)가 되는 여러 두려움과 대항하면서 과감하게 싸워야 한다.

① 용덕의 실천에서 피곤과 위험에 대한 두려움

초보자들은 재산(財産)이나 건강 또는 명성(名聲)의 삶보다 더 값진 용덕을 갖고 있다는 것을 기억해야 한다. 용덕은 영혼에게

---

93) 신학대전, 2부 2편, 123문 a. 6, ad. 1: sustinere difficilius est quam aggredi.

영원한 행복의 전주곡(前奏曲)이며 은총의 선물이다. 용덕은 영원한 행복을 얻기 위해 장애가 되는 모든 것들을 용감하게 희생시켜야 한다고 결론짓는다. 용덕의 실천에 방해가 되는 단 하나의 진정한 악(惡)은 바로 죄(罪)이다. 그러므로 이 악은 어떤 값을 치르더라도 피해야 한다. 그리고 영혼은 용덕을 통해 우리에게 닥칠 수 있는 현세적 모든 악을 견디어 낼 위험을 감수하도록 노력한다.

1079 ② 용덕의 실천에서 중상(中傷)과 비평에 대한 두려움
  세속적인 존경은 사람들로부터 받게 될 판단·비방·협박·부당함과 욕설들에 대한 두려움으로 용덕의 의무를 소홀하게 한다. 이처럼 용감하다는 영혼들도 협박과 비평들 앞에서는 얼마나 많이 포기하고 뒷걸음질치는지!
  그러기 때문에 젊은이들에게 세속적인 존경을 무시하고, 편협적(偏狹的)인 의견과 용감히 맞설 줄 아는 영혼이 되도록 도와줘야 한다. 그리고 불평이나 두려움 없이 자기 확신을 실천해 가도록 교육하는 것이 얼마나 중요한가!
  ③ 용덕의 실천에서 친구들을 불쾌하게 하지 않을까 하는 두려움
  이 두려움은 가끔 악의 적으로부터 보복(報復)을 받는 것보다 더 두려워할 수 있다. 그럼에도 불구하고 용덕은 자기 자신을 기쁘게 하기보다, 하느님을 기쁘게 해 드리는 것이 더 가치롭다는 것을 기억하게 한다. 우리 의무를 실천할 수 없도록 방해하는 사람들은 진정한 친구가 아니다. 그래서 참된 친구가 아닌 그들을 만족시키려 한다면, 영혼은 예수 그리스도의 우정과 존

경을 잃어버리고 말 것이다.

"내가 아직도 사람들의 호감을 사려고 한다면 나는 그리스도의 일꾼이 아닐 것입니다"(Si adhuc hominibus placerem, Christi servus non essem).[94] 그러기에 영혼은 헛된 인기에 대한 열망 때문에 자기 자신의 의무를 소홀히 해서는 안 된다. 왜냐하면 사람들의 인기(人氣)는 지나가지 결코 지속적이지 않기 때문이다. 그 대신 오류(誤謬)를 범하지 않는 재판관이신 하느님의 칭찬은 영혼에게 참 가치로 올 것이다.

그러므로 용덕에 대한 의무와 오로지 하느님께 충실함으로써 영광을 찾아야 한다는 사도 바오로의 말로서 결론짓도록 하겠다. "자랑하려거든 주님을 자랑하십시오. 참으로 인정받을 사람은 스스로 자기를 내세우는 사람이 아니라, 주님께서 내세워 주시는 바로 그 사람입니다"(Qui autem gloriatur, in Domino glorietur. Non enim qui se ipsum commendat, ille probatus est, sed quem Deus commendat).[95]

1080 (2) 완덕의 길을 걷는 진보자들은, 예수님께서 우리에게 보여주신 모범(模範)을 따르도록 노력하면서, 용덕을 적극적으로 실천한다.

① 용덕은 예수님의 숨은 생활 속에서 나타난다.

생(生)의 첫 순간부터 예수님은 영혼들을 위해 자기 자신을 희생함으로써, 구약(舊約)의 모든 희생 제물을 대신하기를 성부(聖父)께 자청하셨다. 그렇게 함으로써 예수님은 당신의 삶이 순

---

94) 갈라 1, 10.
95) 2고린 10, 17-18.

교(殉敎)라는 사실을 알고 있었다. 그러나 어디까지나 이 순교를 예수님은 당신이 자유롭게 선택했다. 그래서 탄생 때부터, 예수님은 열성을 다해 가난과 고행과 순종을 끌어안았고, 박해와 망명을 따랐으며, 완전히 삼십 년 동안 숨은 삶을 사셨다. 이것은 가장 평범한 일상 생활을 성화시킬 은총을 우리에게 주시기 위한 것이었고, 또 겸손된 사랑을 불러일으키기 위한 것이었다.

이렇게 하심으로써 예수님은 우리에게 공동체 삶에서 오는 아주 작은 일에도 용덕을 실천할 수 있도록 가르쳐 주셨다.

② 용덕은 예수님의 공적(公的) 생활에서도 나타난다.

예수님은 공적 생활을 시작하시기 전 오랫동안 단식하셨다. 예수님은 악마와의 싸움에서 승리한 후, 유다인들의 편견을 반대하여 겸손과 희생 및 헌신을 통한 하느님 사랑에 기초를 둔 영적(靈的) 나라를 선포하셨다. 또 예수님은 설교 도중에 율법학자들의 궤변적(詭辯的) 설명을 단죄하시고, 군중들이 예수님께 주고자 했던 지상의 왕국을 거절하셨다.

그리고 예수님은 굳셈과 온유(溫柔)로써 제자들을 가르치시고, 그들의 편견(偏見)과 결점을 고치셨다. 또 선택한 사도직의 책임자들에게 준 가르침에서, 예수님은 예루살렘에서 고통과 굴욕을 통한 죽음을 잘 아셨다. 그러면서도 예수님은 그 곳으로 가셨으며, 이와 같은 결연(決然)한 정신에서 당신의 용덕이 잘 나타난다. 이처럼 예수님은 우리에게 이웃과의 모든 관계에서 실천해야 할 항구적이며 침착한 용덕의 모범을 보여 주셨다.

③ 용덕은 고통의 삶에서도 잘 나타난다.

마음의 메마름과 근심에도 불구하고, 예수님은 "격심한 고통 속에서 오랫동안 기도하는 것을 그치지 않으셨다"(factus in agoniâ prolixius orabat). 그리고 예수님은 부당하게 체포당하시는 순간에도 제자들에게 평온함을 보여 주셨다. 또 헤로데의 호기심과 모함(謀陷)에 침묵을 지키셨고, 판관(判官)들 앞에서는 당신의 존엄성을 간직하셨다.

그리고 예수님은 사람들이 퍼부은 중상(中傷)과 부당한 형벌을 영웅적으로 인내하셨다. 특히 예수님은 숨을 거두시기 직전, 아버지의 손에 자기 자신을 내어 맡기신 모습에서 우리는 그분의 용기를 볼 수 있다. 이렇게 함으로써 예수님은 우리에게 힘겨운 시련(試鍊)을 통한 참된 인내를 가르쳐 주셨다.

위에서 우리가 보았던 것처럼, 고통의 삶에서 영혼이 모방(模倣)해야 할 풍성한 용덕들이 있다. 이것을 성공하기 위해, 우리는 "예수님의 충만하신 권능"(in plenitudine virtutis tuae)이 우리 안에 현존하시도록 주님께 간청해야 한다.

그러나 우리는 칭찬 받는 행동보다, 작은 일을 꾸준히 실천할 때 더 많은 희생이 요구된다는 사실을 기억해야 한다. 그리고 우리 삶에서 언제나 쉽고 좋은 기회뿐만 아니라, 수많은 평범한 활동에서, 이 용덕을 실천하도록 예수님과 협력해야 한다.

1081 (3) 완덕으로 나아가는 완성자의 영혼은 덕뿐만 아니라, 용기의 은사(恩賜)까지도 가꾼다. 이 점에 대해서는 일치의 길에서 깊이 다룰 것이다. 완성자들은 하느님을 위해 자기 자신을 바칠 용감한 자세를 지니고 있다. 그리고 모든 것을 하느님의 영광을 위해 고통받으며, 그분을 위해 끊임없이 쇄신하려는 순교의 작은 불을 당긴다.

제2절
용덕과 관계되는 다른 덕들

1082 용덕은 다음 네 가지 덕들과 연결되어 있다. 먼저 두 가지 덕은 어려운 일을 하는 데 영혼을 도와 준다. 즉, 아량(雅量, magnanimité)과 관대(寬大, magnificence)함을 말한다. 다른 두 가지는 고통을 잘 받도록 도와 주는 데, 그것은 다름 아닌 인내(忍耐, patience)와 성실(誠實, constance)이다. 성 토마스의 증언에 의하면, 이와 같은 덕들은 용덕에 있어서 부수적이면서도 동시에 또한 전체적인 부분들이다.

I. 아 량

1083 (1) 본 질

용덕에서 말하는 아량(雅量)은 그 사람의 성품(性品)이 의젓하고 또 그 영혼이 고결함을 말한다. 즉 아량은 하느님과 이웃을 위해 좋은 일을 많이 시도(試圖)하는 의젓하고 관대한 자세를 말한다. 아량은 명예나 권위를 악용하여 다른 사람들 위에 군림(君臨)하려는 이기적인 야망(野望)과는 그 성질이 다르다. 용덕에서 아량의 특징은 무사 무욕(無私無慾)함에 있다. 그래서 아량은 이웃에게 봉사하기를 원한다.

ㄱ) 용덕이 말하는 아량은 고귀한 이상(理想)과 용기 있는 이념(理念)을 가진 의젓한 영혼을 전제로 한다. 즉 용감한 영혼은 자신의 확신과 조화(調和)로운 삶을 추구할 줄 안다.

ㄴ) 아량은 의젓한 정서(情緒)뿐만 아니라, 질서를 통해 고귀한

행동으로 나타난다. 그리고 이 정서와 질서는 우리 영혼으로 하여금 현실적인 삶을 바르고 용기 있게 실천하게 한다.

그런가 하면 초자연적 질서에서 아량은 모든 형태의 사도직을 실행하게 하고, 굳건한 덕을 획득하게 한다. 그리고 아량은 악을 쳐 이기기 위한 용기 있는 노력과 함께, 끊임없이 완덕의 높은 이상을 추구하게 한다. 이처럼 용덕의 아량은 자기 자신의 건강·재산·평판·생명까지도 위태롭게 하는 모든 것을 두려워하지 않는다.

1084 (2) 용덕에서 아량과 반대되는 결점은 나태(懶怠, inaction)이다.

나태는 실패에 대한 과도한 두려움 때문에 모든 행동을 망설이고 주저한다. 그로 인하여 영혼은 오류를 피하기 위해, 실제로 더 큰 실수를 범한다. 나태는 게으름으로 인해 거의 아무것도 하지 않고, 인생을 허송세월로 낭비한다. 영혼이 무위도식(無爲徒食)에 빠지기보다는, 오히려 몇 가지 멸시받는 일에 노출되는 것이 더 가치롭다.

II. 관대함

1085 (1) 본 질

영혼이 의젓하고 너그러운 마음을 가졌을 때, 그는 관대(magnificence)해 지고 자선(munificence)을 실천하게 된다. 이와 같은 관대함과 자선심(慈善心)은 우리로 하여금 영적이고 물질적인 봉사를 실천하게 하며, 이로 인한 결과를 관리하게 한다.

ㄱ) 그러나 가끔 교만과 야망은 용덕이 말하는 관대함을 부정적으로 부추이기도 한다. 물론 이 때 이러한 행위는 덕이 될 수 없다. 그러나 관대함이 하느님의 영광과 선의의 목적으로 실천된다면, 이 교만과 욕구는 초자연화 될 수 있다.

한 마디로 자신의 욕망을 버리고, 공공(公共)의 선(善)을 위해 희사(喜捨)하고 봉사하는 것은 분명히 크나 큰 관대함과 자선의 덕이 된다.

1086 ㄴ) 관대함의 덕은 하느님의 관대하심과 너그러움을 영혼이 섭리(攝理)를 통해 본 받도록 한다. 그리고 영혼들에게 맡겨진 재물들을 관대하게 사용하도록 부자(富者)들에게 바르게 권고한다.

지금 우리가 몸담고 살고 있는 현대 사회는 물질 만능주의에 젖어 들고 있다. 특히 빈부(貧富)의 차이가 갈수록 더해지고 있다. 이러한 상황에서 과연 교회는 참으로 가난하고, 또 진정으로 필요한 사람들과 함께 나누고 있는지 묻지 않을 수 없다. 그래서 관대함의 덕은 그 어느 때보다 우리에게 더욱 절실히 필요하다.

ㄷ) 관대함의 덕을 실천하기 위해서는 꼭 부자가 되지 않아도 된다. 성 바오로의 빈첸시오는 부자가 아니었다. 그럼에도 불구하고 성인은 그 시대의 모든 가난한 사람에게 참된 나눔을 지혜롭게 실천하도록 하였다. 그리고 성인은 가난한 사람들을 지속적으로 도와 주는 구제(救濟) 사업을 시작하지 않았던가? 의젓한 영혼은 언제나 사랑 속에서 관대함의 덕을 실천한다. 이 관대함의 덕은 성령의 뜻을 충실하게 지키고 하느님을 더욱 신뢰

하게 한다. 그리고 하느님의 섭리(攝理)는 영혼으로 하여금 헌신을 통해 진정으로 봉사할 수 있도록 관대함의 덕을 준비시켜 준다.

1087　(2) 관대함에 반대되는 죄는 바로 인색(吝嗇, lésinerie)과 낭비(浪費, profusion)이다.

ㄱ) 인색 또는 빈약(貧弱)함은 마음의 열정을 멈추게 한다. 그래서 우리는 자신이 시작한 사업의 중요성에 따라 지출이 증가하는 것을 알지 못하고, 매우 인색하게 대가를 지출하려 한다.

ㄴ) 그 반대로 낭비는 과도한 지출(支出)을 하도록 영혼을 부추긴다. 시작된 사업과 아무런 관계도 없이 돈을 마구 낭비하며, 또 수입보다 지출을 더 많이 한다. 그래서 우리는 이것을 낭비라 부른다.

위에서 말한 인색과 낭비의 두 과도함 사이에서 정확하게 중용(中庸)을 지키는 덕을 현명(賢明)함이라 한다.

Ⅲ. 인　내[96]

1088　(1) 본　질

인내(忍耐)는 정신적 육체적 고통들을 통해, 영혼을 한결같이 유지하게 하는 그리스도인의 덕이다. 그래서 인내는 예수 그리스도와 일체(一體)되는 하느님을 위한 사랑을 낳게 한다. 만일 우리가 용감하게 초자연적 이유 때문에 고통을 당한다면, 우리

---

[96] 성 프란치스코 살레시오, *Vie dévote*, IIIe P., ch. III; J.J. Olier. *Introd.*, ch. IX; W. Faber, *Progrès*, ch. IX; D. V. Lehodey, *Le saint abandon*, IIIe Part., ch. III-V.

모두는 성인이 되는 고통을 충분히 갖고 있다고 말할 수 있다.

그런데 많은 영혼들은 불평과 투정을 통해, 가끔 섭리마저 저주(詛呪)하면서 고통을 거부한다. 그런가 하면 어떤 영혼들은 교만이나 탐욕으로 고통을 받기 때문에 인내의 열매를 맺지 못한다. 이미 제487항에서 보았듯이, 우리에게 영감(靈感)을 주는 인내의 진정한 이유는 하느님의 뜻에 순종하는 것이다.

그래서 순종에 대한 영원한 보상(報償)의 희망은, 우리의 인내를 완성시켜 줄 것이다(제491항). 그러나 이 인내를 가장 강력하게 자극하는 것은, 우리를 위해 죽으시고 고난(苦難)을 당하신 예수님의 중재(仲裁)이다.

흠 없으신 예수님은 우리를 사랑으로 성화시키시고 구원하기 위해, 정신적 육체적 형벌을 영웅적으로 참아 내셨다. 그러기에 고통의 원인이 된 우리 죄로 인해, 고통 당하신 예수님과 같은 뜻으로 우리는 성화와 정화(淨化) 사업에 동참해야 한다. 그러므로 영혼이 인내의 덕으로 그분의 영광에 참여하기 위해 고통을 받는 것은 당연하지 않은가?

의젓하고 용기 있는 영혼들은 인내의 덕에 사도적 동기를 덧붙인다. 영혼들은 구원자이신 예수님의 수난을 완성하기 위해 고통을 당하고, 영혼들을 구원하기 위해 노력한다(제149항). 여기에 성인들의 영웅적 인내와 십자가에 대한 사랑의 비밀이 있다.

1089 (2) 인내의 단계는 영성생활의 세 단계와 상통한다.

ㄱ) 인내의 첫 단계는, 불평이나 반항 없이 하늘나라의 행복에 대한 희망 속에서 고통을 받아들인다. 영혼은 고통이 자기 자신의 죄를 속죄하고 마음을 정화시키고, 무절제한 성향(性向)

특히 슬픔과 낙담(落膽)을 절제하기 위한 것으로 받아들인다. 인내는 영혼에게 고통을 감정적인 혐오(嫌惡)에도 불구하고 받아들이고 쓴잔을 멀리해 달라고 간청한다. 그리고 인내는 덧붙여 영혼으로 하여금 하느님의 뜻에 순종하겠다고 기도하게 한다.

1090 ㄴ) 인내의 두 번째 단계는, 예수 그리스도와 일치하면서, 더욱 더 그분을 닮기 위해, 비장한 결의와 열성으로 고통을 껴안는다. 그러므로 인내는 구유에서부터 갈바리아에 이르기까지 예수님을 따라 고통의 길을 함께 걷기를 좋아한다. 영혼은 인내를 통해 예수님이 지나가신 고통 속에서 그분을 사랑하고 경탄하며 찬양한다.

인내는 예수님이 이 세상에 오시면서 당하신 헐벗음과 계절의 추위보다 인간들의 배은망덕으로 인한 고통을 더 가치롭게 한다. 또 인내는 구유와 에집트에서의 고통, 나자렛의 노동과 공적 생활의 굴욕과 아픔들을 모두 받아들인다.

그리고 인내는 특히 길고 고통스러웠던 수난(受難)의 정신적 육체적 고통들을 영혼에게 상기하게 한다. "그리스도께서 육체의 고통을 받으셨으니 여러분도 같은 각오로 정신을 무장하십시오" (Christo igitur passo in carne, et vos eâdem cogitatione armamini).[97]

이와 같은 인내로 영혼이 무장(武裝)한다면, 슬픔과 고통 중에서도 더욱 용감해 질 것이다. 인내는 영혼을 예수님을 위한 사랑 때문에 십자가 위에 매달리게 한다. "나는 그리스도와 함께 십자가에 달려 죽었습니다"(Christo confixus sum cruci).[98]

---

97) 1베드 4, 1.
98) 갈라 2, 19.

인내는 영혼이 많이 고통당할 때, 예수님께 사랑과 동정의 눈길을 던지게 하고 다음과 같은 말을 듣게 한다. "슬퍼하는 사람은 행복하다…. 옳은 일을 하다가 박해를 받는 사람은 행복하다"(Beati qui lugent… beati qui persecutionem patiuntur propter justitiam).[99]

인내는 하늘의 영광을 나누어 가질 희망 속에서 예수님과 함께 십자가를 지도록 더 쉽게 만든다. "우리가 그리스도와 함께 고난을 받고 있으니 영광도 그분과 함께 받을 것입니다"(Si tamen compatimur ut et conglorificemur).[100]

이제 우리도 가끔 사도 바오로와 같이 우리 자신의 가난과 고통을 기뻐하게 될 때도 있을 것이다. 인내는 영혼에게 그리스도와 함께 고통받는 것이 그분을 위로하고 그 수난을 완성하는 것임을 일깨워 줄 것이다. 그리고 인내는 지상에서 예수님을 더욱 완전하게 사랑하는 방법이라는 점을 영혼에게 잘 이해시켜 줄 것이다. 왜냐하면 인내는 영원히 예수님의 사랑을 더욱 풍성하게 누리기 위한 준비의 과정임을 알게 해 주기 때문이다.

"나는 그리스도의 권능이 내게 머무르도록 하려고, 더없이 기쁜 마음으로 나의 약점을 자랑하려고 합니다"(Libenter gloriabor in infirmitatibus meis, ut inhabitet in me virtus Christi).[101] … "우리는 온갖 고난을 겪으면서도 큰 위안을 받고 기쁨에 넘쳐 있습니다" … (superabundo gaudio in omni tribulatione nostrâ).[102]

---

99) 마태 5, 4,10.
100) 로마 8, 17.
101) 2고린 12, 9.
102) 2고린 7, 4.

제Ⅱ부 윤리덕 137

1091 ㄷ) 인내의 세 번째 단계는, 영혼들의 성화와 하느님의 영광을 위해 고통을 원하고 사랑하도록 이끌어 준다. 이 인내는 특히 사목적인 성직자, 수도자, 신심 깊은 모범적 영혼들에게 절대적으로 필요하다.

이와 같은 인내의 자세는 예수님이 세상에 오시고, 희생 제물로 당신을 아버지께 봉헌하고, 고통스러운 수난의 세례를 받겠다는 열망을 갖게 한다. "내가 받아야 할 세례가 있다. 이 일을 다 겪어 낼 때까지는 내 마음이 얼마나 괴로울지 모른다"(Baptismo habeo baptizari: et quomodo coarctor usquedum perficiatur?).[103]

인내는 영혼으로 하여금 예수님을 위한 사랑과, 그분을 닮기 위해 더욱 고통의 감수성을 느끼게 한다. 이것에 대하여 성 이냐시오는 다음과 같이 말한다. "일반적으로 사람들은 화려한 인기와 명예를 찾고, 세속적인 것들에 집착한다…. 그런가 하면 예수 그리스도를 진심으로 따르고 영적인 길을 걷는 영혼들도 세속적인 것들을 열정적으로 찾고 사랑한다….

따라서 인내가 만일 하느님께 죄가 되지 않고, 이웃에게 추문(醜聞)을 일으키지 않으며, 예수 그리스도를 닮으려는 소망이 있는 한, 그들은 갖은 모욕과 거짓 증언 등 무모(無謀)하게 보이는 고통을 받기 원한다…. 그리하여 영혼은 인내를 통해 은총의 도움으로 예수님을 본 뜨려고 애쓰며, 모든 점에서 그분을 따르게 된다. 왜냐하면 예수님은 우리를 당신의 영원한 생명으로 이끄시는 참된 길이기 때문이다."[104]

이러한 종류의 모욕과 십자가를 통해, 영혼은 하느님과 예수

---
103) 루가 12, 50.
104) *Constitut. Soc. Jesu*, Exam. generale, cap. IV, n. 44.

님의 고통을 인내 안에서 사랑할 수 있을 것이다.

1092 인내를 통해 영혼은 하느님께 영광을 드리고, 몇 가지 뚜렷한 은혜를 얻기 위해, 각별한 고통을 하느님께 적극 간청하고 희생 제물로 자기 자신을 바친다. 물론 이처럼 고통을 통해 하느님을 사랑한 성인들이 있었다. 그리고 현대에도 역시 용기 있는 영혼들이 인내 안에서 하느님께 고통을 청하고 있다. 그러나 일반적으로 영혼에게는 신중하게 이 고통에 대한 간청을 다만 권고할 뿐이다. 왜냐하면 고통에 대한 이 간청은 때로 환상(幻想)을 초래하고, 자주 자만에서 오는 지각(知覺) 없는 용기에 의해 생기기 때문이다.

성 스메트(Smedt)의 말에 의하면, "우리는 때때로 감각적인 열정의 순간에 고통을 받아들입니다. 그리고 그 열정의 시기가 지나고 나면… 우리는 환상 속에서 그렇게 용기 있게 실천했던 영웅적인 행위에 대해 너무나 나약함을 느낍니다. 여기서 영혼은 매우 힘겨운 실망의 유혹과 신적 섭리에 반대되는 불평이 생깁니다…. 이와 같은 상황은 영혼들의 영적 지도자들에게 많은 걱정과 장해가 되는 근거를 마련해 줍니다."[105]

그러므로 영혼 스스로는 특별한 시련이나 고통을 간청하지 말아야 할 것이다. 만일 영혼이 인내를 통해 고통의 영적 유익을 느낀다면, 지혜로운 영적 지도자와 상의하고, 그의 동의 없이는 고통을 간청하지 말아야 한다.

---

[105] 초자연적 삶, t. II, p. 260. 이 문제를 특별히 연구한 P. Capelle(용감한 영혼들, 1920, 3^e P., ch. IV-VII)은 세 가지 제안으로 그의 교의를 요약한다. 1) 주님은 스스로 희생 제물을 선택했다. 2) 고통 당하기 전에 그들에게 이를 알리셨다. 3) 주님은 그들의 자유로운 공감을 요구하신다.

Ⅳ. 항구심

1093 용덕과 관계되는 노력에 대한 항구심(constance)은 무기력(無氣力)과 안일(安逸)함이나 실망에 굴복하지 않고 끝까지 고통과 싸운다.

(1) 경험으로 볼 때, 항구함은 영혼의 끊임없는 노력에도 불구하고 선(善)을 실천하는 데 즉시 피로를 느끼고, 하느님의 뜻을 따르는 데 쉽게 실증을 나타낸다. 이 점에 대하여 성 토마스는 다음과 같이 지적한다. "어떤 괴로움에 오랫동안 저항하기는 각별한 어려움이 따릅니다"(Diu insistere alicui difficili specialem difficultatem habet).[106]

그럼에도 불구하고 항구함의 도움을 받지 않은 덕은 단단하지 않고, 또 습성(習性)에 의해 깊숙이 뿌리내리지 못한 덕은 항구하지 못한다.

영혼에게 항구하지 못한 무기력과 안일함은 실망을 낳는다. 더 나아가 노력을 쇄신하면서도 느끼는 권태(倦怠)는 의지의 힘을 느슨하게 하고, 실망과 함께 정신적으로 의기소침해 진다. 그 때 향락에 대한 사랑과 금지된 것에 대한 미련이 그 위를 덮치고, 나쁜 성향으로 쏠리도록 내버려두게 된다.

1094 (2) 항구성의 취약점에 대항하기 위해

① 무엇보다 먼저 끈기(persévérance)는 하느님의 은사이며(제127항), 기도를 통해 획득할 수 있다는 사실을 상기해야 한다. 그러므로 우리는 죽기까지 항구하신 예수님과 일치하면서 우리

---

106) 신학대전, 2부 2편 137문, a. 1.

도 이 항구함을 간청해야 한다. 이와 같은 이유에서 영혼은 성실한 동정녀 마리아께 중재(仲裁)를 청해야 한다.

② 항구심은 우리의 노력을 완성시킬 끝없는 보상(報償)과 삶의 덧없음에 대한 신념을 갱신하게 한다. 만일 우리의 항구함이 영원한 안식을 누리기 위해서라면, 이 세상에서 갖는 걱정이나 노력은 그만한 가치가 있을 것이다. 그러나 항구심에서 나약하고 불안정함을 느낀다면, 우리는 성 아우구스티누스와 함께 기도를 통해 끊임없이 항구함의 은총을 하느님께 간청해야 할 것이다. "주여, 명하신 것을 실천할 힘을 주시고, 당신이 원하시는 바를 명하소서"(Da, Domine, quod jubes, et jube quod vis).

③ 끝으로 우리는 항상 하느님의 은총에 의지해야 한다. 그리고 우리의 노력이 적은 성공을 가져오는 듯이 보이겠지만, 하느님께서는 성공보다 노력을 원하심을 상기하면서, 용감하게 새로운 열정으로 모든 일을 실천해야 한다. 그렇지만 나약한 우리에게는 규칙적인 휴식과 위로와 긴장완화가 필요하다는 것을 잊지 말아야 한다. "인간이란 어떤 위안이 없이는 오래 살 수 없는 법이다"(homo non potest diu vivere sine aliquâ consolatione).

그러므로 항구심은 절대로 정당한 휴식을 배제하지 않는다. 그러나 볼일 없는 "한가함보다는 수고하고 일하는 편이 더 낫다"(otiare quo melius labores). 이처럼 우리의 삶은 현명한 영적 지도자의 도움이나 주어진 규범에 따라, 하느님의 뜻에 맞도록 살아야 한다.

제3절
용덕을 획득하고 완성시키는 방법

여기서 우리는 먼저 독자들에게 제811항에서 말한 의지(意志)에 대한 주제를 다시 읽기를 권하면서, 용덕에 대한 몇 가지를 덧붙이고자 한다.

1095 (1) 용덕(勇德)에 대한 우리의 나약성은 하느님께 전적으로 신뢰하면서 자신의 결함을 인정하는 데 있다. 영혼은 은총의 도움 없이는 초자연적 질서 속에서 선을 실천할 능력이 없다. 그러나 우리가 예수님께 전적으로 의지하면, 하느님의 권능에 참여하게 되고 아무도 우리를 이길 수 없게 된다. "누구든지 나에게서 떠나지 않고 내가 그와 함께 있으면 그는 많은 열매를 맺는다"(qui manet in me et ego in eo, hic fert fructum multum).[107] "나에게 능력을 주시는 분을 힘입어 나는 무슨 일이든지 할 수 있습니다"(Omnia possum in eo qui me confortat).[108]

겸손한 영혼은 언제나 용감하다. 왜냐하면 겸손한 영혼은 자신의 나약함을 인식하게 될 때, 하느님을 더욱 신뢰하기 때문이다. 그러므로 지금 말한 나약성과 신뢰의 두 감정은 영혼 안에서 잘 가꾸어야 할 문제들이다.

용기는 교만하고 거만한 사람들에게 자기 자신 스스로의 나약함을 인식하게 한다. 그 대신 비관 주의자나 내성적(內省的)인 사람들을 만날 때, 용기는 우리에게 하느님께 대한 신뢰를 강조

---

107) 요한 15, 5.
108) 필립 4, 13.

한다.

 이 점에 대하여 사도 바오로는 다음과 같은 말을 우리에게 들려 준다. "그런데 하느님께서는 강한 자들을 부끄럽게 하시려고 이 세상의 약한 사람들을 택하셨으며… 또 유력한 자를 무력하게 하시려고 아무것도 아닌 사람들을 택하셨습니다"(Infirma mundi elegit Deus ut confundat fortia… et ea quae non sunt, ut ea quae sunt destrueret).[109]

1096 (2) 하느님께서 선택하신 위에서 말한 두 자세에서, 영혼은 깊은 신념과 이에 맞갖은 실천을 습관화하도록 해야 한다.

 (가) 용덕은 특히 인간과 그리스도인의 종말을 위해, 모든 것을 희생시켜야 할 진리에 근거한 확신을 갖게 한다. 또 용덕은 우리가 하느님께 나아가는 데 마지막 장애물이 되는 죄에 대한 공포에서 이탈하게 한다.

 그리고 용덕은 우리가 궁극 목표에 도달하고 죄를 피하기 위해, 영혼으로 하여금 하느님의 뜻에 우리의 뜻을 순종시킬 필요성을 깨닫게 한다. 결과적으로 하느님께서 우리를 택하셨다는 이 확신은, 우리가 영적 지도자들을 따를 때 장애물을 이기기 위해 필요한 원동력이 된다.

 (나) 그러므로 하느님께서 우리를 택하셨다는 이 확신에 따라 행동하는 습관을 들이는 것은 용덕을 실천하는 데 매우 중요하다. 그러기에 우리는 순간적인 영감(靈感)이나 급작스러운 정열적인 충동이나 개인적인 이익에 이끌려 다니지 않도록 자신을 내버려두지 말아야 한다. 오히려 우리는 스스로에게 행동하기

---

109) 1고린 1, 27-28.

전에 이렇게 말해야 할 것이다. "이것이 영원에 무슨 보람이 있습니까?"(quid hoc ad aeternitatem?).

우리가 실천하는 행동이 영원한 행복이신 하느님께 가까이 가게 하는 행동인지? 만일 그렇다면 영혼은 그것을 실천할 것이고, 그렇지 않다면 그 행동을 그만두어야 한다. 이렇게 용덕은 영혼을 이끌어 주면서 우리로 하여금 확신을 따라 살게 하고, 또 강하게 한다.

1097 (3) 영혼은 영성생활의 어려움을 잘 극복하기 위해, 그 어려움을 예견하고 대적(對敵)하기 위해 용기로 무장해야 한다. 그러나 영혼은 어려움을 너무 과장하지 말고 자신에게 주어진 좋은 기회를 하느님의 도움에 의지하도록 한다. 이미 예상(豫想)된 어려움은 벌써 반쯤 극복한 것이나 다름없다.

1098 (4) 끝으로, 하느님의 사랑처럼 영혼을 용감하게 하는 것이 없다는 사실을 잊어서는 안 된다. "사랑은 죽음처럼 강한 것이다"(fortis est ut mors dilectio).[110]

만일 어린이를 보호하려는 어머니의 사랑이 그처럼 용감하고 대담하다면, 영혼 안에 깊이 뿌리내린 하느님의 사랑은 무엇과 비교할 수 있겠는가? 즉 순교자·성인·동정녀·선교사들을 만들어 낸 것이 바로 하느님의 사랑이 아닌가?

사도 바오로가 자기 자신이 겪은 시련과 박해(迫害)와 고통들을 이야기했을 때, 우리는 그와 같은 역경(逆境) 중에서도 용기를 지탱해 준 힘이 무엇인가를 자문하게 된다. 이 때 영혼은

---

110) 아가 8, 6.

자신에게 그것은 다름 아닌 그리스도께 대한 사랑이라고 말할 것이다. "그것은 그리스도의 사랑이 우리를 그토록 강요하고 있기 때문입니다"(Caritas enim Christi urget nos).[111]

그러므로 영혼은 자기 자신의 장래에 대해 아무런 근심을 할 필요가 없다. "그러므로 누가 감히 우리를 그리스도의 사랑에서 떼어 놓을 수 있겠습니까?"(quis nos separabit a caritate Christi?).[112]

그리고 사도 바오로는 예상할 수 있는 고난(苦難)들을 열거하면서 다음과 같이 덧붙인다. "죽음도 생명도 천사들도… 현재의 것도 미래의 것도, 능력의 천신들도… 그 밖의 어떤 피조물도 우리 주 예수 그리스도를 통해서 나타날 하느님의 사랑에서 우리를 떼어놓을 수 없습니다."[113]

또 사도 바오로의 말은, 모든 그리스도인은 하느님을 충실하게 사랑해야 한다는 것이다. 그 때 영혼은 하느님의 권능에 참여할 수 있게 될 것이다. "하느님, 당신은 내 굳센 힘이 되시나이다"(quia tu es Deus, fortitudo mea).[114]

---

111) 2고린 5, 14.
112) 로마 8, 35.
113) 로마 8, 38-39.
114) 시편 42, 2.

제4장 절 제(節制)[115]

만일 용기가 두려움을 없애기 위해 필요한 덕이라면, 절제는 우리를 하느님으로부터 쉽게 돌아서게 하는 쾌락(plaisir)에 대한 성향을 절제하는 데 필요한 덕이다.

1099 절제의 덕은, 특히 촉각(觸覺)과 미각(味覺)의 감각적인 쾌락에 대한 성향을 절제하게 한다. 그래서 절제의 덕은 우리의 쾌락을 정숙(靜肅)한 범위 안에 포함시키는 초자연적 윤리덕이다.

그래서 절제의 대상은 모든 감각적인 쾌감에 있다. 특히 절제는 우리 삶의 두 가지 체질적인 기능과 연결되어 있다. 즉 우리가 먹고 마시는 행위와 또 개인의 생명과 인류 보존을 목적으로 하는 행위이다.

절제는 우리의 초자연적이고 올바른 목적을 위해 때로는 쾌락을 사용하게 한다. 그러나 어디까지나 믿음과 이성(理性)의 규범에 따라 절제를 사용해야 한다. 그리고 정확하게 말해서, 쾌락은 매력적이기에 정확한 한계를 쉽게 벗어나게 한다. 그러므로 이성(理性)이 쾌락의 열정을 바르게 지배하기 위해, 절제는

---

115) 성 토마스, 2부 2편, 141-170문; Scaramelli, *Guide ascétique*, IIIe Traité, art. 4; Ribet, *Vertus*, ch. XLIII-XLVIII; Ch. de Smedt, t. II, p. 268-342; P. Janvier, *Carême*, 1921 et 1922.

우리에게 쾌락이 허락된 것이라 하더라도 가끔 우리를 고행(苦行)으로 이끈다.

이제 우리는 절제의 덕에 대한 원칙에 따라 세부적으로 이 문제들을 짚어 볼 것이다. 우리는 이미 제864항에서 탐식(貪食)과 연결된 쾌락을 절제하기 위해 따라야 할 규범들을 충분하게 다루었다. 여기서는 이와 같은 종류의 쾌락을 조절하는 정결의 문제를 다루기로 한다. 그 다음, 우리는 절제의 덕과 연결되어 있는 두 가지 덕목, 즉 겸손과 온유(溫柔)에 대하여 살펴 볼 것이다.

제1절
정　결[116]

1100　(1) 정결(貞潔)의 개념

정결은 육감적(肉感的)인 성적(性的) 쾌락의 무질서함을 없애는 데 그 목적을 가지고 있다. 그런가 하면 이 성적 쾌락은 합법적인 결혼으로 인해 탄생되는 생명을 통해 종족을 보존하게 한다. 그래서 이와 같은 사랑의 열매를 맺는 행위 이외의 모든 쾌락은 엄격하게 금지된다.

이러한 이유로 인해, 정결을 천사(天使)의 덕이라고 불린다. 왜냐하면 정결은 우리를 본성적으로 순결한 천사들과 가깝게 하

---

116) 까시아노, Conf. XII; S. J. Climaque, *Echelle*, degré XV; 성 토마스, 2부 2편, 151-156문; Rodriguez, P. III, tr. IV, 정결에 대하여, 성 프란치스코 살레시오, *Vie dévote*, IIIe P., ch. XII-XIII; J. J. Olier, *Introduction*, ch. XII; S. Liguori, *Selva*, IIe Part., Instr. III, 사제의 정결; Mgr. Gay, 삶과 덕, tr. X; Valuy, 수도자들의 덕, 정결; P. Desurmont, 성직자의 정결, §77-79; Mgr. Lelong, 성스러운 사제직, 12e Conf.

기 때문이다. 이 정결의 덕은 고행으로 자신의 육체와 감각을 억제하고 단련시킴으로써 실천이 가능한 엄격한 덕이다. 또 정결은 작은 의지적인 무력함을 통해서도 손쉽게 손상되는 예민한 덕이다. 그 때문에 이 정결의 덕은 마음의 격정(激情)에서 오는 지배(支配)에 대항하여 끊임없이 용감하게 싸워야만 지킬 수 있기 때문에 이 덕의 실천은 매우 어렵다.

1101 (2) 정결의 단계

① 정결의 덕에는 여러 단계가 있다. 첫 번째 단계는, 이 덕에 반대되는 모든 생각과 상상 및 느낌에 공감(共感)하기를 조심스럽게 피하는 데 있다.

② 두 번째 단계는, 이 정덕(貞德)의 빛을 흐리게 하는 감상과 영상(映像), 그리고 모든 생각들을 단호하게 즉시 멀리하는 것이다.

③ 세 번째 단계는, 영혼이 오랫동안 하느님을 사랑하는 실천을 통해서 얻을 수 있는 덕이다. 이 단계에서 영혼은 자신의 생각과 감각을 어떻게 잘 조절하는지를 살펴본다. 그래서 이 단계의 의무에서는 정결에 관한 모든 문제를 평온하고 침착하게 다루게 된다.

④ 끝으로 성 토마스의 말처럼 정결의 위험에서 벗어난 후, 영혼은 예외적인 특전(特典)으로 인해 어떤 무질서한 움직임도 없는 단계가 온다는 것이다.

1102 (3) 정결의 종류

정결에는 두 종류가 있다. 합법적인 결혼을 한 사람에게 적용되는 부부간의 정결과 결혼하지 않은 사람에게 적용되는 동정(童

貞)의 정결이 있다. 이제 우리는 먼저 부부간의 정결을 간단하게 알아본 후, 후자를 설명하도록 하겠다. 이 후자는 특히 성직자 또는 수도자로써 독신(獨身)을 서약한 사람들에게 해당된다.

I. 부부간의 정결

1103 (1) 부부(夫婦)간의 정결에 대한 원칙

사도 바오로의 교의(敎義)에 따르면 그리스도인 부부에게, 그들의 결혼은 그리스도와 당신의 교회 사이에 존재하는 거룩한 일치의 상징이란 사실을 언제나 잊지 말아야 한다는 것이다. "남편된 사람들은 그리스도께서 교회를 사랑하셔서 당신의 몸을 바치신 것처럼 자기 아내를 사랑하십시오. 그리스도께서는 물로 씻는 예식과 말씀으로 교회를 거룩하게 하시려고" 하셨다.[117]

그러므로 부부는 서로 사랑하고 존경하며 성화되어야 한다(제591항). 이와 같은 부부간의 정결에 대한 사랑은 확고한 마음의 일치이며, 그 결과 서로에 대한 신성 불가침(神聖不可侵)의 성실함에 있다.

1104 (2) 부부 상호간의 정결에 대한 성실성

ㄱ) 여기서 우리는 성 프란치스코 살레시오의 말을 빌려 그의 생각을 다음과 같이 요약하고자 한다.

"그러므로 남편은 아내를 위해 온 마음을 다하여 항구하고 다정한 사랑을 갖도록 노력해야 할 것입니다…. 만일 아내가 남편에게 성실함을 원한다면, 아내는 먼저 자신의 모범을 남편에

---

117) 에페 5, 25.

게 보여 주어야 할 것입니다."라고[118] 강조한다.

성 그레고리오 나지안즈(S. Grégoire Nazianzene)도 부부간의 정결(貞潔)을 다음과 같이 말한다. "남편이 아내의 정결을 원한다면, 자신이 먼저 정결하게 살아야 하지 않겠습니까?…. 그리고 아내들이여, 당신들의 순결을 더럽힐 어떤 타락도 허락하지 말고, 당신들의 영광을 조심스럽게 지키십시오. 또 아내들의 명예는 정결과 고결한 품위와는 떼어놓을 수 없이 맺어져 있다는 사실을 명심하십시오. 그리고 정결에 대해서는 어떤 하찮은 것이라 하더라도 악(惡)이 되는 온갖 종류의 공격을 두려워하십시오. 또 여러분의 주위에 그대의 환심을 사려는 사람들을 조심하십시오. 누구든지 당신의 아름다움과 우아(優雅)함을 칭찬할 때는 교만해지지 않도록 해야 합니다….

그러나 만일 누가 당신을 칭찬하면서, 당신 남편에 대한 경멸을 덧붙인다면, 그는 당신에게 대단한 모욕을 준 것입니다. 이러한 행위는 그가 당신이 타락하게 하기를 원하는 것만이 아니라, 이미 반쯤 타락한 것으로 당신을 취급하는 행위가 됩니다."[119]

ㄴ) 참된 신심(信心, dévotion)의 실천은 부부 상호간의 성실성을 보다 깊게 보장해 준다. 특히 부부간의 성실성은 공동으로 드리는 기도만큼 더 효과적인 방법은 없다.

여기에 대하여 성 프란치스코 살레시오는 다음과 같이 표현한다. "그래서 아내된 사람들은 남편이 신심의 단맛을 느끼고 신뢰하기를 갈망해야 합니다. 왜냐하면 신심이 없는 남자는 대개 이기적이고 때로는 매우 거칠기 때문입니다. 그리고 남편도 아내가

---

118) *Vie dévote*, IIIe P., ch. XXXVIII.
119) *Orat.*, XXXVII, 7.

열심한 신심을 갖도록 원해야 합니다. 왜냐하면 신심이 없는 여자는 덕(德)을 쉽게 손상시키고 잃어버리게 하기 때문입니다."

ㄷ) "그러기에 부부들은 상호간의 갈등이나 대립에 빠지지 않기 위해, 함께 화를 내지 않도록 주의하면서 서로 신뢰를 갖도록 노력해야 합니다."[120]

1105 (3) 부부간의 정결에 대한 의무

정결에서 부부의 사랑은 서로를 존중하고, 정결에 대한 그 의향이 순수해야 한다.

(가) 정결에 대한 사랑의 의향은 마치 토비아가 사라를 아내로 맞아 들였을 때의 것과 같아야 한다. "하느님, 내가 지금 이 여자를 내 아내로 맞는 것은 음욕(淫慾) 때문이 아니라, 아이를 낳아 당신의 이름이 세세 대대에 찬양받으시기를 원하는 단 하나의 열망 때문이라는 것을 당신은 알고 계십니다."[121]

이와 같은 토비아의 사상은 교회의 결혼관에 대한 원초적(原初的)인 목적을 잘 제시해 주고 있다. 즉 결혼을 통해 얻는 사랑의 열매인 자녀들을 하느님 안에서 키우고, 그리스도인적 생활과 신심을 가르치면서 하늘나라의 시민(市民)이 되게 하는 것이다. 부부간의 정결에 대한 두 번째 목표는, 삶의 고통을 감당하는 데 함께 서로 도와 주고 정결의 의무에 충실하면서 사랑의 열정에서 승리하는 것이다.

1106 (나) 위에서 말한 것처럼, 정결의 덕은 부부간의 의무를[122]

---

120) *Vie dévote*, IIIe P., ch. XXXVIII.
121) 토비 8, 9.
122) 성 프란치스코 살레시오, *Vie dévote*, IIIe P., ch. XXXIX.

숨김없이 충실하게 완수하게 한다. 정결은 생명의 잉태를 용이하게 하는 합법적이고 고귀한 덕이다. 그러나 정결의 이 원초적인 목적에 장애가 되는 의도적인 모든 행위는 결혼의 첫 번째 목적을 거스르기에 중죄(重罪)가 된다.

이제 우리는 부부간의 정결에 대한 사도 바오로의 다음과 같은 말을 고려해야 할 것이다. "서로 상대방의 요구를 거절하지 마십시오. 만일 기도에 전념하기 위해서 서로 합의하여 얼마 동안 떨어져 있는 것은 무방합니다. 그러나 자제하는 힘이 없어서 사탄의 유혹에 빠질지도 모르니 그 기간이 끝나면 다시 정상적인 관계로 돌아가야 합니다."[123]

(다) 정결에 대한 절제는 덕으로써 부부간의 의무를 바르게 성취하도록 도와 준다. 그런가 하면 정결은 때로 건강을 위해 절제의 기간을 요구하는 경우가 있다. 우리는 쾌락을 정결의 의무에 종속시킴으로써, 성사들(sacrements)을 통해 육욕(肉慾)의 강렬한 열망에서 벗어날 수 있다. 그러므로 우리는 기도로써 엄격한 정결의 덕을 실천할 수 있다. 즉 우리는 정결의 덕을 실천하기 위해 하느님의 은총을 항상 받을 수 있다는 사실을 기억할 필요가 있다.

II. 동정(童貞, continence) 또는 독신

1107 정결에서 절대적인 동정은 정당한 혼인 관계로 일치되지 않은 모든 영혼에게는 주어진 의무이다. 그러므로 이 동정에 대한 금욕은 결혼하기 전에 모든 사람들이 지켜야 한다. 물론

---

123) 1고린 7, 5.

각자의 처지에 따라 배우자(配偶者) 없이 독신(獨身) 생활을 하고 있는 모든 사람들도 이 동정을 지켜야 한다.[124]

그러나 성직자와 수도자들과 또 이 세상에서 평생 동정(童貞)으로 금욕을 실천하는 데 불림 받은 숭고한 영혼들이 있다. 이와 같은 영혼들이 보다 완전하게 동정을 지킬 수 있도록 교회 공동체는 각각 특별한 규칙을 두고 있다.

그런데 정결은 다른 덕에 의해 보호되지 않으면 유지될 수 없는 예민하고 연약한 덕이다. 즉 이 정결의 덕을 보호하기 위해서는 마음의 보루(堡壘)가 필요한 성채(城砦, citadelle)와 같다. 이 보루는 다음 네 가지로 구분할 수 있다.

① 겸 손 : 자신만을 믿는 교만과 위험한 기회를 피하게 한다.

② 고 행 : 쾌락에 대한 애착과 싸우며, 악을 그 뿌리에서 잘라 낸다.

③ 각자 신원(身元)에 따른 의무 실천 : 나태(懶怠)의 위험을 예방한다.

④ 하느님의 사랑 : 우리의 마음을 가득 채우고, 위험한 애정에 노출되는 것을 막아 준다.

위와 같은 이 네 가지는 영혼으로 하여금 악의 공격을 물리치게 할 뿐만 아니라, 순결(純潔)을 완성시켜 준다.

(1) 정결의 수호자인 겸손

1108 정결의 덕은 영혼에게 많은 위험을 벗어나게 하는 피난

---

[124] 성 프란치스코 살레시오의 독신자들을 위한 탁월한 권고를 보라. *Vie dévote*, IIIe P., ch. XL.

처로 다음과 같은 겸손의 세 가지 주요한 자세를 일깨워 준다. 즉 겸손은 자기 자신만을 믿지 말고 하느님을 신뢰하도록 한다. 그리고 겸손은 영혼의 위험한 기회를 피하게 한다. 끝으로 겸손은 영적 지도자에게 죄를 솔직하게 고백하도록 도와 준다.

(가) 겸손은 정결에서 자기 자신만을 믿지 말고 하느님을 신뢰하도록 한다. 왜냐하면 많은 영혼들이 교만(驕慢, orgueil)과 잘못된 선입견(先入見, présomption)으로 빠져 버리기 때문이다.

그래서 사도 바오로는 자기 지식(知識)에 자만(自慢)하면서, 신앙이 없는 철학자들에 관하여 다음과 같이 지적한다. "인간이 이렇게 타락했기 때문에 하느님께서는 그들이 부끄러운 욕정에 빠지는 것을 그대로 내버려두셨습니다…"(Propterea tradidit illos Deus in passiones ignominiae…).[125]

올리에(M. Olier) 신부는 이 점에 대하여 다음과 같이 설명한다. "하느님께서는 한 영혼 안에 뿌리내리고 있는 교만을 끝까지 굴복시키십니다. 그리고 하느님께서는 영혼의 나약함을 스스로 인정하도록 하십니다. 더 나아가 하느님께서는 영혼이 자기 혼자서는 선을 실천하고 악에 대항할 수 없다는 사실을 알게 해 주십니다….

그런가 하면, 하느님께서는 영혼이 무서운 유혹에 빠지는 것을 허락하십니다. 왜냐하면 영혼에게 가장 부끄러운 것이 바로 교만이고, 이 교만은 영혼 안에 큰 혼란을 남겨 놓기 때문입니다."

그 반면에, 자기 스스로 순결(純潔)하게 될 수 없다고 느끼는 영혼들은, 네리의 성 필립보(S. Philippe de Néri)와 함께 겸손하

---

125) 로마 1, 26.

게 하느님께 기도를 드리게 된다. "하느님, 필립보를 너무 믿지 마십시오. 어쩌면 필립보가 당신을 배반할 지도 모릅니다."

1109 ㄱ) 겸손은 정결에서 자기 자신을 믿지 않도록 불신(不信)하게 한다.

① 겸손은 자기 자신만을 믿지 않도록 죄인에게 그 필요함을 느끼게 한다. 왜냐하면 영혼에게 정결의 위험이 닥쳤을 때, 은총 없이는 다시 죄에 떨어질 것이기 때문이다. 그런가 하면 겸손은 자기만을 믿지 않는 죄가 없는 영혼에게도 필요하다. 특히 영혼에게 정결에 대한 위험이 왔을 때, 악을 거스르는 싸움에 경험이 없는 그들은 자연 두려워하기 때문이다.

② 정결에서 겸손은 자기 자신만을 믿지 않는 자세를 삶의 마지막까지 보존되어야 한다. 이 말은 솔로몬(Salomon)이 여인들의 사랑에 빠졌을 때 그는 젊은 나이가 아니었다. 또 순결한 수잔(Suzanne)을 유혹한 것도 역시 늙은이들이었다. 원숙(圓熟)한 나이에 이른 영혼을 공격하는 악마는 그가 이겼다고 믿는 그만큼 더 위험할 수 있다. 정결에 대한 경험은 육체의 욕정(欲情)에 대한 불꽃이 잿더미 속에 숨어 있다 하더라도, 그 불꽃은 언제나 새로운 열정으로 다시 타오를 수 있다는 것을 보여 준다.

③ 겸손은 자기 자신만을 믿지 않는 가장 거룩한 영혼에게조차 더욱 필요하다. 악마는 언제나 평범한 영혼들보다 성인들을 정결의 죄에 넘어뜨리기 위해 그들에게 더욱 위험한 함정을 판다. 이러한 악마의 모습에 대하여 성 에로니모는 그의 편지에서 여러 번 지적하였다.[126] 그리고 성인은 정결을 거룩하고 지혜롭게 오랫

---

126) *Epistola* XXII, ad Eustochium, *P. L.*, XXII, 396.

동안 지켰다고 해서 잠시도 안심해서는 안 된다고 결론짓는다.[127]

1110 ㄴ) 정결을 거스르는 유혹에 대한 경계심(警戒心)은 하느님께 대한 전적인 신뢰가 동반되어야 한다. 왜냐하면 하느님께서는 영혼에게 자기 자신의 힘을 능가하는 유혹은 허락하지 않으시기 때문이다. 즉 하느님께서는 영혼에게 언제나 불가능(不可能)한 것은 요구하지 않으신다. 하느님께서는 영혼에게 정결의 유혹을 이길 수 있는 은총을 직접 내려 주시든지, 아니면 가장 효과적인 기도의 은총을 주실 것이다.[128]

이 점에 대하여 올리에(Olier)도 다음과 같이 말한다. "우리는 정결의 유혹을 이길 힘을 얻기 위해, 예수 그리스도와 내적으로 깊이 일치해야 합니다…. 예수님은 이 유혹의 길에서 우리의 무력함을 아시고 당신의 도우심을 깨닫도록 유혹 당하기를 원하십니다. 그리고 이 유혹에 대한 우리의 부족한 힘을 끌어들이기 위해 당신 안에 우리가 깊이 은거(隱居)하기를 원하십니다." 그리고 만일 정결에 대한 유혹이 매우 집요(執拗)할 때, 영혼은 하느님의 도움을 간청해야 할 것이다.

올리에는 계속해서 말하기를, "이와 같이 하느님의 은총을 간청하는 기도의 자세는, 정결의 유혹에 넘어지기보다는 차라리 순교자와 함께 모든 고통을 더 받겠다는 단호한 속죄의 의지이기 때문입니다."[129]

---

127) *Ep.* LII, ad Nepotianum, *P. L.*, XXII, 531-532: "Nec in praeteritâ castitate confidas: nec David sanctior, nec Salomone potes esse sanctior. Memento semper quod paradisi colonum de possessione suâ mulier ejecerit."
128) "Nam Deus impossibilia non jubet, sed jubendo, monet et facere quod possis, et petere quod non possis, et adjuvat ut possis."(*Trident.*, sess. VI, cap. II, Denz., 804).

이처럼 영혼이 조심스럽게 정결의 유혹에 대처했다면, 우리는 하느님의 도우심을 분명히 확신할 수 있을 것이다. "하느님은 신의가 있는 분이십니다. 하느님께서는 여러분에게 힘에 겨운 시련을 겪게 하지는 않으십니다. 시련을 주시더라도 그것을 극복하고 벗어날 수 있는 길을 마련해 주실 것입니다"(Fidelis est Deus qui non patietur vos tentari supra id quod potestis, sed faciet etiam cum tentatione proventum).[130]

그러므로 정결에 대한 유혹이 오기 전에는 너무 두려워하지 않아야 한다. 오히려 두려움은 유혹을 불러 일으키게 하는 방법이 될 수도 있다. 또 정결의 유혹이 우리를 엄습(掩襲)했을 때, 우리가 하느님께 피신하고 있다고 해서 무적(無敵)이라고 안심해서도 안 된다.

1111 (나) 겸손은 영혼으로 하여금 정결에 대한 위험한 기회를 피하게 한다.

ㄱ) 남녀간의 성(性)이 다른 사람들 사이에 있을 수 있는 호감은, 때로 정결의 위험한 기회를 독신생활에 봉헌된 사람들에게 제공할 수 있다. 그러므로 서로 건전하지 않는 만남을 통해 정결에 대한 위험을 피해야 한다.[131]

이미 제546항에서 살펴보았듯이, 여성들의 영적 지도를 가능

---

129) *Introduction*, ch. XII.
130) 1고린 10, 13.
131) 이것은 성 예로니모가 사랑하는 네뽀띠안에게 권고한 말이다. "Hospitiolum tuum aut raro aut numquam mulierum pedes terant… Si propter officium clericatûs, aut vidua a te visitatur, aut virgo, nunquam solus introeas. Tales habeto socios quorum contubernio non infameris… Solus cum solâ, secreto et absque arbitro, vel teste non sedeas… Caveto omnes suspiciones, et quidquid probabiliter fingi potest, ne fingatur, ante devita. (*Epist*. LII, *P. L.*, XXII, 531-532)

하면 고백소에서 하도록 권장하는 이유는 바로 이 때문이다. 여기에 영적 지도자가 지켜야 할 두 가지가 있다. 즉 그 영혼의 덕(德)과 인기(人氣)이다. 이 두 가지는 정결에서 볼 때 매우 극단적인 주제이다.

ㄴ) 상냥한 외모와 명랑하고 순진한 성격을 가진 어린이들 역시 정결에 대한 위험의 대상이 될 수 있다. 불행하게도 가끔 어린이들을 대상으로 하는 정결을 거스르는 성적 범죄가 바로 이와 같은 경우이다. 그래서 순수하게 바라보고 쓰다듬기를 좋아하는 것도 지나칠 때 조심해야 할 것이다.

1112 ㄷ) 일반적으로 겸손은 영혼으로 하여금 정결을 거스르는 수많은 쾌락에 대한 욕망을 피하게 해 준다. 그리고 겸손은 정결에 반대되는 허영(虛榮)에서 유래하는 욕망으로부터 벗어나게 한다. 더 나아가 겸손은 사람들의 외적 차림새, 습관, 불순한 눈길, 감미로운 언어, 몸치장 등을 통해 나타내는 과도한 자아도취(自我陶醉)에서 이탈하게 한다.[132]

위와 같은 겸손에 반대되는 행동들은 특히 성직자나 수도자들에게도 가끔 지적되는 모습들이다. 그래서 이 평판(評判)은 그들의 사도직의 삶을 흐리게 하기도 한다.

1113 (다) 끝으로 겸손은 영적 지도자에게 자기 자신의 죄를 솔직히 고백하게 한다. 그리고 겸손은 영혼으로 하여금 영적 지

---

132) 성 예로니모는 이 버릇들을 아주 잘 묘사하고 있다. "Omnis his cura de vestibus, si bene oleant, si pes, laxâ pelle, non folleat. Crines calamistro vestigio rotantur; digiti de annulis radiant: et ne plantas humidior via aspergat, vix imprimunt summa vestigia. Tales cum videris, *sponsos* magis aestimato quam clericos." (*Epist.* XXII, *P. L.*, XXII, 414).

도자에게 정결의 유혹을 피할 수 있도록 마음을 열도록 도와준다.

영(靈)의 식별(識別, discernement)에 관한 성 이냐시오의 세 번째 규칙에서, "인간 본성의 원수가 농간(弄奸)과 책략(策略)으로 정직한 영혼을 속이려 할 때, 영혼은 원수의 말을 듣고 비밀을 간직하기를 원합니다. 그러나 만일 영혼이 영적 지도자나 또는 지혜로운 사람에게 원수의 간교함과 속임수의 모든 것을 고백한다면, 인간 본성의 원수는 큰 불만을 갖게 될 것입니다. 왜냐하면 이 때 원수의 모든 속임수는 무능력해 질 것이며, 자신에 대한 유혹이 대낮처럼 환히 드러나게 될 것임을 알기 때문입니다."[133]

특히 지혜로운 영적 지도자의 권고는 정결의 삶을 지키는 데 매우 중요하다. 즉 솔직함과 겸손된 마음으로 지도자에게 자신에 대한 유혹을 밝힘으로써, 영혼은 그 유혹에서 벗어날 수 있게 된다. 그러나 만일 영혼이 자기 자신에게만 의존하면서 다만 죄가 아니라는 이유로, 그냥 지나친다면 유혹의 함정에 쉽게 빠지게 될 것이다.

(2) 정결의 수호자인 고행

우리는 이미 고행(苦行)의 주된 실천과 그 필요성을 제755항-제790항에서 다루었다. 여기서는 다만 고행의 주제와 관련되는 것만을 되새겨 보기로 한다. 영혼에게 음란(淫亂)의 독(毒)이 모든 틈을 통해 배어드는 것처럼, 내적 또는 외적 감각과 마음의

---

[133] *Exercices spirituels*, trad. *Jennesseaux*, p. 313-314.

감동을 자제할 줄 알아야 한다.

1114 (가) 우리가 이미 제771항 이하에서 말한 바와 같이, 육체는 영혼에게 복종하기 위해 단련되고 다듬어질 필요가 있다. "나는 내 몸을 사정없이 단련하여 언제나 민첩하게 움직일 수 있게 합니다. 이것은 내가 남들에게는 이기자고 외쳐 놓고 나 자신이 실격자가 되지 않게 하려는 것입니다"(Castigo corpus meum et in servitutem redigo, ne forte cum aliis praedicaverim ipse reprobus efficiar).[134]

위와 같은 사도 바오로가 말한 원리에서, 영혼은 외적 고행의 실천이나 단식 또는 절제의 필요성을 인식해야 한다. 특히 육체적인 욕망의 열정과 감각적인 절제는 타락한 본성으로부터 이탈하기 위해 절대적으로 필요하다.

1115 ㄱ) 거룩한 사람 욥은 정결의 유혹에 그 대상이 될 수 있는 사람에게 눈이 팔려 그릇되지 않기 위해 자기 자신의 눈과 협약을 맺었었다. "젊은 여인에게 눈이 팔려 두리번거리지 않겠다고 나는 스스로 약속하였네"(Pepigi faedus cum oculis meis, ut ne cogitarem quidem de virgine).[135]

집회서는 정결에 대한 유혹을 말하면서 젊은 여인에게 눈을 두지 말고, 맵시 있는 여인에게 눈길을 돌리지 말라고 당부한다. "처녀에게 눈을 팔지 말아라. 여자와 함께 벌을 받을까 두렵다…. 예쁜 여자를 너무 바라보지 말고 남의 아내의 아름다움에 혹하지 말아라. 왜냐하면 정욕이 불길처럼 타올라, 여자의 미모 때문에

---

134) 1고린 9, 27.
135) 욥기 31, 1.

신세를 망친 사람이 많다"(Virginem ne conspicias, ne forte scandalizeris in decore illius… Averte faciem tuam a muliere compta, et ne circumspicias speciem alienam. Propter speciem mulieris multi perierunt, et ex hoc concupiscentia quasi ignis exardescit).[136]

이와 같이 유혹에서 벗어날 수 있는 모든 권고(勸告)는 매우 심리적이다. 즉 시선(視線)은 상상력을 자극하고 열정을 일으킨다. 그리하여 열정이 의지를 자극함으로써 영혼 안에 죄가 들어오게 된다.

1116 ㄴ) 정결은 우리로 하여금 대화 가운데 혀와 귀를 조심하게 함으로써 절제하게 한다. 그런데 실질적으로는 이 조심성은 우리 사이에서조차 항상 잘 조절되지 않는다.

건전하지 못한 대화는 때로 농담을 통해 호기심을 충족시키려 하고, 상상은 묘사(描寫)된 사건들을 상세히 그려내고 즐긴다. 또 감각은 흥분으로 자극되고, 의지는 금지된 쾌락을 취하는 것으로 끝난다.

그래서 사도 바오로는 나쁜 친구들은 타락의 원인이라고 비난하였다. "나쁜 친구를 사귀면 품행이 나빠집니다"(corrumpunt mores bonos colloquia prava).[137] 그리고 덧붙여서, "추잡한 말과 어리석은 이야기나 점잖지 못한 농담 따위도 하지 마십시오. 성도들에게는 어울리지 않습니다."[138]

경험에서 볼 때, 건전하지 못한 대화로 자극된 나쁜 호기심은 순수한 영혼들을 타락시켰다.

---

136) 집회 9, 5.8.
137) 1고린 15, 33.
138) 에페 5, 4.

1117 ㄷ) 정결에서 육체적 접촉은 영혼에게 매우 위험하다(제 879항).

뻬리베(Perreyve) 신부는 이 정결에 대한 위험을 잘 이해하고 다음과 같이 말한다. "하느님, 저의 손을 영원히 당신께 봉헌합니다. 정말 남김 없이 당신께 봉헌합니다. 제 손은 사제 서품을 통해 삼일 후에 기름으로 축성될 것입니다. 그래서 사흘 후에 제 손은 당신의 살과 피를 만지고 받들 것입니다. 그렇게 함으로써 저는 제 손을 당신의 제단(祭壇)과 예식(禮式)에 경건하게 사용할 것입니다."[139]

우리는 거룩하신 하느님을 자기 손으로 모셨다는 사실을 생각하면서, 순결을 더럽힐 수 있는 모든 것을 삼가해야 할 것이다. 그러므로 우리는 언제나 정결에 대해 매우 조심해야 한다. 정결은 이웃에게 예의(禮儀) 바른 행동을 하게 하며, 무질서한 애정과 열정적인 감정을 절제하도록 한다.

성 바오로의 빈첸시오는 정결에서 이성(異姓) 간의 육체적인 접촉에 대하여 다음과 같이 말한다. "언제나 남녀 간의 육체적인 접촉은 매우 조심해야 합니다. 간사한 정신은 정결을 시험하기 위해 이런 저런 핑계를 잘 이용할 수 있습니다. 악마는 한 영혼을 공격하기 위해 이 육적인 접촉을 통해 갖은 수단과 방법을 이용합니다…. 어떤 이유에서든 이성 간의 육체적 접촉을 갖는 모험은 하지 마시오."[140]

1118 (나) 정결에서 내적 감각은 외적 감각보다 덜 위험하다.

---

139) 성 규칙에 대한 묵상, p. 105, éd. 1874.
140) Meynard, *Vertus de S. Vincent de Paul*, ch. XIX, p. 306.

왜냐하면 눈에서 멀면 마음에서 멀어지기 때문이다. 그러나 우리가 눈을 감고 있더라도 줄곧 머리에서 떠나지 않는 상상과 기억들은 줄곧 우리를 괴롭힌다.

성 예로니모는 가난한 독방에서도, 로마 시내의 환락 가운 데로 그의 상상이 되돌아가는 것 때문에, 은둔 속에서도 괴로워하였다. "아, 나는 유혹의 상상을 키우는 것을 원하지 않습니다. 유혹의 적(敵)은 작을 때 없애 버려야 합니다. 그리고 유혹이 가라지처럼 자라나지 않도록 씨앗일 때 제거해야 합니다"(O quoties ego ipse in eremo constitutus, et in illâ vasta solitudine quae exusta solis ardoribus, horridum monachis praestat habitaculum, putabam me Romanis interesse deliciis).[141]

또 성 예로니모는 유혹에 대한 상상(想像)들을 즉시 쫓아 버리도록 권고했다. 가라지는 자라기 전에 뽑아 버려야 하고 유혹은 커지기 전에 질식시켜야 한다. 그렇지 않으면 영혼은 유혹에 빠져 버리며, 성령의 성전(聖殿)은 악마의 소굴이 되어 버린다. "삼위일체(三位一體)를 모셔 드린 다음 그 자리에 악마들이 날뛰고 마녀들이 깃들지 않게 해야 합니다"(ne post Trinitatis hospitium, ibi daemones saltent et sirenae nidificent).[142]

1119 정결을 거스르는 위험한 상상을 피하기 위해, 애정적인 정욕(情慾)을 사실적(寫實的)으로 생생하게 그려 놓은 책들은 읽지 말아야 한다. 이러한 묘사(描寫)들은 상상력과 육적인 감각을 어지럽게 할 뿐이다. 정결의 유혹들은 끊임없이 몽상(夢想) 속에

---

141) *Epist.* XXII, n. 7, *P.L.*, XXII, 398 : "Nolo sinas cogitationes crescere… Dum parvus est hostis, interfice; nequitia, ne zizania crescant, elidatur in semine."
142) S. Hieronym., *Epist.* XXII, n. 6, *P.L.*, XXII, 398.

서 되풀이되면서 영혼으로 하여금 더욱 생생한 형태의 유혹과 공감(共感)을 이끌어 낸다.

그런데, 성 예로니모에 의하면, 정결은 단지 외적 행위로써만 잃게 되는 것이 아니라, 내적 행위로써도 얼마든지 잃어버릴 수 있다는 것이다.[143]

또 성인은 불필요한 환상(幻想)과 공상(空想)을 절제하도록 권고한다. 정결의 유혹에 대한 경험은 언제나 영혼에게 감각적이고 위험한 인상(印象)을 보여주면서, 그 결과 뒤따라오는 상상들을 의지적으로 끊어 버리도록 도와 준다. 이 때 비로소 상상은 조금씩 의지를 도와 정결의 유혹에서 벗어나게 한다.

이처럼 정결에 대한 올바른 생각은 무엇보다 특히 사제에게 필요하다. 사제는 서품(敍品)으로 인해 고백자의 섬세한 사항의 비밀 이야기를 듣는다. 그러나 사제는 고백소를 나오면서부터 그가 들었던 모든 말들을 의식적이고 의지적으로 그 비밀을 죽을 때까지 지켜야 한다. 그러지 않을 때 사제는 무서운 시련을 겪게 될 것이다. 그로 인하여 사제는 하느님으로부터 은총을 받지 못할 것이다. "모험을 좋아하는 자는 모험으로 망할 것이다" (qui amat periculum in illo peribit).[144]

1120 (다) 마음은 정결에서 가장 고귀하지만, 유혹에서는 매우 위험하기에 고행을 통해 정화(淨化)되어야 한다. 사제나 수도자는 서품이나 서원을 통해 자기 자신들의 마음을 하느님께 봉헌(奉獻)했고, 가정(家庭)을 포기하였다. 그러나 사제와 수도자들의

---

143) *Epist.*, cit., n. 5: "Perit ergo, et mente virginitas."
144) 집회 3, 26.

마음은 언제나 애정(愛情)에 개방되어 있다. 그러기에 그들은 마음의 순결(純潔)을 위해 특별한 은총을 하느님께 간청해야 할 것이다. 이것은 사제와 수도자가 정결의 유혹을 이기기 위해 많은 경계와 노력을 해야 하는 투쟁의 은총이 될 것이다.

독신제(獨身制)를 지키는 축성된 자들이 갖는 공통된 위험 외에도, 사제는 특히 사도직의 수행 가운데서 정결의 유혹에 대한 위험들을 많이 만난다. 사제도 한 인간이기에 무의식으로 자기에게 잘해 주는 사람들을 애착할 수 있게 된다. 그리고 반대로 평신도들도 사제에게 그들의 감사를 표현하고 싶어한다. 이와 같은 만남에서 사제는 먼저 초자연적인 신앙의 모습을 그들에게 심어 주도록 노력해야 한다. 만일 축성된 사제가 특히 정결을 조심하지 않으면 쉽게 자연적으로 감정적인 상호간의 애정이 생기게 된다.

같은 맥락으로 성 프란치스코 살레시오도 다음과 같이 말한다. "자주, 우리는 하느님을 위해 한 사람을 사랑하게 되고 우리는 그를 우리 자신을 위해 사랑하게 된다. 그러면서도 우리는 하느님을 위해서 나는 그 사람을 사랑한다고 말하는 데, 사실은 그 사람과의 관계 속에서 찾을 수 있는 위로를 받기 위해 그를 사랑하는 것입니다."

성 아우구스티누스의 다음과 같은 유명한 글은, 인간의 정신적인 사랑에서 육체적인 사랑으로 전이(轉移)되어 가는 연속적인 단계를 잘 묘사해 주고 있다. "영적(靈的) 사랑이 정적(情的)인 사랑을 낳고, 정적인 사랑은 환심(歡心)을 사려는 사랑을 낳고, 환심을 사려는 사랑은 친밀한 사랑을 낳고, 친밀한 사랑은 육적인 사랑을 낳는다"(Amor spiritalis generat affectuosum, affectuosus obsequiosum, obsequiosus familiarem, familiaris carnalem).

1121 위와 같은 불행을 피하기 위해, 영혼은 가끔 자기 자신 안에 너무 본성적(本性的)이고 감각적(感覺的)인, 우정(友情)의 특별한 표현이 없는지를 살펴보아야 한다.

발뤼(Valuy) 신부는 이러한 우정에 대하여 다음과 같이 요약한다. "어떤 얼굴이 시선(視線)을 사로잡거나, 또 호감(好感)이 가는 말이 가슴을 동요시킬 때 정결에 대한 유혹이 일어납니다. 그리고 애정 어린 인사와 말, 정다운 눈길, 마음을 파고드는 어떤 미소는 아첨(阿諂)이란 유혹을 통해 정결을 거스르게 됩니다.

그 결과 영혼은 하느님께 관한 이야기는 조금만 하고, 자기 자신과 친구의 우정(友情)에 대해서는 수다스럽게 이야기합니다. 그래서 영혼은 서로 용서받고 뽐내며 친구의 칭찬을 아낌없이 합니다. 또 정결의 유혹이 예상되는 장애(障碍)들과 의심, 장상들의 충고를 신랄하게 불평합니다. 그리고 영혼 안에 깊이 새겨진 특별한 열정을 갖기를 원합니다…."[145]

정결에 대한 유혹은 우리가 관계를 맺고 있는 사람들의 신심(信心)만으로는 안심할 수 없다. 왜냐하면 "정결에 의해 영혼이 거룩해질수록 정결은 더욱 매력적이기 때문이다"(quo sanctiores sunt, eo magis alliciunt).

한편 많은 그리스도인들은 사제(司祭)에 대한 애정은 하나도 위험하지 않다고 생각하면서 두려움을 갖지 않는다. 그러나 사제도 정결의 유혹을 받기에 신앙인들과 일정한 거리를 유지할 줄 알아야 한다.

---

145) *Vertus religieuses*, p. 73-74.

(3) 사제의 직무에 대한 연구

1122 영성생활에서 사제에게 가장 필요한 고행 중의 하나는, 자기의 직무(職務)를 충실히 완수하고 교회 사목을 열성적으로 전념함으로써 한가함을 피하는 것이다. 이렇게 함으로써, 사제는 자신의 사목생활에서 나태의 위험을 피할 수 있다. "게으름은 온갖 나쁜 짓의 선생이다"(multam malitiam docuit otiositas).[146]

악마는 자기 직무에 충실한 한 영혼을 유혹하는 노력으로, 게으른 사람 백 명을 유혹할 수 있다. 만일 영혼이 자기 직무에 충실하지 않는다면 어떻게 될 것인가?

이러한 영혼은 헛된 몽상(夢想)과, 하찮은 책을 읽으며 사목생활에서 방문(訪問)을 길게 한다. 그리고 사제의 직무 수행에서 위험한 대화를 나누고, 상상은 헛된 추억으로 가득 차 마음이 감각적인 애정으로 흐르도록 내버려둔다.

만일 영혼이 정결의 유혹에 열려 있다면 그 결과는 유혹에 굴복하는 것으로 끝맺을 것이다. 그 반대로 사제의 직무와 사도직에 전념하면서 정신이 건전하고 구원의 생각으로[147] 가득 차 있다면, 마음은 고귀하고 정결한 사랑에 이끌리게 될 것이다.

만일 어떤 유혹의 순간이 오더라도, 꾸준히 사제의 직무에 충실한다면, 그는 자제력을 통해 유혹을 아주 빨리 잊어버리게 될 것이다.

1123 그러므로 사제와 신학생들에게 요구되는 성직자의 직무

---

146) 집회 33, 28.
147) "Ama scientiam Scripturarum, et carnis vitia non amabis… Facito aliquid operis, ut te semper diabolus inveniat occupatum"(S. Hieronymus, *Epist.*, CXXV, *P.L.*, XXII, 1078).

에 대한 연구는, 사제로 하여금 사도직의 삶에 더욱 열심하도록 정결의 유혹에서 떼어놓는다. 그리고 사목 생활에서 나태(懶怠)를 피하게 하고, 주어진 휴가나 방학 때까지도, 매 순간을 유용하게 쓸 줄 알게 한다. 사도직을 위한 연구는 계획과 함께 사제의 직무를 열정적으로 완수하게 하고 지속적으로 실천하게 한다.

(4) 성모님과 예수님을 위한 열절한 사랑

1124 만일 사도직(司徒職)이 정결의 위험에서 영혼을 보호해 준다면, 하느님의 사랑은 인간의 감각적 사랑에서 우리 마음을 보호해 주고, 또 많은 유혹을 피하게 한다.

인간의 마음은 사랑하기 위해 만들어졌다. 그러기에 사제직과 수도직분(修道職分)은 인간 본성의 정감적 사랑을 외면하지 않고, 오히려 이 사랑을 초자연화 시키도록 도와 준다. 만일 온 마음을 다해 하느님을 사랑하고 모든 것 위에 예수님을 사랑한다면, 우리는 피조물에 대한 사랑에만 집착하지 않을 것이다.

이것은 성 클리막(Climaque)의 지적이다. "덕(德)이 있는 영혼들의 정신 안에는 하늘의 아름다움이 너무나 깊이 새겨져 있기 때문에, 이 세상의 아름다움에는 눈을 돌리지 않습니다. 그리하여 이 영혼들은 인간들의 마음을 사로잡는 열정에 휩싸이지 않게 됩니다."[148]

1125 영혼이 정결의 덕에 이르기 위해서는 예수님께 대한 사랑은 더욱 열렬하고 용기 있어야 한다. 이 때 비로소 영혼은

---

148) *L'Echelle*, Degré XV, 7.

세 배로 다음과 같은 이익을 얻게 된다.

① 하느님의 사랑이 우리의 정신과 마음을 가득 채우기에, 인간적인 사랑은 바라지 않게 된다. 만일 인간적인 사랑이 가끔 우리 안에 스며들더라도, 영혼은 성녀 아네스의 말을 되풀이하면서 거절한다. "나는 천사들이 시중드는 분한테 정혼(定婚)된 몸입니다. 그분의 아름다운 자태(姿態)는 해와 달도 찬탄할 따름입니다"(Ipsi sum desponsata cui Angeli serviunt, cujus bulchritudinem sol et luna mirantur).

권위(權威)와 선(善)과 아름다움이 충만하신 분 앞에서, 모든 피조물은 사라지며 아무런 매력(魅力)마저 없다는 사실은 명백하다.

② 우리의 우상(偶像) 때문에 고통받으시는 예수님은, 우리가 본성적인 애정에 빠질 불행이 닥치면 강하게 질책(叱責)하실 것이다. 그리고 예수님의 질책 덕분에 우리는 유혹과 싸우기 위해 더욱 강해질 것이다.

③ 마침내 예수님은 직접 당신의 사랑에 전념하는 영혼들의 마음을 철저하게 보호하실 것이다. 그러므로 예수님은 우리의 위험한 순간에 도와주실 것이며, 피조물들의 유혹에 대항해서 우리를 강하게 하실 것이다.

이와 같이 예수님께 대한 용기 있는 영혼의 사랑은 기도와 성체조배(聖體朝拜), 그리고 영성체(領聖體)를 통해 커 나갈 것이다. 이미 제153항에서 말했던 것처럼, 예수님과 성모님을 위한 사랑은 내적인 일치의 삶으로써 지속적 이여야 한다.

1126 여기에 우리는 원죄 없으신 동정녀에 대한 신심을 덧붙인다. 이 동정녀의 이름은 순결과 신뢰를 불러 일으킴으로써 유

혹에서 벗어나게 한다. 그러나 만일 인자하신 어머니께 특히 자신을 봉헌한다면(제170항-제176항), 성모님은 우리를 보살펴 주시고, 유혹들을 물리치도록 도와 줄 것이다. 그러므로 우리는 정결의 유혹에 들지 않도록, 특히 '바다의 별이신 성모'의 노래를 즐겨 부르자.

> 순결한 동정녀
> 겸손의 거울이여
> 우리 죄인들을
> 항상 보호하여 주소서.[149]

그리고 만일 우리가 유혹의 싸움에서 졌을 때, 원죄(原罪)없으신 마리아의 성심(聖心)이 모든 죄인들의 피난처라는 사실을 잊지 말아야 한다. 그리고 마리아께 더욱 열렬히 기도하면서 사죄(赦罪)의 은총을 간청해야 할 것이다.

제2절
겸 손[150]

---

149) Virgo singularis/ Inter omnes mitis/ Nos culpis solutos/ Mites fac et castos.
150) Cassien, Conf., XVIII, ch. XI; S.J. Climaque, *Echelle*, XXV; S. Bernardus, *De gradibus humilitatis et superbiae*; S. Thomas, II^a II^{ae} q.161; Rodriguez, P. II, Tr. III, de l'humilité; 성 프란치스코 살레시오, *Vie dévote*, IIIe P., ch. IV-VII; J.J. Olier, *Introduction*, ch. V; L. Tronson, *Tr. de l'humilité*; Scaramelli, *Guide ascétique*, tr. III, art. XI; S. Liguori, *La véritable épouse*, ch. XI; Mgr Gay, *Vie et vertus*, tr. VI; V. Libermann, *Ecrits spirit.*, De l'humilité; Beaudenom, *Formation à l'humilité*; Ch. de Smedt, *Notre vie surnat.*, t. II, p. 305-342; D. Col. Marmion, *Le Christ idéal du moine*, XI, p. 277-333.

겸손의 덕은 어떤 면에서 볼 때 정의와 연관된 것으로 볼 수 있다. 왜냐하면 겸손은 영혼을 정당하게 대우(待遇)하기 때문이다. 그럼에도 불구하고 우리는 일반적으로 겸손을 절제(節制)의 덕과 관련짓는다. 그 이유는 겸손은 자신이 누구보다 우월(優越)하다고 여기는 감정을 절제시켜 주기 때문이다.

I. 겸손의 본질

1127 (1) 겸손의 덕은 신앙이 없는 사람들이 잘 이해하지 못하는 덕목(德目)이다. 그들에게 있어서, 겸손은 수치스럽고 굴욕적이며, 천하고 비열한 것들을 가리킨다. 유다인들에게 있어서 겸손은 이방인들의 것과는 달랐다. 믿음의 빛으로 밝혀진 그들 가운 데 정의로운 유다인들은, 자기 자신의 허무와 비참함을 인식하고, 속죄의 방법으로 인내롭게 시련(試鍊)을 받아들였다. 그 때 하느님께서는 그들을 구원하기 위해 다가오셨다.

하느님께서는 겸손한 자의 기도를 즐겨 들어 주시고, 굴욕(屈辱)당하고 회개(悔改)하는 죄인들을 용서해 주신다. 예수님께서 겸손과 온유(溫柔)함을 설교하러 오셨을 때, 유다인들은 그분의 말씀을 이해할 수 있었다. 그리고 더 나아가 예수님의 숨은 생활과 고통과 공적(公的) 생활에서, 또 성체성사(聖體聖事)를 통해 끊임 없이 겸손의 모범을 보여 주시는 그분을 묵상한 우리는 그 겸손을 더 잘 이해할 수 있었다.

겸손의 덕을 정의(定義)한다면, 겸손은 초자연적인 덕으로 자기 자신을 스스로 깨닫게 한다. 겸손은 자신의 정확한 가치를 알게 하여, 자기의 부정적인 것들을 경멸하고 없애 버린다.

그래서 성 베르나르도는 이렇게 말한다. "덕은 인간으로 하여금 자기 자신에 관한 진실을 깨닫게 하며, 그 결과 덕 자체로서는 하찮은 것이 되어 버립니다"(virtus quâ homo verissimâ sui agnitione, sibi ipsi vilescit).[151] 이 점에 대해서는 겸손의 기초를 설명할 때, 참된 겸손의 덕을 보다 쉽게 더 잘 이해할 수 있을 것이다.

1128 (2) 겸손의 기초

겸손의 덕은 진리(眞理)와 정의(正義) 두 가지에 기초를 두고 있다. 먼저, 진리는 자기 자신의 모습을 솔직하게 깨닫게 한다. 다음, 정의는 이 깨달음에 알맞게 자기 스스로를 취급한다.

(가) 성 토마스는 자기 자신을 깨닫기 위해서는, 우리 안에 하느님께 속하는 것과 자신에게 속하는 것을 볼 줄 알아야 한다고 말한다. "우리는 인간에게서 다음 두 가지를 고찰해 볼 수 있습니다. 즉 하느님의 것과 인간의 것입니다. 무엇이든 결핍(缺乏)에 해당하는 것은 인간의 것이고, 구원과 완성에 해당하는 것은 하느님의 것입니다"(In homine duo possunt considerari, scilicet id quod est Dei, et id quod est hominis. Hominis autem est quidquid pertinet ad defectum; sed Dei est quidquid pertinet ad salutem et perfectionem).[152]

그러므로 겸손의 기초인 정의는 영혼에게 언제나 모든 영광과 명예를 하느님께만 돌려야 한다고 명한다. "영원한 왕이시며 오직 한 분뿐이시고 눈으로 볼 수 없는 불멸의 하느님께서 영

---

151) *De gradibus humil.*, c. I, n. 2.
152) 신학대전, 2부 2편, 161문, a. 3.

원무궁토록 영예와 영광을 받으시기를 빕니다"(Regi saeculorum immortali, invisibili, soli Deo, honor et gloria…).[153] "우리 하느님께서 영원무궁토록 찬양과 영광과 지혜와 감사와 영예와 권능과 세력을 누리시기를 빕니다"(Benedictio, et claritas, et sapientia, et gratiarum actio, honor et virtus et fortitudo Deo nostro).[154]

물론 우리 안에 본성적(本性的)으로 몇 가지 좋은 것이 있고, 특히 초자연적인 특권(privilèges)도 있다. 그러나 겸손은 그것들을 보면서 감탄하는 것을 막지 않는다. 이것은 마치 우리가 그림을 감탄할 때 그것을 그린 화가에게 영예를 돌리지, 결코 화폭(畵幅)을 칭찬하지 않는다. 이와 같이 우리의 타고난 재능이나 하느님의 은총을 감탄할 때, 우리가 언제나 그것을 창조하신 분께 모든 영예를 돌리는 것은 당연한 일이다.

1129 (나) 한편, 죄인의 특성은 영혼을 모욕(侮辱)으로 이끈다. 이러한 의미에서 우리는 다만 죄인일 뿐이다. 왜냐하면 죄에서 태어난 우리 안에는 죄를 짓는 탐욕(貪慾)을 가지고 있기 때문이다.

ㄱ) 우리가 세상에 태어날 때, 이미 우리는 원죄(原罪)로 얼룩져 있었다. 다만 하느님의 자비(慈悲)만이 우리를 깨끗하게 하실 수 있다.

ㄴ) 그리고 우리가 이성(理性)을 느끼는 순간부터 단 한 번의 대죄를 지었다 하더라도, 영혼은 영원한 굴욕을 받게 된다. 또 우리가 만일 작은 소죄를 지었어도 역시 하느님을 거스르게 되

---

153) 1디모 1, 17.
154) 요한 묵시 7, 12.

는 것이다. 죄는 하느님의 법을 의식적으로 순명하지 않은 것이고, 하느님의 뜻보다 자기의 뜻을 따른 반항의 행위이다. 그러기에 인간은 평생 회개하면서 지낸다 해도 이 죄들을 속죄하기에는 충분하지 못할 것이다.

ㄷ) 그러나 새로운 사람이 되었다 하더라도, 죄의 깊은 성향(性向)들과 온갖 종류의 죄들은 우리 안에 남아 있다. 성 아우구스티누스의 증거에 따르면, 만일 우리가 세상에서 많은 죄를 짓지 않는다면, 그것은 하느님께서 주시는 은총(恩寵)의 덕분이라는 것이다.[155]

그러므로 우리는 겸손의 기초인 정의(正義)를 위해 모욕마저 좋아해야 하며, 모든 꾸지람을 받아들여야 한다. 만일 사람들이 우리를 두고 교만하고, 파렴치하며, 인색하다고 말하더라도, 우리는 스스로를 인정해야 한다. 왜냐하면 우리는 자신 안에 위와 같은 모든 결점의 성향들을 갖고 있기 때문이다.

그래서 올리에(Olier) 신부는 이렇게 결론짓는다. "모든 질병·박해·경멸·불행 속에서도 우리는 하느님 편에 서야 합니다. 우리의 행실에 따라 이 불행을 당하는 것은 당연하며, '우리 영혼에게 이 불행은 오히려 매우 유익합니다. 하느님께서는 모든 피조물을 사용하여 우리를 징벌하실 수 있으십니다. 그러나 우리는 하느님께서 우리에게 행하시는 큰 자비를 찬미해야 합니다. 또 정의에 따라 하느님께서는 우리를 매우 거칠게 대할 것

---

155) "Gratiae tuae deputo et quaecumque non feci mala: quid enim non facere potui, qui etiam gratuitum facinus amavi? Et omnia mihi dimissa esse fateor; et quae meâ sponte feci mala, et quae te duce non feci" (*Confess.*, lib. II, c. 7, *P.L.*, XXXII, 681.).

이라는 사실도 잘 알고 있어야 합니다."[156]

바로 이와 같은 사상에 참된 겸손의 이중적(二重的)인 뜻이 있다. 곧 우리의 존재는 아무것도(無, néant) 아니고 또 잊혀지거나 소멸(消滅)됨을 좋아해야 한다는 것이다. "즉, 알려지지 않고, 아무것도 아닌 것으로 여겨져야 한다"(nescieri, pro nihilo reputari). 결국 죄인인 우리는 모든 멸시와 모욕을 받아 마땅하다.

II. 겸손의 여러 단계

겸손의 단계는 성인들의 영성에 따라 여러 단계로 분류할 수 있다.

먼저 우리는 여기서 성 베네딕도와 성 이냐시오와 올리에 신부의 겸손에 대한 주요한 원칙들만을 살펴보기로 한다.

1130 (1) 성 베네딕도의 겸손의 열두 단계

성 까시아노는 겸손의 실천을 열 단계로 구분하였다. 그것을 성 베네딕도는 다른 두 단계를 덧붙이면서 겸손의 단계를 구분하고 보완하였다. 겸손의 순서를 명시하기 위해 성 베네딕도는 이 겸손의 덕을 마치 "하느님의 양자(養子)인 동시에 죄인인 피조물이 진리 안에서 갖는 하느님과 수도승(修道僧)과의 관계를 규정하는 영혼의 일상적인 태도"로 보았다.[157]

성 베네딕도의 겸손은 영혼이 하느님께 드리는 존경에 기초를 두고 있으며, 겸손은 인내와 순명을 내포하고 있다. 성인이

---

156) *Catéch. chrétien*, 1re Part., lec. XVIII.
157) D. Columba Marmion, *Le Christ, idéal du moine*, 1922, p. 299.

말하는 겸손에 대한 열두 단계 가운 데, 일곱 단계는 내적인 행위에 속하고, 다섯 단계는 외적인 행위에 속한다.

1131 성인은 겸손의 내적 행위를 다음 일곱 단계로 구분한다.

① 첫째 단계에서, 겸손은 하느님께 대한 두려움을 영혼으로 하여금 끊임 없이 영적 시선(視線)을 통해 그분의 계명을 실천하게 한다. 먼저 죄의 징벌에 대한 두려움이 있고, 하느님을 공경하는 두려움으로 끝을 맺는다. "주님을 경외함은 순전하니 영원히 남고, 주님의 판단은 참다우니 모두가 다 옳도다"(timor Domini sanctus, permanens in saeculum saeculi).[158]

② 둘째 단계에서, 겸손은 하느님의 뜻에 자신의 의지를 순종시키는 것이다. 만일 우리가 하느님께 대한 두려움과 공경심을 갖는다면, 우리의 모든 행위는 그분의 뜻을 실천할 것이다. 순명은 겸손의 행위로써 하느님께 대한 종속의 표현이다.

③ 세째 단계에서, 겸손은 "하느님께 대한 사랑 때문에"(pro amore Dei), 장상에게 순명한다. 물론 하느님께 순종하는 것보다 장상에게 순명하는 것이 때로는 더 어렵다. 그러기에 장상들 안에서 하느님을 보기 위해서는, 더 깊은 믿음의 정신과, 더욱 완전한 자기 희생이 있어야 한다. 겸손에 의한 순명은 보다 많은 사랑을 실천하게 한다.

④ 네째 단계에서, 겸손에 의한 인내로운 순명은 어렵고 때로는 모욕이 장상들로부터 올 때도, 의식적으로 묵묵히(tacitâ conscientiâ) 인내로이 참는 것이다. 이 겸손에 의한 순명에 성공하기 위해서, 영혼은 예수님의 모욕과 고통 그리고 하늘 나라의

---

158) 시편 18, 10.

보상(補償)을 생각한다.

⑤ 다섯째 단계에서, 겸손은 자기의 숨은 죄들을 고백하게 한다. 이 겸손에서는 성사적(聖事的)인 고백 이외에, 장상에게 자신의 잘못들을 자유롭게 말할 수 있다.[159] 겸손의 행위로써 가장 비밀스런 자기의 죄를 고백하는 것은 죄의 심연(深淵)으로부터 영혼을 구해 준다.

⑥ 여섯째 단계에서, 겸손은 자신을 부당한 일꾼으로 여긴다. 그래서 영혼은 모든 결핍과 천한 일을 진심으로 받아들인다.

⑦ 일곱째 단계에서, 겸손은 마음 속 깊이, 자신을 모든 사람들 가운 데 가장 비천한 사람으로 간주하게 한다. "자기가 모든 사람들보다 열등하고 나약한 인간임을 마음으로부터 믿어라"(si omnibus se inferiorem et viliorem intimo cordis credat affectu).

이와 같은 겸손은 영혼에게 매우 드문 단계이다. 이 단계는 많은 사람들이 자기와 같이 많은 은총을 받았다면, 그들은 나보다 더 훌륭했을 것이라고 말한다.

1132 위에서 말한 겸손의 내적 행위는, 외적 행위를 통해 분명하게 드러난다. 이 점에 대한 주요한 점을 살펴보면 다음과 같다.

⑧ 여덟째 단계에서, 겸손은 장상이 권고(勸告)하는 것 이외에는 다른 것을 행하지 않는다. 그리고 좋은 관습(慣習)과 선배들의 모범, 일상적이고 평범한 공동체의 규칙에 충실하며 예외적

---

159) 교회법전 제664조에서, 수도자들은 하느님께 마음을 전향하도록 꾸준히 노력하고 날마다 양심을 성찰하며 고해성사를 자주 받아야 한다고 말하고 있다. 그러나 수도회 장상들은 어떤 방법으로든 수하 사람들에게 그들의 양심을 드러내도록 강요할 수 없다.

인 일을 하지 않는다. 자기 자신이 언제나 다른 형제들보다 유별나기를 원하는 겸손은 결국 허영과 교만의 표시이다.

⑨ 아홉째 단계에서, 겸손은 침묵의 정신을 갖게 한다. 즉 이야기할 충분한 이유가 없고, 질문을 받지 않은 이상 침묵할 줄 알아야 한다. 혀를 억제하지 않고 말을 하려는 열성은 결국 허영심(虛榮心)을 낳는다.

⑩ 열째 단계에서, 겸손은 웃음을 절제한다. 그러나 성인은 웃음이 영적 기쁨의 표현일 때, 그 웃음을 단죄하지 않는다. 반대로 겸손하지 못한 저질적인 웃음, 야비한 웃음, 비웃음 또는 시끄럽고 즉흥적이며 습관적인 웃음의 자세는, 하느님 현존(現存)에 대한 존경심이 없음을 보여 주기에 단죄한다.

⑪ 열한째 단계에서, 겸손은 많은 말을 삼가게 한다. 곧 겸손은 정중하며 간결한 말과 이치에 맞는 말을 하고, 부드럽게 목소리를 높이지 말고 지혜롭게 절제하면서 신중(愼重)하게 말한다.

⑫ 열두째 단계에서, 겸손은 몸가짐에 있어 겸허(謙虛)해야 한다. 곧 걷거나 앉거나 서 있을 때, 뽐냄 없이 정숙하게 머리를 숙이고 하느님을 생각하면서 세리처럼 눈을 내려 뜬다. "주님, 나는 내 하늘을 처다보기에도 가당치 못한 죄인입니다"(Domine, non sum dignus ego peccator levare oculos meos ad caelum).

겸손의 여러 단계를 설명한 후, 성 베네딕도는 겸손은 영혼으로 하여금 하느님의 사랑으로 이끌어 주고, 이 완전한 사랑은 두려움을 없애 준다고 말한다. "그러므로 겸손의 모든 단계들을 다 오른 다음 수도승은 곧 하느님의 사랑에 도달하게 될 것입니다"(Ergo his omnibus humilitatis gradibus ascensis, monachus mox ad caritatem Dei perveniet illam quae perfecta foris mittit timorem).

그러기에 하느님의 사랑은 영혼을 겸손으로 이끌어 준다. 영혼에게 완덕의 길은 험하지만 겸손히 이끄는 정상(頂上)은 하느님의 사랑 안에 있다.

1133 (2) 성 이냐시오의 겸손의 세 단계

영성 수련의 제2주간 열두째 날에, 생활 양식의 선택에 대한 규칙에(제164조) 앞서, 성 이냐시오는 피정자(避靜者)들에게 세 단계의 겸손을(제165조-제168조) 제시한다. 이 겸손의 세 단계는 사실상 자기 희생을 말한다.

① 첫째 단계에서, 겸손은 "가능한 한 자기 자신을 낮추고 공손해야 하는 것입니다. 그 결과 비록 사람들이 온 세상을 나에게 주고 생명을 보호하기 위해, 대죄가 되는 하느님과 인간과의 계명 중 하나라도 일부러 어기지 않아야 합니다." 이 겸손의 단계는 은총의 상태를 유지하고자 하는 모든 그리스도인들에게 절대로 필요하다.

② 둘째 단계에서 겸손은, 첫 번째보다 훨씬 더 완전하다. "만일 내가 하느님께 봉사하고 나의 구원을 위해 가난보다 부귀를, 불명예보다 명예를, 짧은 생명보다 오래 사는 것을 원하지 않고, 어느 한편으로 기울어지는 느낌도 없고, 또 천하를 얻는다 하더라도, 나의 육신 생명을 구원하기 위해 고의로 소죄 하나라도 범하지 않으려는 수준이라면, 이것은 겸손의 둘째 단계라고 말할 수 있습니다." 이와 같은 겸손의 자세는 이미 완전하다. 그러나 여기에는 아주 적은 수의 영혼들만이 도달하게 될 것이다.

③ 세째 단계에서, 겸손은 가장 완전하다. 처음 두 단계를 포함하면서, 거기에 덧붙여 우리 주 예수 그리스도를 더욱 완전하게 모방하며 그분을 닮기 위해, 영혼은 부유(富裕)함보다 가난하신 예수 그리스도와 함께 가난을 더 좋아한다. 그래서 겸손한 영혼은 명예(名譽)보다 치욕(恥辱)을 당하신 예수 그리스도의 고통에 동참한다. 또 참된 겸손은 인간들의 눈에 현명한 사람으로 보이지 않고, 쓸모 없고 미친 사람처럼 보였던 예수 그리스도를 닮게 되기를 원한다.

이와 같은 겸손은 완덕의 길에서 완전한 단계에 이른 영혼들을 말한다. 이 완전자는 예수 그리스도와 일치하면서 그분을 위해, 굴욕과 십자가에 대한 사랑으로 성화(聖化)의 길을 걷는 것이다.

1134 (3) 올리에 신부의 겸손의 세 단계

올리에 신부는 가톨릭 교리서에서 교만(驕慢)과 싸울 방법과 겸손의 필요성을 설명한 다음, 그 교리서의 서문에서 열심한 영혼들에게 알맞은 내적 겸손의 세 단계를 설명한다.

ㄱ) 첫째 단계에서, 겸손은 자신의 비천(卑賤)함과 죄의 잘못을 스스로 깨닫는 데 만족하는 것이다. 그러나 다만 자기 자신의 나약함에 대한 인식 자체는 겸손이 아니다. 왜냐하면 자기 자신의 잘못을 인정하면서 슬퍼하지는 않고, 오히려 그 잘못의 당혹감을 감추려는 영혼이 있기 때문이다. 이와 같은 자세는 오만(傲慢)한 자들이 갖는 모습이다. 그 대신 자신의 불행을 깨닫고 만족할 때, 그 영혼은 진정으로 자기의 비천함을 사랑하게 되고 참으로 겸손하게 된다.

만일 우리에게 죄를 범할 기회가 왔을 때, 우리는 이 불행을 미워해야 하지만 동시에 죄로 인해 겸손하게 된 자신의 비참함을 좋아해야 한다. 그리고 자신의 불행이 오히려 하느님께 영광을 드릴 수 있다는 사실을 되새겨야 할 것이다. 정확히 말해 우리의 나약함은 하느님의 위대함을 드러내는 기회가 되며, 우리 죄는 그분의 성성(聖性)을 드러내게 된다.

겸손한 영혼은 자신에게는 가치로운 것이 없고, 선을 실천할 능력도 없음을 분명하게 인식하는 데 있다. 그래서 겸손한 영혼은 모든 것이 하느님께로부터 오며, 모든 것은 우리 안에서 하느님에 의해 실행되어야 한다고 주장한다.

ㄴ) 둘째 단계에서, 겸손은 자신의 비천함과 스스로 아무것도 아닌 죄인으로 모든 사람에게 인정되기를 좋아하는 것이다. 만일 우리가 자신의 비천함을 인정하면서도, 다른 사람들로부터 존경받기를 원한다면, 우리는 자신의 교만을 추구하는 위선자가 된다.

어쩌면 바로 이와 같은 자세가 우리의 성향일지도 모른다. 이런 점에서 사람들은 자신의 불완전함을 발견할 때 그들에게 고통이 탄생하게 된다. 그리고 영혼은 자신이 실천하는 일의 성공과 사람들의 존경을 얻고 싶은 갈등이 생기게 된다.

이와 반대로, 겸손한 영혼은 사람들이 자기를 칭찬하면, 오히려 그 칭찬보다 숫한 모욕으로 고통받기를 더 원한다. 왜냐하면 모욕은 진실에 근거하고 있지만, 칭찬은 교만에 뿌리를 내리고 있기 때문이다.

ㄷ) 세째 단계에서, 겸손은 스스로 비천함을 인정하는 것만으로 만족하지 않고, 멸시받고 천대받기를 원하게 된다. 이 겸손은

가능한 모든 부끄러움과 경멸을 기쁘게 받아들이게 한다. 한 마디로 이 겸손은 마땅히 주어지는 불행을 원한다. 그래서 신앙이 없는 영혼은 이 겸손의 영적 깊은 뜻을 잘 이해하지 못한다.

또 겸손은 하느님께서 영혼의 무미건조(無味乾燥)함과 내적 공허(空虛)함을 허락하실 때, 그 영혼은 자신을 반대하여 하느님 편을 들게 한다. 그리고 다른 사람들로부터 고통을 당할 때, 죄인에게 이 고통을 가장 정의로운 일로 생각하고 예수 그리스도와 일치하면서 기뻐해야 한다.

겸손은 교만한 사람처럼 하늘 나라에서 높은 자리를 갈망하지 않는다. 겸손은 영혼으로 하여금 예수 그리스도께서 원하시는 그 만큼 그분을 사랑하게 하고, 그분의 영광에 이르도록 자신을 성실하게 한다.

그러나 겸손은 하늘 나라에서 우리가 차지할 자리를 하느님의 손에 맡겨 드리게 한다. 그 때 우리는 참으로 겸손한 영혼으로써, 하느님의 현존(現存)을 체험하게 될 것이다.

1135 겸손에 대한 결론

지금까지 우리는 성 베네딕도, 성 이냐시오 그리고 올리에 신부에 따른 겸손의 존재 이유에 대한 세 분의 견해를 살펴보았다. 여기서 우리의 겸손에 대한 권고는 각 영혼의 영적 상태에 따라 그들을 지도해야 한다는 것이다.

Ⅲ. 겸손의 탁월성

겸손의 탁월성(卓越性)에 대한 주제에서 성인(聖人)들의 말을 잘 이해하려면, 겸손 그 자체와 겸손이 다른 덕들의 뿌리가 된다는 점을 잘 구별해야 한다.

1136 (1) 겸손 그 자체에 대하여 성 토마스는,[160] 겸손은 먼저 하느님을 직접 대상으로 하는 대신덕(對神德)과 신심과 공동 선(善)을 지양(止揚)하는 합법적인 윤리덕(倫理德)보다는 등급이 낮다고 말한다. 그러나 겸손은 보편적인 성격 때문에, 다른 윤리덕들 보다는(순명을 제외하고) 우월하다. 왜냐하면 겸손은 영혼을 모든 신적 질서에 복종하게 하기 때문이다.

1137 (2) 만일 겸손이 모든 덕의 뿌리이며, 은총의 보물 창고를 여는 열쇠라 여길 때, 성인들이 말하는 겸손은 모든 덕 가운데 가장 탁월한 덕이 된다.

(가) 겸손의 덕은 은총의 보물 창고를 여는 열쇠이다. "하느님은 겸손한 사람에게 은총을 베푸십니다"(humilibus autem dat gratiam).[161]

ㄱ) 하느님께서는 당신이 주신 은총 안에 겸손한 영혼이 안주(安住)하지 않고 허영을 탐내지 않으며, 모든 영광을 당신께 되돌린다는 것을 잘 아신다. 그러므로 하느님께서는 당신의 호의(好意)를 풍성하게 영혼 안에 흘러 들게 하실 수 있다. 이렇게 함으로써 하느님의 영광이 커질 것이기 때문이다. 그 반대로 하느님께서는 교만한 사람들에게서는 당신의 은총을 빼앗아 버리신다.

"하느님께서는 교만한 자를 물리치신다"(Deus superbis resis-

---

160) 신학대전, 2부 2편, 161문, a. 4.
161) 1베드 5, 5.

tit).[162] 왜냐하면 교만한 사람들은 하느님의 은총을 자신의 유익을 위해 독점하고, 자신의 영광을 높이는 데 사용하기 때문이다. 그래서 겸손은 영혼이, "하느님을 아는 데 장애가 되는 모든 오만을 쳐부순다"(Gloriam meam alteri non dabo).[163]

ㄴ) 겸손의 덕은 헛된 영광과 자기 애착을 영혼으로부터 비우게 하고, 하느님의 은총을 받도록 영혼을 준비시킨다. 그래서 성 베르나르도는 은총과 겸손 사이에는 긴밀한 관계가 있다고 다음과 같이 말한다. "하느님의 은총에 항상 친숙한 것이 바로 겸손의 덕입니다"(Semper solet esse gratiae divinae familiaris virtus humilitas).[164]

1138 (다) 겸손은 모든 덕목(德目)의 뿌리이다. 이것을 두고 겸손은 모든 덕의 어머니라고 말한다. 우리는 그 이유를 다음 두 가지 관점에서 살펴 볼 수 있다. 즉 겸손 없이는 덕이 견고(堅固)할 수 없고, 겸손과 함께 모든 덕은 더욱 심화(深化)되고 완전하게 되는 것이다.

① 교만이 신덕(信德, foi)에 큰 장애(障碍)가 된다면, 그것은 겸손이 신덕을 쉽게 또 확고 부동하고 명확하게 해 주기 때문이다. 그래서 성서에서는 "지혜롭다는 사람들과 똑똑하다는 사람들에게 이 모든 것을 감추시고 오히려 철부지 어린이들에게 나타내 보이시니 감사합니다"(Abscondisti haec a sapientibus et revelasti ea parvulis).라고[165] 말한다.

---

162) 1베드 5, 5.
163) 2고린 10, 5.
164) *Super Missus est*, homil. IV, 9:
165) 루가 10, 21.

우리가 하느님께 종속되어 있음을 바르게 인식할 때, 믿음의 권위(權威)에 자신의 지식을 사로잡는 일이 얼마나 쉬운가! "온 지식을 사로잡아 그리스도께 공손해야 한다"(in captivitatem redigentes omnem intellectum in obsequium Christi). 상대적으로 신덕은 우리의 허무(虛無)와 하느님의 무한하신 완전성을 보여주면서, 우리의 겸손을 굳건하게 해 준다.

② 망덕(望德, espérance)도 마찬가지다. 교만은 자신만을 믿고 스스로의 힘을 너무 과대평가(過大評價)한다. 교만한 사람은 하느님께 도움을 청원할 생각도 하지 않는다. 그 반대로 겸손한 사람은 자기 자신을 믿지 않기 때문에, 하느님께 모든 희망을 건다. 망덕은 우리를 더욱 겸손하게 해 준다. 왜냐하면 우리에게 천상(天上) 행복은 우리의 능력을 초월하기 때문에, 은총의 도움 없이는 거기에 도달할 수 없기 때문이다.

③ 애덕(愛德, charité)은 이기심(利己心)을 적(敵)으로 삼는다. 그러므로 자기를 비우는 것은, 하느님의 사랑을 우리 안에 키우는 방법이 된다. 그리고 애덕은 영혼으로 하여금 깊이 겸손되게 한다. 왜냐하면 영혼은 자기를 사랑하는 분 앞에서 겸손해지는 것이 행복하기 때문이다.

또 성 아우구스티누스는 이런 이유에서, 애덕보다 더 숭고한 덕은 없다고 말하면서, 겸손한 사람들만이 애덕을 실천한다고 하였다. "애덕보다 숭고한 길은 없으며, 겸손한 영혼들이 아니면 그 길을 걷지 못할 것입니다"(Nihil excelsius viâ caritatis, et non in iuâ ambulant nisi humiles).[166] 마찬가지로 이웃에 대한

---

[166] Enarrat. in Ps. CXLI, c. 7.

애덕의 실천을 위해, 겸손보다 더 확실한 방법은 없다. 곧 겸손은 이웃들의 잘못을 숨겨 주고 화를 내는 대신, 그 이웃들의 나약함을 동정(同情)하게 한다.

1139 ④ 경신(敬神, religion)의 덕은 하느님을 위해 자신을 봉헌(奉獻)하고 겸손해야 한다는 사실을 분명하게 알게 해 주고, 그 겸손을 열심히 실천하게 한다.

⑤ 현명(賢明, prudence)함은 겸손을 요구한다. 그래서 겸손한 사람들은 행동하기 전에 심사숙고하고 상의(相議)하기를 좋아한다.

⑥ 정의(正義, justice)는 겸손 없이 실천할 수 없다. 교만한 사람들은 이웃의 권리를 희생으로 해서 자신들의 권리를 확대하기 때문이다.

⑦ 용기(勇氣, force)는 자신에게서 나오는 것이 아니라 하느님으로부터 온다. 그래서 용기는 스스로 나약함을 잘 알고, 자기 자신을 강하게 하시는 오직 한 분이신 하느님께 의지할 때, 용기는 자신 안에 존재한다.

⑧ 애덕과 절제(節制, tempérance)는 이미 우리가 말한 것처럼, 겸손을 전제로 한다. 온유(溫柔)와 인내는 모욕(侮辱)을 받아들일 줄 알 때, 이 덕들을 잘 실천할 수 있다.

그러므로 겸손 없이는 단단하고 지속적인 다른 덕은 없다. 그 대신 영혼은 겸손으로 인해 모든 덕이 영혼 안에 깊이 뿌리내리고 자라난다고 할 수 있다.

성 아우구스티누스와 함께 결론을 내리자. "당신은 위대한 사람이 되고 싶습니까? 그러면 먼저 아주 작은 일부터 시작하십시

186 제4편 빛의 길

오. 또 거대한 건물을 드높이 세우고 싶습니까? 그렇다면 겸손의 기초를 닦으십시오"(Magnus esse vis? A minimo incipe. Cogitas magnam fabricam construere celsitudinis? De fundamento prius cogita humilitatis).[167]

Ⅳ. 겸손의 실천

1140 이미 우리가 제838항-제844항에서 본 것처럼, 완덕의 길을 걷는 초보자들은 교만과 싸우고, 진보자들은 주님의 겸손을 본받으려고 애쓴다.

1141 (1) 진보자들은 겸손한 예수님의 정서(情緒)를 자신 안에 끌어들이려고 애쓴다. 이것은 사도 바오로가 우리에게 말한 것이다. "여러분은 그리스도 예수님께서 지니셨던 마음을 여러분 마음에 가지십시오. 그리스도 예수님은 하느님과 본질이 같으셨지만… 당신의 것을 다 내어놓고…"(Hoc enim sentite in vobis quod et in Christo Jesu: qui, cum in formâ Dei esset… exinanivit semetipsum…).[168]

그러므로 예수님의 개인적이고 공적(公的) 생활 중에 끊임 없이 성체성사(聖體聖事)를 통해 우리에게 주시는 겸손의 모습들을 재현(再現)하려고 노력하면서, 자주 그 겸손을 묵상(默想)해야 할 것이다.

(가) 예수님은 숨은 생활에서, 특히 당신 자신을 내세우지 않

---

167) *Sermo 10 de Verbis Domini.*
168) 필립 2, 5-7.

는 겸손을 실천하셨다.

ㄱ) 예수님은 태어나시기 전 마리아의 태중에서 신적 속성(屬性)을 감추신다. 즉 "당신 자신을 비우셨다"(exinanivit semetipsum). 그래서 성모님도 "로마 황제의 칙령(勅令)에 따라"(exiit edictum a Caesare),[169] 많은 희생과 고통 중에서도 아무런 불평을 하지 않았다. "여관에는 그들이 머무를 방이 없었다"(non erat eis locus in diversorio).[170]

특히 예수님은 당신을 위해 보금자리도 준비하지 않는 사람들의 배은망덕(背恩忘德)으로 고통을 당하신다. "예수님께서 당신 나라에 오셨지만 백성들은 그분을 맞아 주지 않았다"(in propria venit et sui cum non receperunt).[171]

ㄴ) 예수님은 가난한 아기로 포대기에 싸여, 구유에 탄생하신 그 때부터 이미 겸손을 실천하신다. "너희는 한 갓난아이가 포대기에 싸여 구유에 누워 있는 것을 보게 될 것이다"(invenietis infantem, pannis involutum, positum in praesepio).[172] 이 갓난아기가 바로 하느님과 같으시고, 외 아드님이시며, 하느님의 말씀이시다!

ㄷ) 예수님은 이 탄생을 통해 주어지는 모든 상황 속에서 겸손을 실천하신다. 예수님은 겸손하게 여러 어린이들처럼 할례를 받으시고, 두 마리 비둘기의 값으로 속죄되신다. 한 마디로 이 무자비한 헤로데를 먼지로 만들 수 있었던 분이, 폭군의 박해를 피해 이집트로 피난하셨다!

---

169) 루가 2, 1.
170) 루가 2, 7.
171) 요한 1, 11.
172) 루가 2, 12.

ㄹ) 또 예수님은 나자렛 생활에서 얼마나 겸손하게 세상에서 잊혀진 삶을 사셨는가? 예수님은 갈릴래아의 작은 마을에서 삼십년 동안, "부모에게 순종하며 살았다"(et erat subditus illis).[173]

이와 같은 예수님의 겸손을 보면서, 우리는 보슈에(Bossuet)의 다음과 같은 감탄을 이해할 수 있을 것이다. "오 하느님, 저는 당신의 겸손을 보면서 다시 한 번 황홀해집니다! 그리고 저의 교만은 당신의 겸손을 보면서 지쳐 기진맥진합니다! 당신은 가난하고 겸손한 목수의 아들이셨고, 당신 자신도 겸손한 목수(木手)였습니다."[174]

1142 (나) 예수님은 공적(公的) 생활 가운 데, 당신 사명(使命)에서 자신을 잊어버리는 겸손의 실천을 끊임 없이 하셨다. 물론 예수님은 당신을 성부(聖父)의 아드님이라는 말과 실천으로 선포(宣布)하실 때도 있었다. 그러나 예수님은 조심스런 방법으로 신중하게 사람들이 이해할 수 있도록 매우 분명하게 겸손을 행하셨다. 예수님의 겸손은 당신의 모든 삶에서 분명하게 나타났다.

ㄱ) 예수님은 무지(無知)하고 교양 없으며 존경받지 못한 사도(使徒)들로 둘러싸여 있었다. 곧 그들은 다름 아닌 어부들과 세관장들이었다! 여기서 예수님의 겸손은 세상이 멸시하던 사람들을 더 좋아한다는 사실을 보여 주셨다. 그들은 다름 아닌 가난한 사람들, 죄인들, 병자들, 어린이들 그리고 세상에서 혜택 받지 못한 사람들이었다.

ㄴ) 예수님의 겸손에 대한 가르침은 일상생활과 비유(比喩)를

---

173) 루가 2, 51.
174) *Elévations*, XXe Semaine, 8e Elév.

모든 사람이 이해하도록 단순하게 말씀하셨다. 예수님의 겸손은 사람들에게 감탄받으려 하지 않으시고, 오히려 그들의 마음이 감동되도록 가르치셨다.

ㄷ) 예수님은 기적(奇蹟)을 드물게 행하셨으며, 병자들을 고쳐 주신 후에도 아무에게도 말하지 말라고 당부까지 하신다. 예수님은 가나의 혼인 잔치와, 초대된 잔치에도 겸손하게 참여하신다. 또 군중을 피하고, 제자들의 기분에 신경을 쓰지 않으신다. "내 말이 귀에 거슬리느냐"(durus est hic sermo).[175] 그리고 예수님은 군중들이 당신을 왕으로 모시려고 했을 때도 피(避)하신다.

ㄹ) 만일 우리가 예수님의 가장 내적인 감성(感性)을 느낄 수 있다면, 우리는 그분이 어떻게 아버지와 사람들 속에서 살기를 원하셨는지를 알게 될 것이다. "나는 결코 아무도 판단하지 않는다"(Ego non judico quemquam).[176] 예수님의 겸손은 단순하게 당신을 보내신 분의 가르침을 설명하기 위해 이렇게 말씀하셨다. "내가 너희에게 하는 말도 나 스스로 하는 말이 아니라"(A meipso non loquor).[177] "…내가 가르치는 것은 내 것이 아니라 나를 보내신 분의 가르침이다"(…Mea doctrina non est mea, sed ejus qui misit me).[178]

예수님의 겸손은 당신 스스로는 아무것도 하지 않으시고, 다만 아버지께 종속해서 일하셨다. "나는 무슨 일이나 내 마음대로 할 수 없고… 아버지께서 내 안에 계시면서 몸소 하시는 일이다"(Non possum a meipso facere quidquam… Pater autem in

---

175) 요한 6, 61.
176) 요한 8, 15.
177) 요한 14, 10.
178) 요한 7, 16.

me manens ipse facit opera).[179]

또 예수님이 구하시는 것은 당신의 영광이 아니라 아버지의 영광이었다. 예수님은 아버지의 영광을 위해 이 세상에서 살으셨다. "나는… 나 자신의 영광을 찾지 않는다"(Ego… non quaero gloriam meam).[180] "…나는 세상에서 아버지의 영광을 드러냈습니다"(…Ego te clarificavi super terram).[181]

또 세상의 주인이신 예수님의 겸손은 사람들의 종이 되셨다. "사람의 아들도 섬김을 받으러 온 것이 아니라 섬기러 왔다"(Non venit ministrari, sed ministrare).[182] 예수님의 겸손은 당신 자신을 잊고, 성부와 사람들을 위해 끊임 없이 자기 자신을 바치셨다.

1143 (다) 예수님의 겸손에 대한 실천은 당신 수난(受難)의 삶에서도 나타난다. 거룩하신 예수님은 우리 죄를 대신 지시고, 마치 당신이 죄인처럼 형벌을 받으셨다. "우리를 위해서 하느님께서는 죄를 모르시는 그리스도를 죄 있는 분으로 여기셨습니다"(Eum, qui non noverat peccatum, pro nobis peccatum fecit).[183]

ㄱ) 예수님은 우리 죄를 대신 지시고, 올리브 동산에서 괴로워하신 근심, 낙담, 슬픔의 감성을 느끼셨다. "공포와 번민에 싸여서… 내 마음이 괴로워 죽을 지경이니"(caepit pavere, taedere, maestus esse… Tristis est anima mea usque ad mortem).[184]

ㄴ) 그리고 예수님의 겸손은 많은 모욕(侮辱)들과, 유다의 배신

---

179) 요한 5, 30; 14, 10.
180) 요한 8, 50.
181) 요한 17, 4.
182) 마태 20, 28.
183) 2고린 5, 21.
184) 마르 14, 33-34.

(背信)을 우정어린 말로 대신하신다. "자 이 사람아, 어서 할 일이나 하라"(Amice, ad quid huc venisti).[185]

예수님은 제자들에게 버림받았지만, 당신은 그 제자들을 계속 사랑하신다. 그리고 예수님은 붙잡혀 죄인처럼 포박(捕縛) 당하시지만, 당신은 베드로가 칼로 친 말코스의 귀를 치유해 주신다. 예수님은 군사들에게 붙잡히시면서도 아무런 불평 없이 그 모욕을 감내(堪耐)하신다. 예수님의 겸손은 부당하게 비난 당하시면서도 변명이 없으시고, 하느님의 권위(權威)를 존중하는 대사제(大司祭)의 질문에만 대답하신다.

예수님은 당신의 대답이 죽음의 형벌을 받게 될 것을 알지만, 그분은 진리(眞理)만을 말하신다. 또 예수님은 헤로데로부터 미친 사람 대우를 받지만, 한 마디 말씀이 없으시고, 당신의 명예(名譽)를 위해 어떤 기적(奇蹟)도 행하지 않으신다.

예수님은 군중에게 베푸신 수많은 선행에도 불구하고, 군중들은 예수님보다 바라빠를 선택하였다. 그렇지만, 예수님의 겸손은 그 민족의 회개(悔改)를 위해 끊임 없이 고통을 당하지 않으셨던가! 결국 예수님은 빌라도로부터 부당(不當)하게 판결을 받으시면서도 침묵하시고, 매맞으시고, 가시관을 쓰셨던 것이다.

예수님은 당신의 어깨에 무거운 십자가를 아무 불평 없이 지시고, 그 십자가 위에 못질을 당하신다. 예수님의 겸손은 원수로부터 비웃음과 모욕을 받으면서도, 그들을 위해 기도하셨다.

그래서 예수님은 시편 작가들의 노래를 하실 수 있다. "나는 사람도 아닌 구더기, 세상에도 천더기, 사람들의 조롱거리"(Sum

---

185) 마태 26, 50.

vermis et non homo, opprobrium hominum et abjectio plebis).[186]

예수님은 죄인인 우리를 위해, 단 한 마디의 불평도 없이 그 모든 모욕을 장렬하게 참아 견디셨다. "그분은 모욕을 당하시면서도 모욕으로 갚지 않으셨으며 고통을 당하시면서도 위협하지 않으시고 정의대로 심판하시는 분에게 모든 것을 다 맡기셨습니다"(Qui cum malediceretur, non maledicebat: cum pateretur, non comminabatur, tradebat autem judicanti se injuste).[187]

1144 (라) 예수님은 성체성사를 통해 겸손의 여러 가지 모범을 재현(再現)하신다.

ㄱ) 예수님의 겸손은 구유나 갈바리아에서 보다 성체 안에 숨어 계신다. "십자가에서는 신성(神聖)만 감추시더니 여기서는 인성(人性)마저 숨기고 계시네"(in cruce latebat sola deitas, at hic latet simul et humanitas).[188] 그러나 예수님은 감실(龕室) 깊은 곳에서, 세상에 이루어지는 모든 선의 근본이 되시고 첫 원인이 되신다. 예수님은 모든 순교자, 선교사, 동정녀들에게 영감(靈感)을 불어넣어 주시고 강하게 하시며 위로하신다. 예수님은 성체 안에 "알려지지 않고 아무 것도 아닌 것으로 여겨지기를"(nesciri, pro nihilo reputari). 원하신다.

ㄴ) 예수님의 현존에 대한 믿음을 거부하는 사람들과, 성체를 모독(冒瀆)하는 불경(不敬)한 자들과, 또 나약함과 나태(懶怠)로 인해 불경(不敬)한 영성체를 하는 그리스도인들로부터 그분은 모욕(侮辱)을 받으신다. 그리고 예수님은 자기 자신을 봉헌(奉獻)한

---

186) 시편 21, 7.
187) 1베드 2, 23.
188) Hymne *Adori te* de S. Thomas.

영혼들조차 당신을 감실 속에 홀로 남겨 두고 잊어버림으로 인해, 예수님은 사랑의 성사에서도 무시(無視)를 당하신다. "너희는 나와 함께 단 한 시간도 깨어 있을 수 없단 말이냐?"(non potuistis unâ horâ vigilare mecum?).[189]

그렇지만 예수님은 이러한 영혼들에 대한 불평 대신, 당신은 우리에게 끊임 없이 이렇게 말씀하신다. "고생하며 무거운 짐을 지고 허덕이는 사람은 다 나에게로 오너라. 내가 편히 쉬게 하리라"(Venite ad ma omnes qui laboratis et onerati estis et ego reficiam vos).[190]

그렇다. 예수님의 모범은 참으로 위와 같은 모든 종류의 겸손을 실천하고 우리를 강하게 해 준다. 예수님은 우리가 당신을 본 받도록 은총을 주시는 데, 어떻게 그분을 따르기를 주저하겠는가?

1145 (2) 이제 우리는 어떻게 하느님과 이웃과, 그리고 자신에 대한 겸손을 실천할 수 있는가를 그분의 모범에서 살펴보기로 하자.

(가) 하느님께 대한 겸손은 특히 다음 세 가지 방법으로 나타난다.

ㄱ) 겸손은 경신(敬神)의 정신으로, 존재의 충만함이신 하느님을 공경하게 한다. 즉 겸손은 우리의 죄와 허무(虛無)를 기쁘게 인정하면서, 하느님의 거룩하심과 충만하심을 선포하는 것을 행복하게 여긴다. 바로 여기서 흠숭(欽崇)과 찬양, 사랑과 자녀적

---

189) 마태 26, 40.
190) 마태 11, 28.

경외심(敬畏心)이 생겨난다.

그리고 마음으로부터 다음과 같은 외침이 터져 나온다. "홀로 거룩하시고, 홀로 주님이시고, 홀로 높으시도다"(Tu solus Sanctus, tu solus Dominus, tu solus Altissimus). 이와 같은 감정들은 우리가 기도할 때뿐만 아니라, 창조주의 완전성을 나타내는 자연적인 모습을 통해 하느님의 선업(善業)을 묵상할 때도 일어난다. 그리고 믿음의 눈으로 신적 생명에 참여하고 우리가 참으로 당신을 닮았음을 발견하는 초자연적 업적을 묵상할 때, 역시 하느님의 거룩하심에 대한 감정들이 흘러나온다.

1146 ㄴ) 겸손은 영혼이 감사의 정신으로, 자신과 이웃 안에 나타나는 모든 자연과 초자연적 은사(恩賜)의 원천을 하느님 안에서 보게 한다. 그래서 영혼은 겸손하신 동정녀와 함께, 우리에게 주시는 모든 선(善)에 대하여 하느님께 영광을 드린다. "내 영혼이 주를 찬송하며… 능하신 분이 내게 큰 일을 하셨음이요, 그의 이름은 거룩하신 분이시로다"(Magnificat anima mea Dominum… Fecit mihi magna qui potens est, et sanctum nomen ejus).[191]

이처럼 겸손한 영혼은 받은 은사(恩賜)로 거만해지기보다는, 오히려 하느님께 모든 영광을 돌리면서, 자기 자신이 자주 이 은사들을 잘 사용하지 못했음을 스스로 인정한다.

1147 ㄷ) 겸손한 영혼은 자신이 하느님께 속해 있음을 알기에, 스스로 선을 실천할 수 없음을 고백한다. 이와 같은 확신(確信)은 영혼으로 하여금 성령의 이끄심에 자신을 내어 맡긴다.

---

191) 성모님의 노래. 루가 1, 46-55.

그리고 자신의 무능함을 고칠 수 있는 하느님께 은총을 구하지 않고서는 어떤 행동도 시작하지 않는다.

특히 영적 지도자들은 삶의 실천에서, 영적 지도를 받는 영혼들의 신뢰심에 자만(自慢)하지 않도록 해야 한다. 그리고 영적 지도자는 다른 영혼을 지도할 때 자신의 의견을 말하기 전에, 지도자로써 먼저 하느님의 권고를 듣고 자신의 무능함을 솔직히 고백하면서 영혼들을 지도하도록 노력해야 한다.

1148 (나) 이웃에 대한 겸손의 원칙은 다음과 같다.

먼저 겸손은 하느님께서 영혼에게 주신 선(善)을 초자연적이고 자연적인 관점에서 바라보게 한다. 그리고 이웃에게 겸손한 영혼은 선망(羨望)과 아무런 질투 없이 그 장점들에 감탄한다. 더 나아가 겸손은 이웃의 잘못을 가능한 한 용서해 주며, 그 영혼들의 잘못을 자기가 직접 교정(矯正)해야 할 직무를 갖지 않았다는 사실을 생각하게 한다.

이와 같은 겸손의 원리 때문에,

ㄱ) 겸손한 영혼은 이웃의 성공이나 덕행을 기뻐한다. 왜냐하면 모든 것이 하느님께 영광이 되기 때문이다. "그것이 무슨 상관이 있습니까…. 결국 그리스도가 전파되는 것입니다"(dum omni modo… Christus annuntietur).[192]

물론 우리 스스로 겸손의 덕을 열망할 수 있다. 그러나 어디까지나 우리는 성령께서 영혼 안에 당신의 겸손을 주시도록 기도해야 한다. 이 때 이웃에 대한 겸손한 영혼들 사이에는 숭고한 경쟁심이 생기게 된다. "서로 격려해서 사랑과 좋은 일을 하

---

192) 필립 1, 18.

도록 마음을 씁시다"(consideremus invicem in provocationem caritatis et bonorum operum).[193]

ㄴ) 이웃에 대한 겸손은 그들의 잘못을 보면서 분개하는 대신, 그 이웃이 회개(悔改)하도록 기도한다. 그리고 겸손은 솔직하게 하느님의 은총이 없다면, 우리는 더 큰 죄에 떨어질 것이라고 고백하게 한다(제1129항).

1149 ㄷ) 이웃에 대한 참된 겸손은 자신이 다른 사람보다 더 못하다고 생각하게 한다. "다만 겸손한 마음으로 서로 남을 자기보다 낫게 여기십시오"(in humilitate superiores sibi invicem arbitrantes).[194] 우리는 오직 이웃 안에서 좋은 것만을 보도록 하고, 자기 자신 안에서는 부당(不當)한 것만을 볼 수 있어야 한다.

이 점에 대하여 성 바오로의 빈첸시오는 제자들에게 다음과 같이 권고하였다. "만일 우리가 겸손 안에서 자신을 잘 이해한다면, 우리가 말하고 생각하고 행동하는 모든 것에서, 스스로 멸시와 부끄러움의 대상이라는 사실을 조금이나마 알게 될 것입니다.

그 대신 만일 우리가 자만한다면, 우리는 다른 사람보다 더 악하게 될 것입니다. 그리고 어떤 면에서는 지옥의 악마보다 더 못하게 될 것입니다."[195]

겸손은 자기 자신 앞에서 스스로 판관(判官)이 되게 한다. 즉 겸손을 통해 영혼이 자기 스스로를 깊이 알게 될 때, 자신은 죄

---

193) 히브 10, 24.
194) 필립 2, 3.
195) Maynard, *Vertus et doct. spirit. de S. Vencent*, p.207.

인이며 많은 악한 성향(性向)을 갖고 있음을 분명하게 느끼게 된다. 그러기에 겸손은 자기 스스로를 경시(輕視)하도록 한다.

그러므로 겸손한 영혼은 다른 사람에게 판관(判官)이 아니며, 또 될 수도 없다. 왜냐하면 그는 이웃의 행동을 판단하기 위해 그 이웃들의 뜻을 잘 알지 못하기 때문이다. 더 나아가 영혼은 이웃에게 부여된 하느님의 은총을 잘 알지 못한다. 그래서 영혼은 자기 자신에 대해서는 엄격하게 판단하고, 이웃에 대해서는 되도록 관대해야 한다. 이로써 영혼은 겸손의 실천에 확신을 갖게 되고, 결국 자기 자신을 다른 사람 아래 두게 된다.

1150 (다) 자신에 대한 겸손의 원칙은 다음과 같다.

먼저 하느님께 감사하기 위해, 우리는 자신 안에 있는 좋은 것을 인정하면서, 항상 겸손한 마음을 갖도록 해야 한다. 그리고 특히 우리의 허무(虛無)와 무능(無能)과 죄의 결함을 바르게 고찰해야 한다. 이렇게 함으로써 우리는 정신과 마음이 외적으로 성장되어야 할 겸손을 쉽게 실천할 수 있다.

ㄱ) 자기 자신에 대한 겸손의 정신은 다음 네 가지를 포함한다.

① 자신을 올바르게 불신(不信)하게 하는 겸손은 스스로의 능력을 과장하지 않게 해 준다. 오히려 좋으신 하느님께서 우리에게 주신 은사들을 너무 잘못 사용한 것에 대한 부끄러움을 갖게 한다.

그래서 집회서는 다음과 같이 권고한다. "알려 주시지 않은 일을 캐내려고 애쓰지 않으며, 힘에 겨운 것을 위해 헛수고를 하지 말아라"(altiora te ne quaesieris).[196]

---

196) 집회 3, 22.

또 사도 바오로는 로마인들에게 다음과 같이 당부한다. "여러분은 자신을 과대 평가하지 않으며 하느님께서 각자에게 나누어 주신 믿음의 정도에 따라 분수에 맞는 생각을 하십시오"(non plus sapere quam oportet, sed sapere ad sobrietatem).[197]

② 겸손은 자신의 재능(才能)을 사용할 때, 인정받게 되거나 또 남의 눈에 띄지 않게 한다. 그리고 겸손은 선을 실천하면서 그 행위가 바르게 평가되기를 원하게 한다.

이 점에 대하여 성 바오로의 빈첸시오는 제자들에게 다음과 같이 당부한다. "우리가 하느님께서 주신 재능(talents)을 자신을 위해 사용한다면, 그것은 예수 그리스도를 전(傳)하는 것이 아니라 자기 자신을 전하는 것입니다. 만일 사람들로부터 갈채와 찬양을 받고, 또 존중받기 위해 설교(說敎)한다면, 그 사람은 거룩함을 모독(冒瀆)하는 것입니다. 이러한 영혼은 인간적인 평판(評判)과 명예를 얻기 위해 하느님의 말씀을 전한다고 하지만, 실상 그는 하느님의 신성(神聖)을 모독하는 행위를 실천하는 것입니다!"[198]

1151 ③ 겸손한 영혼의 지성적(知性的) 온유함은, 교회의 공적인 결정에만 순명하는 것이 아니라, 교황의 지침도 충실하게 받아들인다. 뿐만 아니라, 이 지성은 실효성(實效性)이 없을 때라 하더라도, 자신의 판단보다 그 결정들이 더 지혜롭다고 생각하면 기꺼이 그 결정에 순명한다.

④ 그리고 이 겸손을 통한 지성적 온유(溫柔)함은 논쟁의 여지

---

197) 로마 12, 3.
198) Maynard, *Vertus et doctrine*, p. 214.

가 있는 점들에 대해 자기 의견을 고집하는 것을 피하게 한다. 물론 우리는 자유로운 토론(討論)에서, 우리에게 더 좋게 보이는 제도(制度)를 선택할 권리를 갖고 있다. 그러나 참된 겸손은 다른 사람들에게도 같은 자유를 인정하도록 해야 하지 않겠는가?

1152 ㄴ) 겸손한 마음은 인간적인 명예와 영광을 찾는 욕망보다, 자기 자신에게 주어진 조건에 만족하고, 빛나는 지위(地位)보다 숨은 생활을 더 좋아하게 한다. 곧 "알려지지 않고 아무것도 아닌 것으로 여겨지기를 사랑하라"(ama nesciri et pro nihilo reputari).

겸손한 마음은 우리가 사랑하고 존경할 수 있는 모든 것을 숨기고, 사회적인 계급뿐만 아니라 이웃의 존경에서도 가장 끝자리를 차지하게 한다. "너는 초대를 받거든 오히려 맨 끝자리에 가서 앉아라"(recumbe in novissimo loco).[199] 겸손한 마음은 우리에 대한 기억이 이 세상에서 완전히 사라지기를 바란다.

성 바오로의 빈첸시오 말을 들어보자. "우리는 자신의 장점에 대해 눈을 돌려 거기에 멈추지 말고, 우리의 잘못과 결함을 바르게 알도록 반성해야 합니다. 왜냐하면 이러한 자세는 겸손을 간직하기 위해 아주 좋은 방법이기 때문입니다. 영혼들을 회개시킬 은사나, 우리가 갖고 있는 재능들은 원래 우리의 것이 아닙니다. 우리는 다만 그 재능들을 맡고 있는 짐꾼일 따름입니다.

그러므로 우리는 겸손한 마음으로 하느님께서 역사하시는 위대한 일을 바라보면서, 아무도 자만(自滿)하거나 만족해서는 안 되고, 어떤 이기적(利己的)이고 자기 중심적인 평가를 해서도 안

---

[199] 루가 14, 10.

됩니다. 다만 우리는 겸손하게 하느님께 봉사(奉仕)할 수 있는 변변치 못한 도구(道具)임을 인정해야 할 것입니다."[200]

1153 ㄷ) 영성생활에서 외적 겸손은 내적 감정의 표현일 뿐이다. 그러나 외적 겸손의 실천은 겸손을 강하게 하고 확신시켜 우리 행동에 영향을 미친다. 그러므로 외적 겸손을 소홀히 하지 말 것이며, 겸손의 진정한 감정을 동반하면서 영혼과 마찬가지로 육신도 깨끗해야 한다.

① 초라한 집과 반쯤 낡고 기웠지만 깨끗하고 검소한 옷차림은 우리의 마음을 겸손하게 할 수 있다. 그런가 하면 부유한 집과 화려한 옷차림은 때때로 쉽게 겸손에 반대되는 감정을 불러일으킬 수도 있다.

② 꾸밈없는 태도와 용모는 마음의 겸허(謙虛)함을 통해 겸손을 바르게 실천하도록 도와준다.[201] 마찬가지로 노동(勞動)은 우리를 진정으로 겸손하게 한다.

③ 다른 사람에 대해 우리가 보여주는 관대함은 공손하고 정중함의 징표이다.

④ 겸손한 영혼은 대화 중에도 상대가 관심을 갖고 있는 것

---

200) Maynard, *Vertus et doctrine*, p. 218.
201) 이것은 「덕과 삶」 제1권 겸손, p. 357-358에서 Mgr. Gay가 잘 설명하고 있다. "진심으로 겸손한 영혼은 항상 자기 몸을 바르게 유지하는 외적 겸손을 갖고 있습니다. 이것은 겸손이란 단어로 표현되는 조화, 말로 표현할 수 없는 아름다움이 모든 행동을 통해 억제되고 조심성 있게 평온한 것을 말합니다. 시선의 정숙, 목소리의 순수함, 웃음의 검허함 등, 모든 행동에 있어서 겸손은 허영과는 먼 거리에 있습니다. 이것에 대하여 사도 바오로는 필립비 4장 5절에서 다음과 같이 말하고 있습니다. '여러분의 너그러운 마음을 모든 사람에게 보이십시오. 주님께서 오실 날이 얼마 남지 않았습니다.' 하느님께서는 겸손한 영혼 가까이 계시고, 그리고 영혼은 하느님을 잊지 않을 것입니다. 왜냐하면 겸손한 영혼은 하느님의 현존 안에서 살며, 그분의 시선 아래에서 행동하고, 착한 천사들이 그를 동반할 것이기 때문입니다."

들을 이야기하면서, 자신의 말수를 줄인다. 특히 겸손한 영혼은 자기 자신과 자신에 관계되는 모든 것에 대하여 이야기하기를 꺼려한다.[202] 그리고 자신을 뽐내지 않도록 하기 위해서는 성인이 되어야 한다. 왜냐하면 자신에 대하여 좋게만 이야기하는 것은 자만이기 때문이다.

이와 마찬가지로 겸손이란 이름 아래, 괴상한 언동(言動)을 해서도 안 된다. 성 프란치스코 살레시오가 말했듯이 "만일 하느님의 위대한 종들이 미친 척한다면, 세상에서 더욱 멸시받기 위한 것이므로 찬사는 보내되 모방(模倣)해서는 안 됩니다. 왜냐하면 이 하느님의 종들은 개별적으로 기상천외(奇想天外)하게 과장한 동기가 있기 때문에 누구도 이 행위에 대하여 어떤 결론도 내어서는 안 됩니다."[203]

그러므로 겸손은 한 영혼의 존재를 포용(包容)하는 매우 실천적인 덕이며, 영혼을 성화시키는 덕이다. 겸손은 모든 덕을 실천하도록 도와 주는 데, 특히 영혼에게 온유(溫柔)함을 실천하도록 도와 준다.

---

[202] "우리는 스스로 아무것도 아니며, 비참 그 자체이며 세상의 쓰레기라고 수 없이 말합니다. 그러나 만일 사람들이 글자 그대로 받아들이고, 우리가 말한 것을 그대로 공공연하게 말한다면, 우리는 매우 유감스럽게 생각할 것입니다. 그와는 반대로 우리는 사람들이 우리를 찾고 우리 뒤를 쫓도록, 우리를 숨기고 피하는 척합니다. 우리는 최하의 존재이길 원하는 태도를 하고, 식탁의 맨 끝에 앉지만 그것은 최고 높은 자리보다 더 유익함을 얻기 위해서입니다. 진정한 겸손은 겸손한 사람처럼 하지 않고, 아예 겸손이란 말을 꺼내지도 않습니다"(성 프란치스코 살레시오, *Vie dévote*, IIIe Part., ch. V.).

[203] *Vie dévote*, 1. c., ch. V.

제3절
온 유[204]

1154 예수님은 겸손의 덕에 온유함을 결합시키신다. 왜냐하면 겸손 없이 온유한 덕을 실천할 수 없기 때문이다.

I. 온유한 덕의 본질

1155 (1) 온유한 덕의 구성 요소들

온유함은 다음 세 가지 주요한 요인들을 포함하는 복합된 덕이다.

ㄱ) 온유함은 자신의 화난 감정을 절제(節制)하고 예상(豫想)하게 하는 자기 조절(調節)의 덕이다. 이러한 관점에서 온유의 덕은 절제와 깊이 관련되어 있다.

ㄴ) 이웃의 잘못을 참는다는 점에서 인내를 요구하는 온유는 용기와도 관계된다.

ㄷ) 온유한 덕은 모든 사람, 심지어 원수에게까지 친절히 대하게 하고 받은 모욕(侮辱)을 용서한다. 이러한 점에서 온유함은 애덕을 포함한다. 그래서 위에서 말한 바와 같이, 온유함은 단일(單一)한 덕이라기 보다는 오히려 여러 덕과 협조하는 덕이다.

1156 (2) 온유한 덕의 정의

---

[204] 성 요한 Climaque, *l'Echelle*, XXIV; 성 프란치스코 살레시오, *Vie dévote*, P. IIIe, ch. VIII, IX; J. J. Olier, *Introduction*, ch. X; Card. Bona, *Manuductio*, ch. XXXII; Ribet, *Ascétique*, ch. L; Ven. A. Chevrier, *Le véritable disciple*, p. 345-354.

온유함은 형제들의 잘못을 참아 주며, 자기 자신의 성냄을 절제하는 초자연적이고 윤리적인 덕이다.

그러므로, 온유함은 내적 덕목(德目)으로서 평화와 침착함이 마음을 다스리도록 감정과 의지를 통해 행동을 밖으로 표현한다.[205] 온유한 덕은 이웃을 위해 실천하지만, 역시 자기 자신을 위해서도 실천한다.

II. 온유한 덕의 탁월성

온유함은 그 자체로써 탁월한 덕이다.

1157 (1) 이 덕에 대하여 올리에 신부는 다음과 같이 말하고 있다. "온유함은 그리스도인의 완성입니다. 왜냐하면 온유의 덕은 자신의 모든 이익에서 비움과 죽음마저 전제로 하기 때문입니다."[206]

또 올리에 신부는 덧붙이기를, "진정한 온유는 예수 그리스도께서 줄곧 머무르셨던 무죄한 영혼 안에만 존재합니다." 우리는 회개하는 영혼들에게서 완벽한 온유를 찾기 매우 드물다. 그 이유는 아주 소수의 영혼들만이 자기 자신의 잘못을 고치기 위해 항구하고 힘있게 싸우기 때문이다.

---

[205] 성 예로니모는 *Commentaire sur les Galates*, V. 22에서 다음과 같이 잘 묘사한다: "인자함은 우아하고, 사랑스럽고 침착한 덕이다. 온화하게 말하며, 온화한 품성과, 모든 선한 자질들의 훌륭한 결합이다. 친절은 온유의 아주 친한 이웃이다. 왜냐하면 친절도 기쁘게 하려고 시도하기 때문이다. 그러나 친절은 온유보다는 더 엄격한 태도와 덜 어울리는 데서 서로 구별된다. 친절은 선을 재빨리 행하고 봉사하지만, 마음을 뺏는 우아함도, 그윽함도 없다."

[206] *Introduction*, ch. X.

또 보슈에도 말하기를 "무죄(innocence)와 자기 보호(conservée)와 회복(recouvrée)의 진정한 징표는 온유함에 있습니다." 라고 하였다.[207]

1158 (2) 온유한 덕의 유익함은 하느님과 이웃과 자신 안에서 영혼이 참된 평화를 누릴 수 있다는 것이다.

ㄱ) 하느님과 온유의 덕은 모든 사건들과 화나게 하는 일이 있더라도, 침착하게 조용히 받아들이게 하기 때문에, 특히 하느님의 사랑 안에 영적 진보를 위한 방법이 된다. 사도 바오로는 말하기를, "모든 것은 하느님을 사랑하는 사람들에게 좋은 결과를 이룬다는 것입니다."(diligentibus Deum omnia cooperantur in bonum.)[208] 하였다.

ㄴ) 이웃들과 온유의 덕은 화나는 감정을 억제하면서, 우리로 하여금 이웃의 잘못을 참게 해 준다. 온유는 이웃과 좋은 관계를 갖게 해 주고, 또 이웃이 우리에게 화를 낸다 해도 내적으로 흔들리지 않게 한다.

ㄷ) 자신에 대하여 온유는 우리가 잘못이나 실수를 저질렀을 때, 화를 내거나 초조해 하지 않게 한다. 오히려 온유의 덕은 잘못에 대해 놀라지도 않고, 앞으로 더욱 조심하기 위한 경험으로 삼으면서 침착한다.

이와 같이 온유는 "화를 냄으로써, 화낸 것 때문에 또 화를 내고, 슬퍼했던 것 때문에 슬퍼하고, 분한 것 때문에 분해하는"[209] 사람들의 잘못을 피하게 한다. 이렇게 우리는 온유의 덕을 통해

---

207) *Médit. sur l' Evangile*, Sermon, IIIe Jour.
208) 로마 8, 28.
209) 성 프란치스코 살레시오, *Vie dévote*, IIIe P., ch. IX.

영혼에게 가장 값진 선물 중의 하나인, 평화를 간직할 수 있게 한다.

Ⅲ. 온유한 덕의 실천

1159 (1) 완덕의 길을 걷는 초보자들(commençants)은, 화를 내고 욕망 등을 추구하면서 영혼을 격화(激化)시키는 모든 움직임과 싸우면서 온유의 덕을 실천한다(제861항-제863항).

1160 (2) 완덕으로 나아가는 진보한 영혼(âmes avancées)들은, 말씀과 모범을 통해 우리에게 가르쳐 주신, 예수님의 온유함을 자신 안에 이끌어들이도록 노력해야 한다.[210]

(가) 예수님은 온유한 덕에 많은 중요성을 부여하신다. 그분은 모세의 성품 가운 데 하나인 온유함이 많은 예언자를 통해 알려지기를 원하셨고, 이 예언의 완성이 복음사가들을 통해 지적되기를 원하셨다.[211]

1161 (나) 예수님은 자신을 마치 온유의 모형(模型)으로 우리에게 제공하시며, 이로써 우리가 당신의 제자가 되도록 초대하신다. 왜냐하면 예수님은 마음이 온유하고 겸손하시기 때문이다.[212]

ㄱ) 예수님은 예언자들을 통해 묘사(描寫)된 온유의 완전한 이상(理想)을 실현하신다. 그리고 예수님은 복음을 선포하실 때,

---
210) P. Chevrier, Le disciple, p. 345-354.
211) 이사 42, 1-4; 마태 12, 17-21.
212) 마태 11, 29.

만족이나 흥분으로 격렬하지 않으시고, 침착하고 온화하게 설교하셨다.

또 예수님의 온유함은 언성(言聲)을 높이지 않고, 필요없는 고함과 화를 내지 않으신다. 그분의 태도는 너무나 온화해서 반쯤 꺾어진 갈대를 끊어 버리지 않고, 아직 타고 있는 심지를 끄지 않는 것과 같다.

다시 말해 그분의 온유함은 죄인의 영혼에 남아 있는 작은 믿음과 사랑의 불꽃도 끄지 않는다는 것이다. 예수님은 사람들을 모으기 위해 떠들지도 참담해 하지도 않으신다. 모두가 예수님 안에서 친절을 맛보고, 무거운 짐에 허덕이는 사람들은 그분 안에서 휴식을 취하도록 초대된다.

1162 ㄴ) 사도들에 대한 온유

① 예수님의 태도는 온유함으로 충만하시다. 당신은 제자들의 잘못과 무지(無知)와 난폭함을 참아 내신다. 또 예수님은 제자들이 감당할 수 있는 한도 내에서, 단계적으로 진리를 그들에게 드러내면서 조심스럽게 행동하고, 성령이 그 일을 완성하도록 맡기신다.

예수님은 바리사이파 사람들이 당신 제자들에게 단식(斷食)하지 않는다고 부당하게 질책할 때 제자들 편을 드신다. 그러나 제자들이 예수님께 접근하려는 어린이들에게 대한 온유가 부족할 때, 또는 사마리아의 한 마을 위에 하늘의 불을 내리기를 원할 때, 예수님은 제자들을 질책하신다. 그러나 예수님은 세 번이나 당신을 부인(否認)한 베드로를 용서하시고, 또 세 번이나 사랑의 고백을 하게 함으로써 속죄(贖罪)해 주신다.

② 예수님은 복음을 전하는 당신의 일꾼들에게 온유함을 권고하신다. 또 예수님은 그들이 비둘기처럼 온순하고 뱀처럼 슬기로워야 한다고 말씀하신다. 그래서 예수님은 사도들에게, 마치 늑대의 소굴로 들어가는 양들처럼, 악(惡)에 대항하지 말고, 오른쪽 뺨을 때리면 왼쪽 뺨마저 내어 주어야 한다고 강조하신다. 더 나아가 예수님은 그들에게 외투나 속옷까지 내어 주고, 재판소에 가기보다는 박해(迫害)하는 사람들을 위해 기도해야 한다고 가르쳐 주신다.

1163 ㄷ) 죄인들에 대한 온유

많은 죄를 지은 사람에게조차, 예수님의 온유함은 죄인들이 진정으로 뉘우칠 때, 그들의 죄를 흔쾌히 용서하신다.

예수님의 온유함은 세심한 배려(配慮)를 통해 사마리아 여인의 고백과 회개를 이끌어 내시고, 죄많은 여인과 강도(强盜)에게 용서를 베풀어 주신다. 왜냐하면 예수님의 온유는 의인(義人)을 부르러 온 것이 아니라, 죄인을 회개(悔改)시키려 오셨기 때문이다. 그래서 예수님의 온유는 착한 목자(牧者)처럼 길 잃은 양(羊)을 찾아 당신의 어깨에 메고 양우리로 데려오신다. 그리고 예수님은 이 양들을 위해 당신의 목숨을 바치신다.

만일 예수님이 바리사이파와 사두가이파 사람들을 호되게 질책했다면, 그 이유는 그들이 다른 사람들에게 무거운 짐을 지워 놓고는, 다른 사람들이 하느님의 나라에 들어올 수 없도록 방해하기 때문이다.

ㄹ) 예수님은 원수에게까지 온유로서 대하신다. 곧 예수님은 당신을 배반한 유다에게 친구의 친절함을 보여 주신다. 그리고

예수님은 십자가 위에서도 당신을 못질한 형리(刑吏)들을 위해 기도하시고, 성부께 그들의 무지(無知)함을 용서해 달라고 기도하신다.

1164 (다) 예수님의 온유함을 본 받기 위해

ㄱ) 예수님을 본 받기 위해 우리는 다툼을 피하고, 언성(言聲)을 높이지 않으며, 소심(小心)한 사람들에게 상처를 주는 말과 행위를 하지 않도록 해야 한다. 그리고 예수님의 온유함을 본 받기 위해 우리는 악을 악으로 갚지 않도록 노력해야 할 것이다. 더 나아가 거친 행동을 피하고 화가 났을 때 침묵할 줄 알아야 한다.

ㄴ) 그 반대로, 우리는 모든 것을 조심스럽게 대하도록 노력한다. 또 사람들이 우리를 피곤하게 하거나 지겹게 하더라도, 항상 즐겁고 상냥한 표정(表情)을 유지하도록 해야 한다. 우리는 예수님의 온유함을 본 받기 위해 가난한 사람, 병자, 죄인, 소심한 사람, 그리고 어린이들을 따뜻하게 맞이해야 한다. 그리고 우리는 그들이 요구하는 것 이상으로 더 친절하게 봉사해야 한다.

1165 (3) 완덕의 길을 걷는 완전자(parfaits)는 하느님과 같은 온유의 덕을 본 받으려고 노력하는 영혼들이다.

올리에 신부의 지적(指摘)에 따르면 다음과 같다. "하느님께서는 본질적으로 온유하십니다. 하느님은 당신 안에 참여하는 영혼들을 온유하게 하시려 할 때, 그분은 영혼 안에 깊이 자리 잡으시며, 이 때 영혼은 육적인 것도 없고 영혼 자체도 없게 됩니다. 그래서 하느님 안에서 영혼은 존재, 생활, 실체, 완덕 속에서 모두 잃어버리게 되고, 영혼이 하는 모든 것은 온유함 속에

있게 됩니다. 그리고 고통과 과격한 감정이 영혼 안에서 없어지고, 항상 온유하게 됩니다."²¹³⁾

1166 온유의 덕에 대한 결론

우리는 이 결론에서 사추덕(四樞德, vertus cardinales)에 대한 설명을 간단하게 살펴보고자 한다.

ㄱ) 사추덕은 우리의 모든 능력(能力)을 의지(意志)와 이성(理性)의 지배 아래 복종시킴으로써 이 능력들을 억제하고 유순하게 훈련시켜 준다.

ㄴ) 사추덕은 영혼이 하느님과 일치하는 데 장애물을 제거해 준다. 왜냐하면 우리가 획득한 현명(賢明, prudence)은 하느님의 지혜에 참여하게 하고, 정의(正義, justice)는 하느님 정의에 참여케 하며, 하느님으로부터 오는 용기(勇氣, force)는 우리를 그분과 일치시키고, 절제(節制, tempérance)는 하느님 안에서 존재할 수 있는 조화(調和)의 균형을 갖게 하기 때문이다.

우리가 장상에게 순명(順命)할 때, 그것은 하느님께 순명하는 것이다. 그리고 정결(貞潔)은 우리로 하여금 하느님의 완전한 순결에 더욱 가까이 가게 하는 방법일 뿐이다. 겸손(謙遜)은 하느님으로 하여금 영혼을 가득 채우기 위해 우리 영혼을 비우게 한다. 이처럼 온유(溫柔)함은 하느님의 온유하심에 우리를 참여하게 한다.

이와 같이 하느님과 일치하게 하는 모든 윤리덕의 궁극적인 그 목적은 대신덕(對神德, vertus théologales)을 완전하게 하는 데 있다.

---

213) *Introduction*, ch. X.

제Ⅲ부

대신덕

1167 (1) 사도 바오로는 그리스도인의 생명의 중요한 요소들을 말하면서, 대신덕(對神德) 세 가지(신덕·망덕·애덕)를 윤리덕보다 더 높은 곳에 둔다.[214]

그래서 사도 바오로는 데살로니카인들에게, "믿음과 사랑으로 가슴에 무장을 하고 구원의 희망으로 투구를 쓰라."고[215] 권고하였다. 그리고 사도는 "여러분의 믿음의 활동과 사랑의 수고와… 꾸준한 희망을"[216] 칭찬하였다. 이어서 사도 바오로는 은총의 선물(charismes)은 다 사라지지만, "믿음과 희망과 사랑, 이 세 가지는 언제까지나 남아 있을 것"이라고[217] 말한다.

1168 (2) 영혼에게 있어서 대신덕의 역할은, 영혼으로 하여금 신적 생명에 참여토록, 예수 그리스도를 통하여 하느님과 일치시키는 데 있다. 그러므로 대신덕은 영혼을 변화시키는 동시에 하느님과 일치하게 한다.

ㄱ) 믿음(信德)은 영혼을 영원한 진리이신 하느님과 일치하게 한다. 그리고 믿음은 하느님께서 당신 스스로를 드러내신 것처럼, 우리를 신적 생명에 참여토록 한다. 이렇게 함으로써 믿음은 영혼에게 참된 행복을 준비시킨다.

ㄴ) 희망(望德)은 최상의 행복인 하느님과 우리를 일치시키며, 영혼으로 하여금 하느님을 사랑하게 한다. 그래서 영혼은 천상 행복(天上幸福)에 대한 보장(保障)을 확신하면서 희망 속에서 행복을 기다린다. 이러한 이유로 희망은 영혼이 하늘 나라에 가기

---

214) P. Prat, *La Théologie de S. Paul*, t. II, p. 401-402.
215) 1데살 5, 8.
216) 1데살 1, 3.
217) 1고린 13, 13.

위해 필요한 방법이 된다. 희망은 영혼에게 영원한 행복을 완전히 소유하도록 준비시켜 준다.

ㄷ) 사랑(愛德)은 무한히 선(善)하신 하느님께 우리를 일치시킨다. 무한한 사랑은 선 그 자체로써 하느님을 사랑하게 한다. 그리고 사랑은 하느님과 영혼 사이에 거룩한 우정(友情)을 통해 우리를 그분의 생명으로 살게 한다. 왜냐하면 하느님께서 사랑 그 자체이듯이 우리도 그분을 사랑하기 때문이다.

이 사랑의 덕인 애덕은 지상(地上)에서 항상 다른 두 대신덕(믿음·희망)을 포함한다. 사랑이 덕행(德行)으로 승화되지 못할 때 믿음과 희망은 언제나 불완전하고 완성되지 못한 형태로 영혼에게 다가갈 것이다.

사도 바오로의 증언에 따르면, "오직 사랑으로 표현되는 믿음만이 중요합니다"(fides quae per caritatem operatur)라고 말한다.[218] 즉 희망은 성화 은총(聖化恩寵, grâce sanctifiante)과 사랑을 소유함으로써 하늘의 참된 행복을 미리 맛보게 해 줄 때 완전해진다.

---

218) 갈라 5, 6.

제1장 신　덕(神德)[219]

I. 신덕의 본질

여기서 우리는 이미 신덕에서 다루었던 교의(教義)와 윤리신학을 간단하게 다시 되새겨 볼 필요가 있다.

1169　(1) 성서에서 말하는 믿음의 뜻

믿음이란 단어는 대부분 신뢰에 기초를 둔, 진리에 대한 지혜(知慧)의 동의(同意)를 뜻한다. 이 말은 한 영혼이 다른 사람을 믿기 위해서는 그에 대한 신뢰가 있어야 한다는 것이다.

(가) 구약성서에서 말하는 믿음은 민족의 사활(死活)이 걸려 있는 중요한 덕목(德目)으로 소개된다.

"야훼께서 너희 하느님이시다. 그분을 믿어라. 그리하면 흔들리지 아니하리라."[220] "너희가 굳게 믿지 아니하면, 결코 굳건히

---

219) 성 아우구스티누스, *Enchiridion de Fide, Spe et Caritate*; S. Thomas, II^a II^{ae}, q. I-XVI; Joannes A S. Thoma, *De fide*; Suarez, *De fide*; J. de Lugo, *De virtute fidei divinae*; Salmanticenses, *De fide*; Scaramelli, *Guide ascétique*, t, IV, art. I; Billot, *De virtutibus infusis*, thesis IX-XXIV; Bainvel, 믿음과 믿음의 행위; Hugon, 빛과 믿음; Mgr Gay, 삶과 덕, t. 1, tr. III; Ch. de Smedt, 우리의 초자연적 생명, t. I, p. 170-271; Mgr D'Hulst, *Carême 1892*; P. Janvier, *Carêmes 1911 et 1912*; P. Garrigou-Lagrange, *De Revelatione*, t. I, ch. XIV-XV; S. Harent, *Dict. de Théol.*, au mot *Foi*.

220) 2역대 20, 20.

서지 못하리라."[221] 이와 같이 구약에서 말하는 믿음은 신뢰와 포기, 그리고 사랑이 동반된 하느님의 말씀에 대한 동의이다.

(나) 신약에서 말하는 믿음의 중요성은 영혼이 그리스도인임을 고백하는 것이며, 믿지 않는다는 것은 신앙인이 아님을 뜻한다.

"믿고 세례를 받는 사람은 구원을 받겠지만 믿지 않는 사람은 단죄를 받을 것이다"(Qui crediderit et baptizatus fuerit salvus erit: qui vero non crediderit condemnabitur).[222] 믿음이란 예수님과 그분의 제자들에 의해 선포되는 복음(福音)을 받아들이는 것이다.

그러므로 믿음은 언제나 선교(宣敎)를 전제로 한다. 그러나 예수님의 말씀을 "들어야 믿을 수 있다"(fides ex auditu).[223] 또 믿음은 마음의 어떤 직감(直感)이나 직접적인 환시(幻視, vision)도 아니다. "우리가 지금은 거울에 비추어 보듯이 희미하게 보지만…"(videmus nunc per speculum, in aenigmate…).[224]

믿음은 영혼이 자유롭게 신적 증언에 대한 분명한 동의를 뜻한다. 믿음은 인간 편에서 믿기를 거부할 수 있고, 또 하느님이 영혼 안에 밝히신 확신 없이는 믿지 않기 때문이다.[225] 이처럼 믿음은 희망을 동반하면서 사랑에 의해 완전해진다. "오직 사랑으로 표현되는 믿음만이 중요합니다"(fides quae per caritatem operatur).[226]

---

221) 이사 7, 9.
222) 마르 16, 16.
223) 로마 10, 17.
224) 1고린 13. 12.
225) 필립 3, 8-10; 1베드 3, 15.
226) 갈라 5, 6.

1170 (2) 믿음에 대한 정의(定義)

믿음은, 하느님의 권위로써 계시(啓示)된 진리를 굳게 받아들이고, 그분의 은총과 뜻에 따라 우리의 지성(知性)을 굴복시키는, 대신덕 가운데 하나이다.

(가) 믿음은 영혼이 진리를 인식하는 문제이기 때문에, 무엇보다 먼저 지성(知性)적 행위가 된다. 그러나 영혼 스스로 진리를 본질적으로 확실히 알지 못하기 때문에, 우리는 지성에 의해 명령된 의지(意志)의 작용 없이는 바른 믿음을 가질 수 없다. 그래서 영혼은 믿음에 대한 그 이유가 설득력을 가질 때, 의지는 지성에 동의하라고 명한다.

그리고 믿음은 초자연적 행위의 문제이므로, 하느님의 은총은 지성을 밝혀 주고 의지를 도와 주기 위해 영혼 안에 개입한다. 그리하여 믿음은 초자연적인 공로(功勞)로써 영혼으로 하여금 자유로운 행위를 실천하게 한다.

(나) 믿음의 구체적인 대상(對象)은 이성(理性)이 발견할 수 없을 때도 있다. 그런가 하면 믿음으로 알 수 있는 계시(啓示)된 진리도 있다.

믿음 안에 계시된 모든 진리는 하느님과 예수 그리스도 안에 존재한다. 즉 계시된 진리는 영혼의 시작이고 마지막 목적인, 삼위일체의 위격(位格)과 본성(nature) 안에 현존한다. 예수 그리스도는 하느님의 영원한 외아드님이시면서 우리를 구원하기 위해서 사람이 되셨다. 예수님은 인간 구원과 관계되는 모든 것을 실행하신 영혼의 구원자(救援者)이시며 중개자(仲介者)이시다. 달리 표현한다면, 믿음은 언젠가 영혼이 하늘에서 보게 될 것임을 알게 한다.

"영원한 생명은 곧 참되고 오직 한 분이신 하느님 아버지를 알고 또 아버지께서 보내신 예수 그리스도를 아는 것입니다"(Haec est autem vita aeterna, ut cognoscant te solum Deum verum et quem misisti Jesum Christum).[227]

1171 (다) 믿음의 동기(動機)와 대상(對象)이라 부르는 것들은 계시에 의해 나타난 신적 권위를 우리에게 나타낸 것이다. 그래서 믿음은 영혼으로 하여금 하느님과 일치하게 한다. 이와 같은 믿음의 동기와 그 대상은 모두 그 자체로써 초자연적 덕이 된다.

(라) 믿음 안에 계시된 진리는, 예수 그리스도에 의해 세워진 교회를 통해 그분의 교의(教義)에 공식적인 중개자로 제시된다. 우리는 이와 같은 진리를 가톨릭 신앙이라고 말한다. 그런데 만일 교회가 계시된 진리를 올바르게 정립(定立)하지 못한다면, 믿음은 한갓 신적(神的) 신앙으로 남아 있을 뿐이다.

(마) 영혼에게 있어서 참된 믿음에 동의(同意)하는 것보다 더 확실한 것은 없다. 왜냐하면 믿음은 자신의 빛에 대한 신뢰보다, 신적 권위를 더욱 신뢰하기 때문이다. 그러기 때문에 영혼은 온 힘을 다해 계시된 진리를 믿게 된다. 그리고 영혼은 믿음에 대한 자신의 동의를 강화시키는 반면, 신적 은총에 더욱 확고히 동의한다. 이와 같이 믿음에 대한 영혼의 동의는 이성적(理性的)으로 갖는 진리의 동의보다 훨씬 더 확고하고 생기(生氣)가 있다.

---

227) 요한 17, 3.

II. 신덕의 성화적(聖化的) 역할

1172 위에서 말한 것처럼, 믿음은 우리의 영적 성화에 매우 중요한 역할을 한다. 믿음은 신적 사고(神的思考)와 일치하게 한다. 그리하여 믿음은 영혼으로 하여금 하느님과 매우 긴밀하게 일치하도록 도와 준다.

1173 (1) 믿음은 초자연적 생명의 기초이다. 우리는 이미 제1138항에서 겸손의 덕이 믿음을 더 명확하게 해 준다는 사실을 고찰하였다. 그래서 믿음은 그 자체로써, 이방인(異邦人)들이 알지 못했던 겸손의 근거가 되었다. 이와 같은 결과로 인해, 믿음은 영혼에게 모든 덕의 근거가 된다.

이러한 사실을 더 잘 이해하기 위해서, 우리는 트리엔트 공의회의 말을 깊이 이해하는 것으로 충분할 것이다. 즉 트리엔트 공의회에서 믿음은 성인(聖人)과 의로운 사람의 근본이고 시작이라고 주장하였다. "믿음은 인간 구원의 시작이고, 모든 의화(義化)의 기초이고 뿌리이다"(humanae salutis initium, fundamentum et radix totius justificationis).

(가) 믿음은 의(義)로운 영혼이 갖는 첫 걸음이다. 믿음은 하느님께서 당신의 생명을 우리에게 깨우치기 위해 사용된 신비스러운 방법이기 때문이다. 그래서 믿음은 우리편에서 볼 때 영혼이 갖는 초자연적 첫 자세이며, 믿음 없이는 희망과 사랑도 없다. 다시 말해서, 믿음은 영혼으로 하여금 하느님과 신적인 것들을 소유하게 한다.

영혼이 초자연적 삶을 살기 위해서는, 먼저 믿음을 바르게 인식해야 한다. 믿음은 "미리 인식하지 않으면 아무것도 원하지 않게 된다"(nil volitum quin praecognitum). 그래서 우리는 이성(理性)으로 곁들여진 새로운 빛으로 믿음을 인식하게 된다. 물론 이 믿음은 우리의 영혼을 초자연적이며 새로운 세상으로 스며들게 해 준다. 그리고 이 믿음은 마치 망원경(望遠鏡)처럼 눈으로 볼 수 없이 멀리 있는 것들을 발견하게 해 준다.

그러나 믿음에 대한 이 비유(比喩)는 매우 불완전하다. 왜냐하면 망원경은 외적인 도구(道具)인 데 비하여, 믿음은 지성의 내면으로 스며들어 활동 영역인 시력(視力)을 높여 주기 때문이다.

1174 (나) 믿음은 영적 삶의 뿌리이다. 이것은 마치 우리의 성성(聖性)을 보다 넓고 높은 건물에 비유하는 것과 같다. 그래서 건물이 높이 올라가더라도 그 견고함을 잃지 않도록 믿음의 기초는 매우 넓고 깊어야 한다는 것과 같다. 그러므로 열심한 영혼들에게 자기 자신의 믿음을 튼튼하게 다지는 것은 무엇보다 중요하다. 특히 신학생들과 사제는 견고한 믿음의 기초 위에 완덕의 성전(聖殿)이 세워질 수 있도록 그 믿음을 다져야 한다.

(다) 믿음은 성성(sainteté)의 뿌리이다. 이 성성에서 믿음은 마치 나무의 성장을 위해 영양 섭취에 필요한 액(液)을 땅에서 찾는 것과 같다. 이와 같이 영혼의 가장 깊은 곳까지 뿌리를 내린 믿음은, 신적 진리를 영혼이 섭취하고 풍부한 영양분을 얻게 된다. 그래서 믿음의 뿌리가 깊을수록, 그 나무는 세찬 풍파를 더 잘 견디어 낸다.

이와 같은 모습은 영혼에게 있어서도 마찬가지다. 믿음이 확고할 때, 그 영혼은 거센 풍랑(風浪)을 잘 이길 수 있다. 그러므로 영혼이 완덕에 이르기 위해서는 무엇보다 믿음이 깊고 확고해야 한다는 것보다 더 중요한 것은 없다.

1175 (2) 믿음은 영혼을 하느님과 하나 되게 한다. 그리고 믿음은 영혼으로 하여금 하느님의 뜻과 그분의 생명에 참여하도록 도와 준다. 이것은 궁극적으로 믿음은 영혼으로 하여금 하느님을 바르게 인식하는 것과 같다. 이 점에 대하여 게이(Gay) 주교는, "믿음으로 인하여 하느님의 빛은 우리의 빛이 되고, 그분의 지성은 우리의 지혜가 됩니다. 그리고 믿음에 의해 하느님의 영(靈)은 우리의 영이 되고, 그분의 생명은 우리의 생명이 됩니다." 하였다.[228]

믿음은 직접적으로 우리의 지성(知性)을 신적 지혜(知慧)와 일치시킨다. 그러나 믿음의 행위가 의지의 도움 없이는 이루어질 수 없으므로, 의지는 믿음을 통해 영혼 안에 훌륭한 결과를 낳는다. 그러므로 우리의 믿음은 지성을 위한 빛이 되고, 의지를 위한 위로와 힘의 원천이 된다. 더 나아가 믿음은 모든 영혼을 위해 중요한 공로자(功勞者)가 된다.

1176 (가) 믿음은 영혼의 지성을 밝혀 주는 빛이며, 또 그리스도인을 철학자와 구별하게 한다. 우리 영혼 안에는 믿음에 대한 세 가지 인식(認識)이 있다. 첫째, 감각적인 인식으로 이것은 감각을 통해 일어난다. 둘째, 이성적인 인식은 지성을 통해 얻어진다. 세째는 영적이며 초자연적 인식이다. 이 마지막 인식은 먼저 다른 두 개의 인식보다 훨씬 탁월한 것이다.

---

228) *De la vie et des vertus*…, t. I, p. 150.

ㄱ) 믿음은 영혼으로 하여금 신적인 것과 하느님께 대한 인식의 범위를 넓혀 준다. 영혼은 이성(理性)을 통해 하느님의 본질과 내적 생명에 대하여 아주 작은 부분만을 알뿐이지만, 믿음을 통해 영혼은 살아 계신 하느님을 알게 된다. 믿음은 영원에서 외아드님을 잉태하시고, 아버지와 외아드님의 상호적 사랑에서 세 번째 인격인 성령(聖靈)께서 태어난다는 사실을 일깨워 준다.

믿음은 성자(聖子)께서 우리를 구원하기 위해 사람이 되셨고, 그분을 믿는 사람은 누구나 하느님의 자녀가 된다는 것을 알려 준다. 그리고 믿음은 성령께서 우리에게 칭찬 받을 만한 신적(神的) 행위를 할 수 있는 초자연적 조직체를 주고 성화(聖化)시키기 위해 영혼 안에 거처하러 오신다는 것을 일깨워 준다. 이러한 믿음은 영혼에게 하느님의 계시(啓示)에 대한 일부일 뿐이다.

ㄴ) 믿음은 영혼이 이미 이성으로 알고 있는 진리들을 심화(深化)하도록 도와 준다. 그러기에 믿음은 영혼에게 자연적 교훈보다 복음적 교훈이 얼마나 완전하고 깊진 것인지!

산상 설교(山上說敎)에서, 예수님은 첫 부분부터 가난한 사람들과, 박해받는 이들과, 온유한 사람들을 행복하다고 선포하신다. 또 주님은 제자들에게 원수를 사랑하고 그들을 위해 기도해 주며, 오히려 원수에게 선을 실천하라고 명하신다.

예수님께서 가르치는 성성(聖性)은 외적이거나 법적인 것이 아니라, 하느님과 이웃에 대한 사랑에 기초를 둔 내적 성성이다. 예수님은 우리의 사랑에 대한 열정을 위해, 가장 완전한 이상(理想)으로 하느님의 완덕(完德)을 제시하신다.

그래서 하느님께서는 당신의 외아드님이 육화(肉化) 되시어,

우리의 삶을 사시면서, 이 땅에서 우리가 살아야 할 완전한 삶의 구체적인 본 보기를 보여 주신다. 그리고 하느님은 우리에게 이러한 삶을 계속하는 데 필요한 용기와 항구함을 주시기 위해, 당신 스스로 우리 안에서 덕성과 은총으로 살고 계신다. 하느님께서는 우리의 용기와 빛이시기에, 우리의 연약함 때문에 용서받을 수 없는 것을 받게 된다.

1177 (나) 용기(勇氣)의 뿌리가 믿음이라는 사실을 히브리서의 저자는 우리에게 매우 훌륭하게 보여 주고 있다.[229]

믿음은 영혼에게 특별히 의지(意志)를 강하게 하는 깊은 확신을 가져다 준다.

ㄱ) 믿음은 우리에게 하느님께서 영혼을 위해 끊임 없이 역사하신다는 사실을 보여 준다. 믿음은 어떻게 하느님께서 우리 영혼을 성화시키기 위해 작용하고 생활하시는지, 또 어떻게 예수님이 우리를 하느님 안에서 육화(肉化)시키고, 우리를 성부의 생명에 참여케 하는지를 보여 준다(제188항-제189항).

그리고 믿음은 굴욕과 십자가를 선택하신 예수님께 우리의 시선을 고정시키게 한다. "예수님은 장차 누릴 기쁨을 생각하고 부끄러움도 상관하지 않고 십자가의 고통을 견디어 내셨다" (proposito sibi gaudio, sustinuit crucem, confusione contempta).[230] 그로 인하여 믿음은 영혼으로 하여금 예수님을 따라 용감하게 십자가를 질 힘을 갖게 한다.

ㄴ) 믿음은 영혼에게 고통의 열매인 영원한 상급을 끊임없이

---

229) 히브 11장.
230) 히브 12, 2.

제시한다. "우리는 지금 잠시 동안 가벼운 고난을 겪고 있지만 그것은 한량없이 크고 영원한 영광을 우리에게 가져다 줄 것입니다"(momentaneum et leve tribulationis nostrae aeternum gloriae pondus operatur in nobis).[231]

그리고 사도 바오로는, "장차 우리에게 나타날 영광에 비추어 보면 우리가 겪고 있는 고통은 아무것도 아니라고 생각합니다"(non sunt condignae passiones hujus temporis ad futuram gloriam).라고[232] 하였다.

이와 같이 우리는 사도 바오로처럼 고난(苦難) 가운 데서도 기뻐해야 한다.[233] 인내를 통해 견디어 낸 고통은 영혼에게 하느님을 사랑하는 데 더 높은 차원의 가치를 갖게 하기 때문이다.

ㄷ) 그리고 우리가 나약함을 느낄 때마다, 믿음은 우리에게 하느님은 우리의 피난처이시고 힘이라는 사실을 기억하게 한다. 또 믿음은 세속과 악마가 우리를 반대하더라도, 두려워할 것이 없음을 영혼에게 상기시켜 준다. "세상을 이기는 승리의 길은 곧 우리의 믿음입니다"(Et haec est victoria quae vincit mundum, fides nostra).[234]

이와 같은 믿음은 성령을 통하여 예수님의 제자들 안에 놀라운 변화의 모습으로 분명하게 나타난다. 겁 많고 비겁하던 제자들이 하느님으로 인해 굳센 믿음으로 무장한다.

그리하여 제자들은 예수님을 위해 고통 당하는 것을 기쁘게 여기고, 온갖 종류의 시련·태형(笞刑)·투옥, 끝으로 죽음마저

---

231) 2고린 4, 17.
232) 로마 8, 18.
233) 로마 5, 3-5.
234) 1요한 5, 4.

두려워하지 않고 용감하게 앞으로 나아가게 되었다. "사도들은 예수의 이름으로 말미암아 모욕을 당하게 된 것을 특권으로 생각하고 기뻐하면서 의회를 물러 나왔다"(ibant gaudentes quoniam digni habiti sunt pro nomine Jesu contumeliam pati).[235]

1178 (다) 믿음은 영혼에게 굴욕(屈辱)과 고난(苦難)뿐 아니라, 부모님과 친구를 잃었을 때 위로에 큰 힘이 된다. 그래서 믿음은 영혼으로 하여금 아무런 희망 없이 죽음만을 마냥 슬퍼하게 하지 않는다. 우리의 믿음은 죽음이 한낱 수면(睡眠)일 뿐, 오히려 부활(復活)을 기다리고 있다는 사실을 일깨워 준다. 그리고 믿음으로 우리는 영원한 나라를 위해 잠시 지나가는 장소를 택할 뿐이다.

특히 우리에게 위로를 주는 믿음은 성인들의 통공(通功)이라는 교의(敎義)이다. 즉 믿음은 우리 곁을 떠난 사람들과 다시 만나기를 기다리면서, 예수 그리스도 안에서 그들과 매우 친숙한 방법으로 일치하게 한다. 믿음은 우리로 하여금 죽은 영혼들의 시련(試鍊)의 시간을 줄이고 빨리 하늘 나라에 들어가도록 기도하게 한다.

1179 (라) 끝으로 믿음은 영혼에게 수많은 공로(功勞)의 원천이 된다.

ㄱ) 믿음의 실천은 그 자체로써 하나의 공로가 된다. 왜냐하면, 믿음은 우리의 지성과 의지를 신적 권위(權威)에 순종하도록 도와 주기 때문이다. 그렇지만 때로는 믿음을 고백하는 사람들

---

235) 사도 5, 41.

이 많은 조소(嘲笑)와 박해(迫害)를 받는 데, 그 공격은 그만큼 믿음에 더 큰 공로가 될 것이다.

ㄴ) 그리고 믿음은 영혼에게 공로가 되는 다른 여러 가지를 실천하도록 도와 준다. 왜냐하면 영혼은 초자연적 목적과 은총(恩寵)의 도움 없이는 믿음을 고백할 수 없기 때문이다(제126항, 제239항).

또 믿음은 영혼을 우리 주 예수 그리스도와 성부(聖父)께 향하도록 하면서, 우리로 하여금 초자연적 관점에서 모든 것을 실천하게 한다. 그런가 하면 믿음은 신적 모든 권능(權能)과 영혼의 무능력(無能力)함을 발견하게 하면서, 그분의 은총을 얻기 위해 열렬한 기도를 하게 한다.

Ⅲ. 신덕의 실천

1180 믿음은 하느님의 은총인 동시에 영혼이 그분께 드리는 자유로운 동의(同意)이다. 그러기 때문에 영혼이 믿음에 진보하기 위해서는 개인적인 노력과 기도에 뿌리를 내려야 한다. 이와 같은 영혼의 자세는 믿음을 굳건하고 단순하게 하며 더욱 실천적이 되게 한다.

1181 이제 우리는 이와 같은 원리를 영성생활의 여러 단계에 적용시켜 보자.

(1) 완덕으로 나아가는 초보자들은 무엇보다 먼저 믿음을 확고하게 갖도록 노력해야 한다.

(가) 초보자들은 모든 것의 기초인 믿음의 선물에 대해 온 마

음으로 하느님께 감사드리면서, 사도 바오로의 다음과 같은 말을 되풀이해야 한다. "말로 다 할 수 없는 선물을 주시는 하느님께 감사합니다"(Gratias Deo super inenarrabili dono ejus).[236]

초보자들은 주위의 수많은 무신론자(無神論者)들을 보면서 하느님께 더욱 믿음에 대한 감사를 드려야 한다. 그리고 초보자들은 신앙생활의 어려움에도 불구하고, 이 믿음의 선물을 잘 간직하도록 하느님의 은총을 얻기 위해 기도해야 한다. 그리고 초보자들은 믿지 않는 사람과 이단자(異端者) 또는 배교자(背敎者)들의 회개(悔改)를 위해 하느님께 구원을 탄원(歎願)해야 한다.

1182 (나) 초보자들은 사도들과 함께 신앙 고백(信仰告白)을 하면서, "저희의 믿음을 더하여 주십시오"(adauge nobis fidem).라고[237] 기도해야 한다. 그리고 확고한 결심과 겸손한 순종으로 이 기도를 암송(暗誦)해야 할 것이다. 또 믿음을 밝혀 주고 견고하게 해주는 독서를 병행하도록 노력한다.

그러나 현대 그리스도인들은 과연 얼마나 많은 영혼들이 신심 서적이나 종교에 관한 책을 외면하고 있는가?

1183 (다) 초보자들은 믿음을 약하게 하는 불필요한 모든 것을 피해야 한다.

ㄱ) 특히 믿음의 진리를 의심하게 하고 빈정거리면서, 그 믿음을 공격하는 경솔한 책들은 피해야 한다.

오늘날 간행되고 있는 많은 책들은 믿음에 반대되는 책들이 대부분이다. 뿐만 아니라, 우리의 믿음을 반대하면서 공공연하게

---

236) 2고린 9, 15.
237) 루가 17, 5.

공격하는 것들이 많다. 만일 그리스도인으로 조심하지 않으면, 영혼은 조금씩 무신론(無神論)의 독(毒)에 중독되어, 믿음의 순수성을 잃게 되고, 의심과 망설임으로 뒤흔들리게 되는 순간이 오게 되며, 결과적으로 신앙을 버리게 될 것이다.

우리는 자기 스스로 충분히 믿음의 위험에 대항할 면역(免疫)이 있다는 이유만으로, 위험한 책으로 목록을 규정한 교회의 현명한 가르침을 소홀히 하지말고 존중해야 할 것이다. 사실 누구도 사상의 면역(免役)에 대해서는 장담할 수 없기 때문이다.

균형(均衡) 있고 열성적인 정신으로 교회를 보호했던 발메스(Balmès)는, 이단(異端)을 공격하기 위해 이단적인 책들을 읽지 않으면 안 되었다. 그 후 발메스는 그의 친구들에게 다음과 같이 말하였다. "내 안에 동방 정교회의 교리와 감정들이 얼마나 뿌리깊게 내렸는지 너희들은 모를 것이다. 물론, 나는 이제 그르나다의 루도비코(Louis de Grenade)의 준주성범이나, 성서를 읽어야 할 필요성을 느끼지 않고, 금지된 책을 이용하는 일도 없어졌다. 아무런 예방과 경험도 없이 모든 책을 마구잡이로 읽으려 하는 이 무분별한 나에게 과연 무슨 일이 일어났겠는가? 이와 같은 생각은 나로 하여금 참으로 두려움에 사로잡히게 하였다."[238]

이러한 이유에서 우리는 올바른 믿음을 위해 무신론자들의 강의나 그들과의 대화를 매우 조심해야 할 필요가 있을 것이다.

ㄴ) 또 믿음을 자기 수준에 맞추고, 자기가 이해하는 것만을 받아들이려는 지적(知的) 교만도 피해야 한다. 그러기에 초보자

---

[238] A. de Blanche-Raffin, *P, Balmès*, p. 44.

들은 자신의 나약한 이성(理性)으로는 이해할 수 없는 성령께서 우리 안에서 역사하신다는 사실을 기억해야 한다. 왜냐하면 성령께서는 당신의 뜻을 통하여 우리에게 크나 큰 영예(榮譽)를 주시기 때문이다.

그러므로 우리 신앙이 성령의 뜻을 확인했을 때 가져야 할 이성적인 태도는, 그 성령의 빛을 감사하게 받아들여야 한다는 것이다.

1184 (라) 믿음에 반대되는 유혹(誘惑)에 관해서는, 명백한 것과 애매모호(曖昧模糊)한 대상을 분명하게 구분해야 한다.

ㄱ) 먼저 믿음에 대한 유혹이 모호할 때

이 때는 이 유혹을 성가신 파리처럼 쫓아버려야 한다.

① 우리는 믿음의 진리에 대한 확신을 가지고 있기에 그것만으로 충분하다.

② 그런가 하면 우리의 믿음이 굳건히 영혼 안에 자리 잡고 있기에 그것으로 충분하다. 믿음이 영혼 안에 한 번 입증된 것들을 매번 다시 의심해서는 안 된다. 우리는 일상적인 삶에서 일어나는 모든 생각과 의심 때문에 신앙 생활을 멈추지 말아야 한다. 그 대신 믿음의 길을 바르게 걸을 때 영혼에게는 바른 확신이 올 것이다.

③ 끝으로 나보다 더 현명한 사람들이 믿음에 대한 진리를 실천하고 있다면, 우리도 이 진리에 대한 확신을 가질 수 있을 것이다. 이처럼 믿음에 의한 확신은, 근본적인 믿음의 모든 기초를 무너뜨리면서 재미있어 하는 괴짜들보다는 훨씬 더 현명하다.

이제 우리는 좋은 뜻으로 갖는 이성에 다음과 같은 기도를 덧붙여야 할 것이다. "주님, 저는 믿습니다. 그러나 제 믿음이 부족하다면 도와 주십시오"(Credo, Domine, adjuva incredulitatem meam).[239]

1185 ㄴ) 만일, 믿음과 관계되는 특별한 유혹이 나타난다 하더라도, 우리는 진리를 갖고 있기 때문에 계속 이 진리를 굳게 믿어야 한다. 그러나 스스로 믿음에 대한 노력과, 아니면 의혹의 문제를 좀더 쉽게 해결하기 위해 신앙이 깊은 영혼의 도움을 청하는 데 주저하지 말아야 할 것이다. 그러면서 기도를 통해 믿음을 온유하고 성실하게 추구한다면, 대개 믿음에 대한 의심스러운 해결점은 은총의 도움으로 쉽게 찾을 수 있을 것이다.

그럼에도 불구하고 이와 같은 믿음의 유혹에 대한 결론이 항상 모든 어려움을 없애 주지는 못한다는 사실을 우리는 인정해야 한다. 가끔 우리의 믿음에 대한 오랜 연구로도 해결하기 힘드는 주석, 비평, 역사적인 이론(理論)들이 있다. 이 때는 진리가 훌륭하게 논의되고 증명되거나, 지혜의 빛이 어두움을 모두 사라지게 할 때까지, 믿음은 진리에 계속 동의하기를 요구한다는 사실을 기억해야 할 것이다.

이와 같이 믿음에 대한 어려움은 삶에서 오는 모든 증거를 무너뜨리지 않는다. 다만, 이 때 믿음에 대한 어려움은 우리 정신의 연약함만을 보여줄 뿐이다.

1186 (2) 완덕으로 나아가는 진보한 영혼들은 믿음의 정신으로 바른 삶을 실천한다. 즉 "믿음을 통해서 하느님과 올바른 관

---

239) 마르 9, 23.

계를 가지게 된 사람은 살 것이다"(Justus autem ex fide vivit).²⁴⁰⁾

(가) 진보자들은 성서를 읽고, 한 발걸음씩 주님을 따르는 것을 행복해 한다. 그리고 하느님을 따르기 위해 그분의 본보기를 감탄하면서, 그분이 주신 격언(格言)들을 맛보는 것을 행복해 한다. 그래서 진보자들의 마음에 조금씩 예수님이 그 중심이 되기 시작한다. 진보자들은 예수님을 독서와 주어진 임무에서 찾으며, 그분을 더욱 사랑하고 더 잘 이해하기를 열망한다.

1187 (나) 진보자들은 믿음의 관점에서 모든 것을 판단하고 고려(考慮)하는 자세에 익숙하다. 즉 사람들이나 사건들과 사물들 속에서 믿음을 바라본다.

① 진보자들은 하느님의 작품들 속에서 창조주(創造主)의 손길을 느끼고 다음과 같은 소리를 듣는다. "우리를 내셨으니 우리는 당신의 것"(ipse fecit nos et non ipsi nos).²⁴¹⁾ 그러므로 진보자들은 하느님을 모든 것에 앞서 찬미한다.

② 진보자들에게 이웃은 바로 하느님의 모상이며, 예수 그리스도 안에서 형제들이고, 하늘에 계신 아버지의 자녀들이다.

③ 하느님의 뜻으로 일어난 사건들은 가끔 무신론자(無神論者)들을 매우 당황스럽게 한다. 그러나 완덕으로 나아가는 진보자들은 모든 것이 하느님으로부터 선택된 사람들을 위해 이루어진 것이라고 생각한다. 그리고 하느님께서는 선악(善惡)을 통해 우리의 완덕과 마지막 영혼의 구원을 그 목적으로 삼으신다고 믿는다.

---

240) 로마 1, 17.
241) 시편 99, 3.

1188 (다) 특히 완덕에 진보한 영혼들은 모든 것을 믿음의 원칙에 따라 행동하도록 노력한다.

① 진보자들의 판단은 세상의 준칙에 따르지 않고, 언제나 성서의 규범에 기초를 둔다.

② 진보자들의 언행(言行)들은 세속적이 아닌, 그리스도인의 정신에서 영감(靈感)을 받는다. 왜냐하면 진보자들은 인간적인 것들에서 이탈하여, 자신의 언행들을 그리스도인의 판단과 일치시키기 때문이다.

③ 진보자들은 주님의 모범을 따라 가능한 한 그분과 가까워지려고 한다. 그렇게 함으로써 진보자들은 자신을 세속(世俗)의 모습으로 이끌려 다니도록 내버려두지 않는다. 한마디로 진보자들은 진정으로 믿음의 삶을 산다.

1189 (라) 끝으로, 완덕으로 나아가는 진보자들은 그들이 믿는 신앙을 모든 사람들에게 전하려고 노력한다.

① 기도로써, 진보자들은 불신자(不信者)와 이단자(異端者)들에게 복음을 전파하기 위해 일할 사도들을 보내 주시도록 하느님께 간청한다. "추수할 것은 많은데 일꾼이 적으니 그 주인에게 추수할 일꾼들을 보내 달라고 청하여라"(Rogate ergo Dominum messis ut mittat operarios in messem suam).[242]

② 모범으로써, 진보자들은 자신들의 삶이 다른 사람으로 하여금 본받고 싶도록 모든 직무를 충실하게 실천한다.

③ 말로써, 진보자들은 고통 중에 위로를 받고, 선을 실천할 수 있는 힘과 믿음을 대화를 통해 찾는다. 그리고 세상의 일들

---

242) 마태 9, 38.

에 자신의 생각을 솔직하게 고백을 한다.

④ 업적으로써, 진보자들은 이웃의 종교적이고 도덕적인 교육과 지도에 개인적 활동과 희생을 통해 관대하게 참여한다.

(3) 끝으로, 완덕으로 나아가는 완전자들은, 일치의 길에서 언급하면서 설명할 것이겠지만, 학문과 지식의 은사를 개발하면서, 그들의 믿음을 완전하게 할 것이다.

제2장 망 덕(望德)

우리는 여기서 희망의 덕을 다음 세 가지 관점에서 살펴보기로 한다.
Ⅰ. 망덕의 본질. Ⅱ. 망덕의 역할. Ⅲ. 망덕의 실천 등이다.

Ⅰ. 망덕의 본질[243]

1190 (1) 희망에 대한 여러 의미

(가) 자연적 질서에서, 우리는 희망에 대하여 다음 두 가지 의미를 말할 수 있다. 즉 감정(sentiment)과 격정(激情, passion)이다.

ㄱ) 희망은 격정의 열한 가지 가운 데 그 하나이다(제787항 참조). 희망은 존재하지 않은 감각적인 행복을 지향하는 움직임이지만, 그 행복에 도달하는 데는 어려움이 있다.

ㄴ) 희망은 행복을 획득하는 데 반대되는 여러 어려움에도 불구하고, 부재(不在)하는 올바른 선을 향하는 마음의 가장 고귀한 감정들 가운 데 하나이다. 이 희망에 대한 감정은 인간의 삶에

---

[243] 성 토마스, 2부 2편, 17-22문, 그의 주석자들, 특히 Cajetan et Jean de S. Thomas; Suarez, *de Spe*; 성 프란치스코 살레시오,「하느님의 사랑」1. Ⅱ, ch. 15-17; Scaramelli, *op. cit.*, art. Ⅱ; Card. Billot. *op. cit.*, th. 25-30; Mgr Gay, t. Ⅰ, tr. Ⅴ; Ch. de Smedt, *op. cit.*, t. Ⅰ. p. 272-364; Mgr D'Hulst, Carême 1892; P. Janvier, Carême 1913.

서 매우 큰 역할을 한다. 곧 희망은 인간의 어려운 삶을 지탱해 주는 힘을 가져다 준다.

(나) 희망은 그리스도인을 완덕과 구원의 삶에서 오는 어려움을 지탱해 주는 초자연적 힘이다. 그리고 이 희망은 영원한 삶과 거기에 도달할 방법에 관계되는 모든 계시(啓示)된 진리들을 그 대상으로 한다. 더 나아가 희망은 신적 선(善)과 권능(權能)에 기초를 두고 있기에 매우 견고하고 굳건함을 가진다.

1191 (2) 희망의 주요한 기본 요소들

우리가 희망의 덕을 분석해 보면, 다음 세 가지 주요한 요소들이 희망 안에 있음을 알게 될 것이다.

ㄱ) 희망은 초자연적 선(善)에 대한 열망과 사랑이다. 곧 희망은 우리의 최고선(最高善)이신 하느님을 원하게 한다.

바로 여기에 우리의 희망에 대한 감정의 기원이 있다. 희망을 통한 인간의 행복에 대한 열망은 매우 보편적이다. 그리고 믿음은 우리에게 하느님만이 우리를 행복하게 하실 수 있다고 가르친다.

그러므로 희망은 우리의 참된 행복의 원천이신 하느님을 사랑하게 한다. 이와 같은 희망은 그 자체가 하느님께 대한 사랑이라 하지만 어디까지나 초자연적이다. 왜냐하면 희망은 믿음으로 인식하게 되는 하느님을 그 대상으로 하기 때문이다. 그래서 행복의 접근이 매우 어렵게 생각되고 또 도달하지 못할 것이라는 두려움을 느낀다. 이와 같은 두려움을 이기기 위해서, 두 번째 요소로써 근거 있는 희망의 개입이 필요하다.

ㄴ) 행복에 대한 우리의 희망은 거기에 이르기 위해 부족한

자신의 힘에 기초를 두지 않고, 하느님의 모든 권능(權能)에 뿌리를 두게 한다. 희망은 하느님으로부터 우리 생명의 완성과 다른 생명들을 구원하기 위해 모든 필요한 은총을 기대한다.

ㄷ) 희망은 은총을 통해 우리의 협력을 필요로 한다. 이것이 바로 희망의 세 번째 요소이다. 희망은 우리에게 맡겨진 구원의 방법들을 선용(善用)하고, 하느님께 나아가기 위해 진지한 노력을 실천하게 한다. 이와 같은 노력들은 우리 희망의 대상이 더 높은 그만큼 더욱 항구하고 힘있어야 한다.

1192 (3) 희망에 대한 정의(定義)

우리는 지금까지 말한 것들을 기초로 다음과 같이 희망을 정의할 수 있다. 희망의 덕은 하느님의 선하심과 신적 권능으로 인해, 영원한 행복에 도달할 방법들을 확고한 신뢰로 참고 기다리게 한다. 이것을 두고 희망은 우리의 최고선이신 하느님을 열망하게 하는 대신덕의 하나라고 말한다.

(가) 희망의 첫째 대상은 어디까지나 우리의 참된 행복이신 하느님이시다. 이 희망은 나눔 없는 전적인 사랑과 분명한 묵시(默示)를 통해 소유된 영원한 하느님이시다. 왜냐하면 예수님이 말씀하신 것처럼, 영원한 생명은 당신을 보내신 분인 성부(聖父)님을 알게 되는 것이기 때문이다.

"영원한 생명은 곧 참 되시고 오직 한 분이신 하느님 아버지를 알고 또 아버지께서 보내신 예수 그리스도를 아는 것입니다"(Haec est autem vita aeterna: ut cognoscant te, solum Deum verum, et quem misisti Jesum Christum).[244]

---

244) 요한 17, 3.

그러나 우리는 은총의 도움 없이 하느님께 도달할 수 없으므로, 희망은 유혹을 이기고 죄를 피하게 하는 그리스도인의 덕목을 획득하게 한다. 그리고 희망은 우리의 완덕과 구원에 필요한 일반적 규범의 범위에서 필요한 초자연적 모든 도움에 영향을 미친다.

1193 (나) 우리가 희망에 의지하는 동기는, 바로 이 덕을 통하여 영혼이 영원한 행복에 이르는 데 있다.

ㄱ) 만일 우리가 스꼬트(Scot) 신부와 함께, 희망을 갖는 것이 하느님 사랑에 대한 열망이라고 한다면, 우리 행복의 동기는 하느님의 선성(善性)이 될 것이다.

ㄴ) 만일 우리가 성 토마스와 함께, 이루기 힘든 희망으로 하느님을 소유하는 행복을 기대한다면, 그 동기는 우리 영혼을 땅의 재물에서 떼어 하늘로 데려가는 하느님의 구원적 권능이 될 것이다. 이 때 희망에 대한 약속은 구원의 확신을 견고하게 하는 데서 온다. 그러므로 우리의 희망이 갖는 적절한 동기는 하느님의 선하심과 권능에 있다고 말할 수 있다.

Ⅱ. 망덕의 역할

희망은 세 가지 주요한 방법을 통해, 다음과 같이 영혼에게 성화(聖化)의 길을 걷는 데 공헌한다.
(1) 희망은 우리를 하느님과 일치시킨다.
(2) 희망은 우리의 기도에 큰 효과를 가져다 준다.
(3) 희망은 우리의 풍요로운 삶의 근원이다.

1194 (1) 희망은 세속(世俗)의 재물(財物)에서 우리를 떼어놓으면서, 하느님과 일치시킨다. 그러나 우리는 감각적 쾌락과 교만에 만족한다. 그리고 부유함의 황홀감으로 자연적 기쁨에 마음과 정신이 더 이끌리는 경향을 가지고 있다. 그런데 희망은 믿음에 의지하여, 세속적인 모든 기쁨에는 완덕과 지속적인 두 가지 중요한 행복의 조건들이 빠져 있음을 상기하게 한다.

(가) 어떤 희망도 지상의 행복들 가운 데 우리를 만족시키기 위해 충분히 완전한 것은 없다. 즉 쾌락의 한 순간을 지나고 나면, 우리의 쾌락들은 재빨리 지루함과 싫증을 불러일으킨다. 이처럼 지상의 만족에 대한 행복은 한낱 어떤 목표에 도달하기 위한 방편일 뿐, 언제나 우리의 마음은 만족 없는 갈망을 갖는다. 그로 인하여 희망은 우리의 자연적인 마음과 정신의 선물로도 우리를 만족시키지 못한다.

그로 인하여 우리의 지성(知性)은 인식(認識)으로 만족할 뿐이지만, 진정한 기쁨은 오직 하느님 안에서이다. 왜냐하면 하느님만이 당신의 권능과 선하심, 아름다움과 존재의 충만함이시기 때문이다. 이러한 이유로 우리의 희망은 오직 하느님만으로 행복이 충만하기에, 우리는 모든 것을 인내하며 기다려야 한다.

그러나 희망은 먼저 우리 스스로 자신을 내어놓으면서 겸손하게 인내하는 기다림을 요구한다. 그리고 우리가 이러한 희망의 뜻을 잘 이해했을 때, 우리의 마음은 자석(磁石)에 이끌려 가듯이 지상의 행복에서 벗어나 진정한 희망의 삶을 살아갈 수 있을 것이다.

1195 (나) 희망은 우리에게 세속적 행복에 대한 만족이 한 순

간일 뿐, 그 만족은 기약 없이 우리를 떠나가 버린다는 사실을 바르게 인식시켜 준다. 그래서 우리는 이러한 행복의 만족을 잘 알고 있기에, 이 행복을 소유하고 있을 때에도 우리의 기쁨은 완전하게 충만하지 못하다.

그러나 하느님께서는 영원히 우리 안에 머무시며, 우리를 모든 것에서 떼어놓는 죽음마저도, 우리를 당신께 더욱 완전하게 일치시키는 도구(道具)로 사용하실 뿐이다. 그래서 죽음이 우리에게 주는 자연적인 공포(恐怖)에도 불구하고, 우리는 참된 행복을 주시는 하느님과 영원히 일치된다는 희망을 신뢰하면서 죽음을 맞게 된다.

1196 (2) 희망은 겸손을 통해 우리의 기도에 힘을 넣어 주고, 필요한 모든 은총을 얻게 해 준다.

(가) 그래서 희망은 우리에게 하느님께 전적으로 신뢰하라는 성서의 절박한 권고의 감동적인 말을 상기하게 한다.

여기에 대하여 집회서에서는 구약의 교의(敎義)를 다음과 같이 요약해서 말한다. "주님을 믿어 망신을 당한 사람이 있으며, 꾸준히 주님을 두려워하고도 버림을 받은 사람이 있으며, 주님께 호소하였다가 거절당한 사람이 있느냐? 주님은 동정심이 많으시고 자비로우시므로 죄를 용서해 주신다"(Scitote quia nullus speravit in Domino et confusus est. Quis enim permansit in mandatis ejus, et derelictus est, aut quis invocavit eum, et despexit illum? Quoniam pius et misericors est Deus, et remittet in die tribulationis peccata).[245]

---

245) 집회 2, 10-11.

(나) 그러나 특히 희망에 대한 신약의 모습은 전적인 신뢰(信賴)를 분명하게 드러낸다.

예수님은 당신을 믿는 사람들에게 기적(奇蹟)을 행하신다. 백인 대장과[246] 예수님께 가까이 갈 수 없어서 지붕을 뚫고 내려온 중풍병 환자[247], 예리고의 소경[248], 세 번이나 거절했지만 간청을 계속했던 가나안 여인[249], 죄많은 여인[250], 자신을 고쳐 준 분께 감사하러 돌아온 나병환자에[251] 대한 예수님의 행적을 다시 읽어보면 잘 알 수 있다.

게다가 주님 자신이 우리에게 당신의 이름으로 아버지께 구하는 것은 모두 들어줄 것이라고 권위 있게 말씀하실 때, 어떻게 그분께 신뢰를 갖지 않을 수 있겠는가.

"아멘, 아멘, 잘 들어 두어라. 너희가 내 이름으로 아버지께 구하는 것이면 무엇이든지 주실 것이다"(Amen, amen dico vobis, si quid petieritis Patrem in nomine meo, dabit vobis).[252] 우리는 이와 같은 주님의 말씀에 희망을 갖는다. 달리 표현하면 우리가 진정으로 예수님의 이름으로 기도할 때, 주님은 우리의 기도를 들어주실 것이다.

(다) 한편 희망은 믿음만큼 하느님을 흠숭(欽崇)하는 일이 없음을 보여 준다. 그래서 우리는 믿음을 통해 예수님의 권능과 선하심을 선포하고, 항상 너그러우신 하느님을 신뢰하면서 당신

---

[246] 마태 8, 10.13.
[247] 마태 9, 2.
[248] 마태 9, 29.
[249] 마태 15, 28.
[250] 루가 7, 50.
[251] 루가 17, 19.
[252] 요한 16, 23.

의 풍성한 은총을 구한다.

그러므로 희망은 끊임 없이 우리가 하느님께 신뢰를 드려야 한다는, 트리엔트 공의회와 함께 결론을 내린다. "모든 사람은 하느님의 도우심에 굳건한 희망을 두고 그 희망 안에 정착해야 한다"(In Dei auxilio firmissimam spem collocare et reponere omnes debent).[253]

1197 (3) 끝으로, 희망은 우리의 풍요로운 삶의 근원이다.

ㄱ) 희망은 우리로 하여금 거룩한 열망, 특히 천상과 하느님을 소유하려는 열망을 갖게 한다. 그런데, 이 열망은 행복에 이르기 위해 필요한 열정과 충동 및 활기를 영혼이 느끼게 한다. 그래서 희망은 우리가 열망한 목표에 도달할 때까지 우리의 모든 노력을 지탱해 준다.

ㄴ) 더 나아가 희망은 우리의 노력을 훨씬 능가하는 보상(報償)에 대한 예견(豫見)으로 인해 우리의 힘을 증가시킨다.

만일 세상 사람들이 부귀(富貴)를 얻기 위해 열정으로 일하고, 무신론자들이 썩어 없어질 왕관을 얻기 위해 필사적인 노력과 고된 훈련을 감수한다면, 영원한 왕관을 얻기 위해 우리는 얼마나 더 열심해야 하겠는가?

"경기에 나서는 사람들은 온갖 어려움을 이겨내야 합니다. 그들은 썩어 없어질 월계관을 얻으려고 그렇게 애쓰지만 우리는 불멸의 월계관을 얻으려고 애쓰는 것입니다"(Omnis autem qui in agone contendit ab omnibus se abstinet. Et illi quidem ut corruptibilem coronam accipiant, nos autem incorruptam).[254]

---

253) 트리엔트 공의회 문헌, sess. VI, Cap. 13.
254) 1고린 9, 25.

1198 ㄷ) 희망은 우리가 확실하게 성공하도록 많은 용기와 인내를 준다. 만일 월계관을 얻을 승리에 대한 아무런 희망 없이 싸운다면 그 이상 더 실망스러운 일은 없을 것이다. 그와 반대로, 희망은 승리에 대한 보장처럼 우리에게 큰 힘과 확신을 가져다 준다. 그리고 희망은 나약한 우리에게 참된 벗으로, 하느님·예수 그리스도·동정 성모·성인들이 있음을 일깨워 준다(제188항-제189항).

그렇기에 만일 하느님께서 우리와 함께 계신다면, 누가 감히 우리를 대항하겠는가? "하느님께서 우리편이 되셨으니 누가 감히 우리와 맞서겠습니까?"(Si Deus pro nobis, quis contra nos?).[255]

악마와 세상을 이기신 예수님이 우리 안에 생활하시고, 우리에게 신적 힘을 주신다면, 우리가 그분과 함께 승리한다는 것은 확실하지 않은가? 사악한 뱀의 머리를 쳐부순, 동정녀가 우리를 도와 준다면, 얻지 못할 것이 무엇이 있겠는가?

또 만일 하느님의 벗들이 우리를 위해 기도한다면, 어떤 탄원(歎願)들이라도 이루어지지 못하겠는가? 그리고 만일 우리가 승리를 보장받았다면, 하느님을 영원히 소유하는 데 필요한 노력들 앞에서 어떻게 뒷걸음칠 수 있겠는가?

Ⅲ. 망덕의 실천

1199 (1) 희망의 덕에 대한 일반적 원칙

우리가 희망의 덕으로 진보하기 위해서는, 그 결과를 위해 실

---

255) 로마 8, 31.

천은 더욱 적극적이고 굳건해야 한다.

(가) 희망을 굳건하도록 하기 위해, 그 기초가 되는 동기를 자주 묵상하는 것이 중요하다. 하느님의 권능에 대해서는 이미 제1193항에서 다루었던 것처럼, 우리의 희망은 그분의 약속과 선하심에 일치하도록 한다.

이제 우리의 희망에 대한 믿음을 굳게 하기 위해서, 우리는 사도 바오로의 다음과 같은 말을 상기(想起)해야 할 것이다. "우리 모든 사람을 위하여 당신의 아들까지 아낌 없이 내어 주신 하느님께서 그 아들과 함께 무엇이든지 다 주시지 않겠습니까? 하느님께서 택하신 사람들을 누가 감히 고소하겠습니까? 그들에게 무죄를 선언하시는 분이 하느님이신 데 누가 감히 그들을 단죄할 수 있겠습니까? 그리스도 예수께서 단죄하시겠습니까? 아닙니다. 그분은 우리를 위해서 돌아가셨을 뿐만 아니라 다시 살아나셔서 하느님 오른편에 앉아 우리를 위하여 대신 간청해 주시는 분이십니다!"[256]

그러므로 위에서 말한 사도의 말처럼, 우리의 희망에 대한 대상은 하느님이 확실하다. 그럼에도 불구하고 우리편에서는 항상 하느님을 두려워해야 할 이유가 있다. 왜냐하면 우리는 언제나 완전하게 하느님의 은총에 일치하지 않기 때문이다. 이러한 이유로, 우리의 모든 노력은 희망을 더욱 튼튼하게 하여 열매를 맺도록 지향해야 한다.

1200 (나) 희망의 목적인 영혼의 성화(聖化)를 위해, 우리는 하느님과 긴밀(緊密)하게 일치해야 한다. "우리는 하느님을 위해서

---

[256] 로마 8, 32-34.

함께 일하는 일꾼입니다"(Dei enim sumus adjutores).[257] 하느님께서는 우리에게 은총을 주시면서, 희망 안에서 우리의 불완전함을 보충하도록 원하신다. 왜냐하면 하느님께서는 우리 존재의 첫 원인이시기 때문이다. 그러나 희망은 은총을 통해서 우리 덕의 실천을 없애기 보다, 오히려 덕의 실천을 불러일으키고 충동하면서 더욱 능률적이 되게 한다.

이 점에 대하여 사도 바오로는 바르게 표현하고 있다. "내가 오늘의 내가 된 것은 하느님의 은총의 덕입니다. 하느님께서 나에게 주신 은총은 헛되지 않았습니다. 과연 나는 어느 사도보다도 더 열심히 일했습니다. 그러나 이것은 내가 한 것이 아니라 나에게 주신 하느님의 은총으로 된 것입니다"(Gratia Dei sum id quod sum, sed gratia ejus in me vacua non fuit; sed abundantius illis omnibus laboravi).[258]

이어서 바오로는 다른 사람들에게도 다음과 같이 권고한다. "우리는 하느님과 함께 일하는 사람으로서 여러분에게 간곡히 부탁합니다. 여러분이 받은 하느님의 은총을 헛되게 하지 마십시오"(Adjuvantes autem exhortamur ne in vacuum gratiam Dei recipiatis).[259]

특히 사도 바오로는 사랑하는 제자 디모테오에게 매우 절박한 권고를 보낸다. "그대는 그리스도 예수의 충성스러운 군인답게 그대가 받을 고난을 달게 받으시오"(Labora sicut bonus miles Christi Jesu).[260] 하였다. 바오로는 자신의 구원만을 위해서 일하

---

257) 1고린 3, 9.
258) 1고린 15, 10.
259) 2고린 6, 1.
260) 2디모 2, 3.

는 것이 아니라, 다른 영혼의 구원을 위해서도 일해야 하기 때문이다.

같은 맥락에서 사도 베드로도 다른 말을 쓰지 않고, 구원으로 불림을 받았지만 선한 일을 완수해야 한다는 제자들의 소명을 되새겨 주고 있다. "그러므로 형제 여러분, 하느님께서 여러분을 불러 주시고 뽑아 주셨다는 사실을 여러분은 더욱 확실히 깨닫도록 하십시오. 그러면 여러분은 절대로 빗나가는 일이 없을 것입니다"(Quapropter, fratres, magis satagite ut per bona opera certam vestram vocationem et electionem faciatis).[261]

희망은 우리의 성화를 통해, 모든 것이 하느님께 종속(從屬)되어 있다는 확신을 갖게 한다. 그러기 때문에 우리는 모든 것이 그분에게만 속한 듯이 행동해야 한다. 결국 하느님께서는 우리에게 당신의 은총을 거절하지 않으시므로, 우리는 개인적인 노력을 통해 주어지는 그 결과를 받아들이면 될 것이다.

1201 (2) 영성생활에서 희망의 덕이 갖는 여러 단계

그리스도적 삶의 여러 단계에서 희망의 덕이 갖는 원칙을 어떻게 적용시키는지를 보는 것은 매우 쉽다.

(가) 완덕으로 나아가는 초보자들은, 먼저 희망에 반대되는 다음 두 가지 극단적인 생각을 피해야 한다. 그것은 다름 아닌 자만(自慢, présomption)과 절망(絶望, désespoir)이다.

ㄱ) 자만은, 하느님께 도달하기 위해 필요한 은총을 구하기보다, 자신에게 주어진 방법을 따라 하느님께 도달하려는 데 있다. 그래서 자만은 하느님의 선함을 자기 안에서 과신(過信)한

---

261) 2베드 1, 10.

다. 곧 하느님께서 우리를 단죄(斷罪)하시기에는 너무 선하신 분이라고 생각한다. 그래서 자신에게 만족하는 사람은 하느님의 계명을 무시(無視)한다. 이러한 사상은 하느님은 선하시지만, 동시에 정의롭고 거룩하시며 죄를 미워하신다는 것을 잊은 것이다. "죄악을 미워하고 지겨워한다"(Inquitatem odio habui).[262]

또 한편으로 교만(驕慢)은 자신의 힘을 너무 과신하여, 죄의 기회와 영혼의 위험에 자신을 내어 맡긴다. 이것은 영혼을 위험 속에 내버려둘 때, 그가 죄에 굴복하게 된다는 사실을 잊은 것이다. 예수님은 우리에게 죄로부터 승리를 약속했지만, 우리가 깨어 기도하는 조건에서이다. "유혹에 빠지지 않도록 깨어 기도하라"(Vigilate et orate ut non intretis in tentationem).[263]

희망 안에서 하느님의 은총에 신뢰를 두었던 사도 바오로도, 영혼의 구원을 두려움과 떨리는 마음으로 수행해야 한다고 우리에게 경고하고 있다. "두렵고 떨리는 마음으로 여러분 자신의 구원을 위해서 힘쓰십시오"(Cum metu et tremore vestram salutem operamini).[264]

ㄴ) 이와 반대로, 희망 없는 사람들은 절망과 낙심(落心)에 잠겨 있다. 그리고 자주 유혹 당하고 가끔 죄에 대한 가책(呵責)으로 인해 괴롭힘을 당하면서 실망한다. 나아가 자기의 결점을 고치지 못할 것이라고 미리 짐작하면서, 자신의 구원에 대해 절망(絶望)하기 시작한다. 이와 같은 희망 없는 생각은 우리가 경계해야 할 위험한 자세인 것이다.

---

262) 시편 118, 163.
263) 마르 14, 38.
264) 필립 2, 12.

그러므로 사도 바오로도 자신이 유혹 당했을 때, 스스로 방어(防禦)할 수 없음을 알고 하느님의 은총에 신뢰하면서 모든 것을 그분께 맡겼던 것을 기억한다. "하느님께서는 예수 그리스도를 통하여 우리를 구해 주십니다"(gratia Dei per Jesum Christum!).[265] 그래서 우리는 하느님께 희망을 갖고, 사도 바오로의 모범을 따라 기도할 때 반드시 구원을 받을 것이다.

1202 (나) 희망에 대한 장애물인 절망과 낙심을 피한 후에는, 하느님 나라를 열망(熱望)하기 위해 세상의 모든 재물(財物)에 대한 포기를 실천한다.

이에 대하여 사도 바오로는 우리에게 다음과 같이 권고한다. "이제 여러분은 그리스도와 함께 다시 살아났으니 천상의 것들을 추구하십시오. 거기에서 그리스도는 하느님의 오른편에 앉아 계십니다. 여러분은 지상에 있는 것들에 마음을 두지 말고 천상에 있는 것들에 마음을 두십시오"(Si consurrexistis cum Christo, quae sursum sunt quaerite, ubi Christus est in dextera Dei sedens, quae sursum sunt sapite, non quae super terram).[266]

이제 우리의 희망은 머리이신 예수 그리스도와 함께 부활하였기에 더 이상 세상 것만을 맛보고 추구하려 하지말고, 천상(天上)의 것을 추구해야 한다. 왜냐하면 우리의 참된 고향은 천상이며, 이 지상의 땅은 귀향지(歸鄕地)일 뿐이기 때문이다. 곧 하늘나라는 우리가 추구하는 영원한 행복의 목적지인 반면에, 이 땅은 지나가는 일시적(éphémères)인 행복만을 우리에게 줄뿐이다.

---

265) 로마 7, 24-25.
266) 골로 3, 1-2.

1203 (3) 완덕으로 나아가는 진보자는 예수님께만 희망을 둔다. 진보자는 예수 그리스도께 의지하면서 그분께 드리는 자녀적인 신뢰가 그들 삶의 중심이 된다.

(가) 이와 같이 예수님과 합체(合體, incorporés)된 진보자들은 그분이 준비한 자리인 천국을 깊은 신뢰로 기다린다. "나는 너희가 있을 곳을 마련하러 간다." 그래서 진보자들은 구원자인 예수님 안에서 이미 희망을 통해 구원을 받았다. "우리는 이 희망으로 구원을 받았습니다"(spe enim salvi facti sumus).[267]

ㄱ) 진보자들은 이 세상의 시련(試鍊)과 역경(逆境) 속에서도 희망을 버리지 않고 구원을 기다린다. 그리고 진보자들은 시편 저자와 함께 다음과 같이 노래한다. "당신 함께 계시오니 무서울 것 없나이다"(Non timebo mala, quoniam tu mecum es).[268] 우리 안에 살아 계시는 주님은 옛날 사도들에게 하시던 말씀처럼 진보자들에게 용기를 주러 오신다. "너희에게 평화가 있기를… 틀림 없이 나다…. 두려워하지 말라"(Pax vobis, ego sum, nolite timere).[269]

만일 음모(陰謀)와 박해(迫害)가 진보자를 괴롭힌다면, 그들은 성 바오로의 빈첸시오가 제자들에게 말했던 것을 상기할 것이다. "우리를 해치기 위해 온 세상이 들고 일어난다 하더라도, 우리가 희망을 두고 있는 하느님 마음에 드는 사람에게는 아무일도 일어나지 않을 것입니다."[270]

그리고 만일 일시적인 패배가 진보자들에게 오더라도, 그들은

---

267) 요한 14, 2.
268) 시편 22, 4.
269) 루가 24, 36.
270) Maynard, *Vertus et doctrine...* p. 10.

성 바오로의 빈첸시오와 함께 다음과 같이 말할 것이다. "하느님께서는 우리가 당신 안에서 영적으로 더욱 성장하기 위해서 패배를 느끼게 하시는 것입니다. 따라서 우리는 이 패배가 우리에게 유익하게 되도록 희망해야 합니다. 왜냐하면 이와 같은 패배는 하느님의 허락으로 오기 때문입니다."[271]

만일 진보자들에게 온 패배가 정신적이고 육체적인 고통들이라면, 그들은 지나가는 몇 가지 고통의 값으로 하늘 나라를 획득하기 위한 신적 축복처럼 바라볼 것이다.

1204 ㄴ) 진보자들의 희망은 하느님께 대한 깊은 신뢰로 인해 고통을 당했을 때보다도, 더 위험한 성취와 쾌락의 맛을 피할 줄 알게 한다. "삶이 세속적인 희망에 미소 짓는 것처럼 보일 때, 감각들은 우리를 사로잡는 환상(幻想)이 가져다 주는 약속들을 무시하기가 쉽지 않습니다. 그래서 우리에게 제공되는 쾌락과 세속적 행복에서 벗어나기가 더욱 어렵습니다. 그리고 쾌락이 내 영혼을 만족시키지 못한다고 쉽게 말하지도 못합니다."[272]

그러나 그리스도인의 희망은 세속적 기쁨이란 자신을 기만(欺瞞)하게 하며, 결과적으로 하느님을 향한 우리의 열정을 멈추게 한다는 사실을 기억한다. 그래서 그리스도인은 자신들의 속박(束縛)에서 벗어나기 위해 고행(苦行)을 실천한다. 특히 그들은 예수님과의 친밀한 우정 속에서 가장 순수하고 거룩한 기쁨을 추구한다. "예수님과 함께 있는 감미로운 낙원(樂園)이여!"(esse cum Jesu dulcis paradisus).[273]

---

271) *Ibidem*.
272) Mgr. Hulst, *Carême 1892*, p. 201.
273) *De Imitat*., lib. II, c. 8.

ㄷ) 만일 진보자들 자신의 결함(缺陷)과 비참(悲慘)한 감정이 스스로를 괴롭힐 때, 그들은 성 바오로의 빈첸시오 말을 묵상하면 도움이 될 것이다. "당신들은 자신의 비참함을 나에게 상기(想起)시켜 주는군요. 아! 어느 누가 완전할 수 있겠습니까? 우리 모두는 하느님 앞에서 비참한 것이 어떤 것인가를 알아야 합니다. 그래서 우리는 당신들처럼 살지 말고, 하느님께 굳건한 믿음에 기반을 두기 위해 비참함도 사랑해야 합니다. 왜냐하면 바위 위에 집이 세워졌을 때, 폭풍이 닥쳐도 굳건하게 서 있을 수 있기 때문입니다."[274]

희망은 우리의 비참함을 통해 하느님의 자비(慈悲)를 부른다. 우리가 하느님의 은총을 받기 위해서는 겸손보다 더 좋은 자세는 없다. 성 빈첸시오는 덧붙이기를, 하느님께서 한 피조물(被造物)에게 선(善)을 베풀어 주실 때, 피조물이 이 선을 거부하거나 모독(冒瀆)하지 않는 한 끝까지 계속 주신다. 이처럼 진보자들에게 주어진 하느님의 자비는 앞으로 영혼에게 다가올 많은 자비의 보증(保證)이 된다.

1205 (나) 일반적으로 희망은 영혼으로 하여금 하늘 나라에서 영적(靈的)으로 살게 한다. 예수 승천 대 축일에 교회가 노래하는 아름다운 기도에 따르면, "우리의 마음은 이미 천상 것들에 머물러 있어야 한다"(ipsi quoque mente in caelestibus habitemus).

이와 같은 희망의 자세는 말과 행동뿐만 아니라, 특히 고통당할 때도 하늘 나라를 위해 존재한다는 사실을 말한다. "현세

---

[274] Maynard, *Vie et doctrine*, p. 11.

의 변화하는 사물 가운데서 우리 마음은 참된 기쁨이 있는 곳에 머물러 있도록 해야 할 것이다"(ut inter mundanas varietates ibi nostra fixa sint corda ubi vera sunt gaudia).

그리고 우리가 받아 모시는 영성체(領聖體)의 기쁨은 미리 하늘 나라의 행복을 예상(豫想)하게 한다. 이로 인하여 우리는 하늘 나라를 기다리면서, 우리 마음에 필요한 진정한 위로를 찾는다.

1206 (다) 이와 같은 희망은 우리에게 가장 값진 인내의 은사(恩賜)를 신뢰를 통해 얻도록 자주 기도하게 한다. 물론 우리는 이 은사를 받을 공로(功勞)가 없다. 그러나 우리는 하느님의 자비로 인해 이 은사를 얻을 수 있다. 그래서 거룩한 교회는 우리에게 죽을 때의 은총을 구하는 기도를 하도록 제시한다. 예를 들어, 우리가 자주 드리는 성모송(聖母頌) 등의 기도들이다. 우리는 성모송의 기도에서 죽음의 순간에 마리아의 특별한 보호를 간청한다. "이제와 우리 죽을 때, 우리 죄인을 위하여 빌으소서"(et in hora mortis nostrae).

(4) 완덕으로 나아가는 완전자들은 우리가 일치의 길에서 다시 묘사(描寫)할 포기(抛棄)를 통해 하느님께 신뢰를 드린다.

제3장 애 덕(愛德)[275]

1207 사랑은 하느님과 이웃에 대한 사랑의 감정을 초자연화(超自然化)시키고 성화(聖化)시킨다. 우리는 먼저 사랑에 대하여 잠시 살펴본 후, 다음 주제를 다루기로 한다.

(1) 하느님께 대한 사랑. (2) 이웃에 대한 사랑. (3) 사랑의 원천이신 예수 성심께 대한 사랑이다.

사랑에 대한 몇 가지 고찰(考察)

1208 (1) 일반적으로 사랑은 선(善)을 원하는(velle bonum) 영혼의 성향(性向)인 강한 힘이다. 만일 우리의 영혼이 선에 대하여 감각적(感覺的, sensible)이라면, 그리고 선이 유쾌한 상상에 의해 비쳐진다면, 우리의 사랑은 그 자체가 감각적일 것이다. 그러나 만일 그 선이 이성(理性, raison)에 의해 존경받을 만한 가치가 있는 것으로 인식된다면, 우리의 사랑은 이성적일 것이다. 끝으로 만일 선이 믿음으로 비쳐진 초자연적인 것이라면,

---

275) S. Bernardus, *De diligendo Deo*; 성 토마스, 2부 2편, 23-44문; Salmanticenses, tr. XIX, *De caritate theologicâ*; 성 프란치스코 살레시오, De Sales, *De l'amour de Dieu*; Massoulié, *Tr. de l'amour de Dieu*; Scaramelli, *op. cit.*, art. III; Card. Billot, *op. cit.*, th, XXXI-XXXV; Mgr Gay, *op. cit.*, t. II, traité XII; Ch. de Smedt. *op. cit.*, t. I, p. 365-493; Mgr d'Hulst, *Carême 1892*; P. Janvier, *Carême 1915 et 1916*; P. Garrigou-Lagrange, *Perfect. chrét.*, t. I, ch. III.

우리의 사랑은 그리스도인의 사랑일 것이다.

이와 같이 위에서 본 것처럼, 사랑은 인식(認識)을 전제로 하지만, 항상 이 인식과 비례하는 것은 아니다. 이 점에 대해서는 다른 곳에서 설명할 것이다.

일반적으로 사랑은 다음 네 가지 주요한 요소로 구분할 수 있다.

① 사랑하는 대상(對象)에 대한 호감(好感)은, 그 대상과 사랑하는 사람 사이에 조화(調和)를 이루게 한다. 그리고 이 조화는 두 사람 사이에 완벽한 유사성(類似性)을 가져다주지는 못하지만 서로를 보충(補充)해 준다.

② 사랑은 사랑하는 대상에게 가까이 가기 위해, 또 그의 현존(現存)을 즐기기 위해, 그 대상을 향한 충동(衝動, élan)과 동요(動搖, mouvement)이다.

③ 사랑은 우리가 갖고 있는 행복에 대한 마음과 정신의 공감(共感) 또는 일치이다.

④ 사랑은 사랑하는 대상을 소유할 때 느끼는 행복과 만족 또는 기쁨에 대한 느낌이다.

1209 (2) 그리스도인의 사랑은 그 동기와 대상과 근원에서 이미 초자연화된 사랑이다.

ㄱ) 그리스도인의 사랑은 우리의 선천적인 의지를 통해 덕을 실천함으로써 그 근원에서부터 초자연화 된다. 그래서 도움의 은총(grâce actuelle)으로 실천된 이 덕은 사랑을 한 단계 승화(昇華)시키고 올바른 사랑으로 변화시킨다.

ㄴ) 우리의 정감(情感)을 사랑 안에서 성화시키기 위해, 믿음은

초자연적 동기를 우리에게 가져다 준다. 그래서 사랑은 믿음을 통해 우리의 정감을 먼저 하느님께로 향하게 한다. 우리의 사랑에 응답하시는 하느님 안에서, 믿음은 우리에게 무한한 최상의 선을 제시한다. 그 다음, 믿음은 하느님께로 향하는 덕의 반영으로 피조물들을 소개한다. 그렇게 함으로써 우리는 피조물을 사랑하면서 하느님을 사랑하게 된다.

ㄷ) 사랑의 대상은 위에서 말한 것처럼, 믿음을 통해 초자연적인 것으로 변한다. 우리가 사랑하는 하느님은 이성적(理性的)이고 추상적(抽象的)인 하느님이 아니라, 믿음 안에 살아 계시는 하느님이시다.

하느님은 영원에서 외아드님을 잉태하셨고, 우리를 당신의 자녀로 맞아 주시는 아버지이시다. 성부와 똑 같은 아드님이신 예수님은 육화(肉化)되심으로써 우리의 형제가 되신다. 그리고 성령은 아버지와 아드님과의 일치된 사랑으로써, 우리 영혼에게 신적 사랑을 베풀어 준다. 그로 인하여 모든 피조물도 우리에게 자연적 존재로만 나타나지 않고, 우리에게 보여 주는 계시(啓示)의 사랑으로 나타난다.

그래서 우리는 같은 아버지를 모시고, 예수 그리스도 안에서 같은 형제로써, 모두는 성령의 살아 있는 성전(聖殿)인 하느님의 자녀들이다. 그러므로 그리스도인의 사랑에서는 모든 것이 초자연화 된다.

성 토마스에 따르면,[276] 애덕이란 사랑의 개념에서 볼 때, 그가 사랑하는 이웃에 대한 커다란 존경에서 오는 어떤 완전함을

---

276) 신학대전, 1부 2편, 31문, a. 3.

곁들인 사랑을 말한다. 그래서 모든 애덕은 사랑이지만, 모든 사랑은 그 형태에 따라 애덕이 아니라고 할 수 있다.

1210 (3) 사랑에 대한 정의(定義)

사랑은 하느님을 사랑하고 이웃과 자신을 위해 모든 것에 앞서, 하느님처럼 그분을 사랑하게 하는 대신덕(對神德) 가운데 하나이다.

그러므로 이 사랑은 이중적(二重的)인 대상(對象)을 갖고 있다. 그 대상은 다름 아닌 하느님과 이웃이다. 그러나 결과적으로 이 사랑의 두 대상은 하나일 수밖에 없다. 왜냐하면 우리는 모든 피조물을 신적 완덕의 반영(反影)과 표현(表現)으로 생각하면서 사랑하기 때문이다. 그러므로 우리가 피조물 안에서 사랑하는 분은 다름 아닌 하느님이시다.

그래서 성 토마스는 같은 뜻에서,[277] 우리는 이웃 안에 하느님이 계시거나, 적어도 그들이 하느님 안에 있기 때문에 이웃을 사랑한다. 이것은 단 하나의 같은 사랑만이 존재하기 때문이다.

제1절
하느님께 대한 사랑

우리는 여기서 하느님께 대한 사랑을 다음 세 가지 관점에서 살펴보기로 한다.

---

[277] "Sic enim proximus caritate diligitur, quia in co Deus est vel ut in co Deus sit" (*qq. disp.*, de Caritate, a. 4)

I. 하느님께 대한 사랑의 본질.
II. 하느님께 대한 사랑의 성화적 역할.
III. 하느님께 대한 사랑의 점진적 실천.

I. 하느님께 대한 사랑의 본질

1211 사랑의 첫 대상은 하느님이시다. 하느님께서는 당신 존재 자체로 충만하시기에 그분의 선하심과 아름다움은 한없으시다. 그 이유는 하느님의 특별한 신적 속성(屬性) 때문만이 아니라, 완덕의 모든 현실 안에서 고찰되기 때문이다. 그래서 자비(慈悲)와 같은 하느님의 속성에 대한 고찰은 우리로 하여금 완덕에 대한 존경으로 쉽게 이끈다. 그리고 단순한 영혼들은 하느님의 선성(善性)에 대한 그분의 속성을 분석하지도 않고, 믿음이 알려주는 대로 하느님을 사랑한다.

하느님께 대한 사랑의 개념을 확실히 하기 위해, 우리는 하느님께 전적으로 의지하는 동기와 순수한 사랑에 도달하려는 여러 단계 및 부과(賦課)되는 계명을 살펴보고자 한다.

1212 (1) 사랑의 계명

(가) 이미 구약(舊約)에 세워진 사랑의 계명은 예수님에 의해 갱신(更新)되고, 예언자와 율법의 요약을 통해 선포되었다. "네 마음을 다하고 목숨을 다하고 생각을 다하고 힘을 다하여 주님이신 너의 하느님을 사랑하라."[278] 이 말은 우리가 모든 능력과 또 모든 것 위에 하느님을 사랑해야 한다는 것이다.

---

278) 마르 12, 30.

이 점에 대하여 성 프란치스코 살레시오는 다음과 같이 설명한다. "하느님께 대한 우리의 사랑은 어떤 사랑보다 우월해야 하며, 또 열정적이어야 합니다. 하느님께 대한 사랑은 우리에게 온 몸과 마음을 다해 자신을 온전히 당신께 봉헌하도록 우리에게 요구하십니다. 그리고 하느님께 대한 사랑은 우리 영혼을 차지하는 정감과 너그러움, 또 우리의 온 힘과 열정을 쏟는 굳건한 사랑을 요구하십니다."

그리고 성인은 하느님께 대한 우리의 열정적인 사랑으로 끝을 맺는다. "주님, 저는 당신의 것이기에, 당신에게만 속하는 존재여야 합니다. 제 목숨은 당신 것이기에, 당신만을 위해 살 것입니다. 주님, 저의 의지는 당신의 것이기에, 당신을 위해서만 사랑할 것입니다. 저의 사랑은 당신의 것이기에, 당신 안에서만 사랑할 것입니다.

저는 존재의 첫 근원으로써 당신만을 사랑할 것입니다. 왜냐하면 저는 주님의 것이기 때문입니다. 그리고 저는 최후의 안식 안에서 당신을 사랑할 것입니다. 왜냐하면 저는 당신을 위해 존재하기 때문입니다. 저는 자신의 존재보다 훨씬 더 주님을 사랑해야 합니다. 왜냐하면 저의 존재는 당신에 의해서만 존재하기 때문입니다."[279]

1213 (나) 위와 같은 관점에서 볼 때, 사랑의 계명은 매우 범위가 넓기에 자신에게는 한계(限界)가 없다. 왜냐하면 하느님께 대한 사랑의 척도(尺度)에는 제한이 없기 때문이다. 그러므로 우리는 제353항-제361항에서 본 것처럼, 완덕을 향해 끊임없이 사

---

279) *Amour de Dieu*, 1. X, ch. VI, X.

랑을 추구해야 할 의무가 있다. 그러기 때문에 우리의 사랑은 죽을 때까지 계속 커 나가야 한다.

성 토마스의 교의에 따르면, 애덕의 완성은 마지막에도 사랑을 요구한다고 한다. 그러므로 우리는 이 사랑에 도달하기를 간절히 원해야 한다. 그리고 까줴땅(Cajetan)은 덧붙여 말하기를, "완덕에서 애덕이 마지막이므로 이 사랑의 계명을 놓치지 않도록 노력해야 합니다. 누구든지 가장 비천한 사람들이라도, 사랑을 갖고 하늘 나라를 향해 걸으면, 완전한 사랑의 길을 걷게 될 것입니다. 이 때부터 영혼은 구원에 필요한 하느님께 대한 사랑의 계명을 거스르는 것을 피하게 됩니다."[280]

그럼에도 불구하고 완덕을 지향하는 영혼들은 사랑의 첫 단계에서 만족하지 않는다. 오히려 목숨을 바쳐 하느님을 더욱 사랑하려고 노력할 뿐 아니라, 온 힘을 다해 더 높이 사랑의 정상에 올라가려고 노력한다.

1214 (2) 사랑을 실천하는 동기(動機)는 하느님으로부터 받은 선이나, 그분의 무한한 완성에 대한 우월한 동기이다. 그러므로 이 동기에는 감사와 희망과 구원에 대한 두려움의 동기들이 사랑의 동기에 첨가(添加)될 수 있다. 그 결과 자신에 대한 사랑은, 하느님께 대한 사랑에 종속되는 범위 내에서 자신의 사랑과 화해한다. 그러므로 성인들이 자기 중심적 사랑이나 또는 이기적 사랑을 호되게 단죄할 때, 그 이유는 자신에 대한 방탕한 애정이 문제가 될 때이다.

---

[280] 신학대전, 2부 2편, 184문, a. 3; *Comment. de Cajetan* sur cet article; Card. Mercier, *Vie intérieure*, 1919, p. 98; P. Garrigou-Lagrange, *Perfect. chrétienne*, t. I, p. 217-227.

1215 (가) 그러나 우리의 의무적이고 가능한 사랑은 언제나 하느님의 선하심이 우리 사랑에 그 동기가 되어야 한다. 물론 사랑은 그 자체로써 우리의 본성과 열망에 조화로운 대상을 전제로 한다는 것도 사실이다.

이 점에 대하여 성 프란치스코 살레시오는 다음과 같은 교의를 설명한다. "만일 우리가 불가능한 것을 상상하면서, 우리 서로 어떤 공감(共感)도 할 수 없는 무한한 선이 존재한다면 우리는 그 선을 다만 존중했을 것이다…. 그러나 우리는 그 선을 사랑하지는 않았을 것이다. 왜냐하면 사랑은 서로 일치하는 것이기 때문이다. 그리고 그 선에 대한 사랑도 아주 작았을 것이다. 왜냐하면 사랑은 우정이며 우정은 서로 공감하면서 일치를 목적으로 하는 상호 관계를 가질 때 존재하기 때문이다."[281]

1216 (나) 완전한 사랑은 그저 감사하는 동기만으로 충분하지 않을 것이다. 우리는 여기서 다음과 같이 구분해 볼 필요가 있을 것이다. 만일 우리의 감사가 은인(恩人)으로부터 받은 은혜의 범주(範疇)를 넘어서지 못한다면, 그 감사는 사랑의 동기로서 충분하지 않다. 왜냐하면 이 때의 감사는 이해 타산적(利害打算的)으로 남아 있기 때문이다. 그러나 은혜에 대한 감사에서 한 걸음 더 나아가 은인에 대한 사랑으로 승화(昇華)된다면, 그리고 우리가 그 무한한 선 때문에 사랑한다면, 이 동기는 사랑의 동기가 될 수 있다.

사실 감사는 가장 고귀한 감정의 하나이므로, 순수한 사랑으로 우리를 쉽게 인도한다. 또 성서와 성인들은 우리를 자주 사

---

[281] *Amour de Dieu*, l. X, ch. X.

랑으로 자극하기 위해 하느님의 은혜를 제시해 주었다. 그래서 복음사가 요한은, 완전한 사랑은 우리의 두려움을 없애 준다고 말하면서, 하느님을 열렬히 사랑하도록 권고한다. "하느님께서 우리를 먼저 사랑하셨기 때문에 우리도 하느님을 사랑합니다" (quoniam Deus prior dilexit nos).[282]

얼마나 많은 영혼들이 수난(受難)과 성체(聖體) 안에서 우리를 사랑하신 예수님의 사랑을 묵상하였는가? 또 얼마나 영원으로부터 우리에게 증거된 사랑을 생각하면서, 가장 순수한 하느님의 사랑을 사랑하도록 배웠는가?

만일 우리의 사랑이 이해 타산적인 것과 순수한 것을 구별하기 위한 기준이 있다면, 첫 째로 다름 아닌 하느님께 대한 사랑에 있다고 말할 수 있다. 왜냐하면 하느님은 선하시고 그분께서는 참된 선의(善意)가 있으시기 때문이다. 그리고 둘 째는 우리를 위해 좋으신 하느님이시고, 우리에게 당신 선의를 주시는 그 분을 사랑하는 데 있다.

1217 (3) 성 베르나르도는 사랑의 단계를 네 단계로 분류한다.[283]

① 사람은 먼저 자신을 위해 자기만을 사랑한다. 왜냐하면 그는 육적(肉的)이기에 자신 이외의 다른 사랑을 맛볼 수 없기 때문이다.

② 그 다음 단계의 사랑은, 자신의 불완전함을 느끼면서, 그는 믿음으로 하느님을 추구하기 시작한다. 그러나 어디까지나

---

[282] 1요한 4, 19.
[283] *De diligendo Deo*, ch. XV; Epist. XI, n. 8.

자신을 위해 필요한 도움을 주시는 분으로 하느님을 사랑하기 시작한다.

③ 그러나 얼마 후에, 그는 필요한 도움을 주시는 하느님을 자주 대하고 그분 안에서 사랑이 커 나간다. 그로 인하여 그는 조금씩 하느님이 얼마나 좋으신 지를 알게 되고, 그래서 그는 하느님을 위해서 하느님을 사랑하게 된다.

④ 마지막 사랑의 단계는 이 세상에서 도달하는 사람이 적다. 그는 하느님을 위해서만 자신을 사랑한다. 그 결과 그 영혼은 오롯이 하느님만을 절대적으로 사랑하게 된다.

위에서 본 사랑의 단계에서, 우리는 자기 자신만을 사랑하는 첫 째 단계를 제외하고, 나머지 사랑의 세 단계는 제340항, 제624항-제626항에서 이미 다루었던 완덕의 세 단계(정화·빛·일치)와 일치한다.

II. 하느님께 대한 사랑의 성화적 역할

1218 (1) 사랑은 그 자체로써 매우 탁월하기에 모든 덕들 가운 데 가장 성화적(聖化的)이다. 우리는 이미 제310항-제319항에서, 사랑이 완덕의 본질을 구성한다는 것을 제시하였다. 그래서 우리는 모든 것 위에 사랑하는 하느님을 향해 자신들의 행위를 집중시키면서, 특별히 완덕을 우리에게 주신다는 것을 증명해 보였다.

사도 바오로는 시적(詩的) 언어로 이렇게 말한다. "내가 인간의 여러 언어를 말하고 천사의 말까지 한다 하더라도 사랑이 없으면 나는 울리는 징과 요란한 꽹과리와 다를 것이 없습니다.

내가 하느님의 말씀을 받아 전할 수 있다 하더라도, 산을 옮길 만한 완전한 믿음을 가졌다 하더라도, 사랑이 없으면 나는 아무것도 아닙니다. 내가 비록 모든 재산을 남에게 나누어 준다 하더라도, 또 내가 남을 위해서 불 속에 뛰어든다 하더라도, 사랑이 없으면 나는 아무 소용이 없습니다.

사랑은 오래 참습니다. 사랑은 친절합니다. 사랑은 시기하지 않습니다. 사랑은 자랑하지 않고 교만하지 않으며, 무례하지 않고 사욕을 품지 않으며, 성을 내지 않고 앙심을 품지 않습니다. 사랑은 불의를 보고 기뻐하지 아니하고 진리를 보고 기뻐합니다.

사랑은 모든 것을 덮어 주고 모든 것을 믿고, 모든 것을 바라고, 모든 것을 견디어 냅니다.

사랑은 가실 줄을 모릅니다…. 그러므로 믿음과 희망과 사랑, 이 세 가지는 언제까지나 남아 있을 것입니다. 이 중에서 가장 위대한 것은 사랑입니다."[284]

1219 사랑은 우리 모두를 일치시키고 변화시킨다.

ㄱ) 사랑은 모든 능력(能力)을 통해 영혼을 하느님과 전적으로 일치시켜 준다. 곧 사랑은 하느님을 존경하고 자주 생각하게 한다. 그리고 하느님의 뜻에 완전히 순종하게 하고, 그분의 사랑에 우리 의지를 굴복시킬 마음을 갖게 한다. 더 나아가 사랑은 하느님과 다른 영혼들에게 전적으로 봉사(奉仕)에 전념할 수 있는 힘을 준다.

ㄴ) 사랑은 모든 것을 하느님과 일치시키면서 영혼을 변화시

---

[284] 1고린 13, 1-13.

켜 준다. 그리고 우리의 사랑은 나 자신에게서 이탈하게 하여, 하느님께로 높이고 따르도록 해 준다. 사랑은 하느님의 성덕(聖德)을 우리 안에서 재생시키도록 해 준다.

이러한 결과로 영혼들은 사랑하는 하느님을 닮으려고 한다. 왜냐하면 영혼들은 사랑하는 분을 한 모범으로 존중하며, 친밀하게 그분에게 스며들어 더욱 닮아지기를 원하기 때문이다.

1220 (2) 결과적으로, 사랑은 우리의 성화에 매우 효과적으로 관여한다.

ㄱ) 사랑은 영혼이 하느님 안에서 신적인 것들을 맛보고 그분을 더 잘 이해하게 하도록, 어떤 호감과 친숙함을 갖게 한다. 그래서 사랑은 서로가 갖는 호감 때문에 서로를 이해하게 하고, 더욱 더 내밀하게 일치한다. 지식이 없는 영혼임에도 불구하고 하느님께 대한 사랑에 열중하여, 교회의 위대한 학자들보다 더 열심히 사랑을 실천하고 맛보는 영혼들이 있다. 이것이 바로 사랑이 갖는 효과들 가운데 하나이다.

1221 ㄴ) 사랑은 가장 탁월한 모든 덕을 실천하도록 우리를 이끈다. 그리고 사랑은 모든 어려움을 뛰어넘는 용기를 통해, 우리로 하여금 선을 행할 힘을 준다. 왜냐하면 "사랑은 죽음보다 강하기 때문이다"(fortis est ut mors dilectio).[285]

아무도 준주성범의 저자만큼 하느님께 대한 사랑의 탁월한 효과를 묘사할 수는 없을 것이다.[286] "사랑은 부담 없이 자기 짐을 지고 가며, 쓴 것을 모두 달콤하고 맛좋은 것으로 바꾸어 준

---

285) 아가 8, 6.
286) 「준주성범」., 제3권 5장.

다"(nam onus sine onere partat et omne amarum dulce ac sapidum efficit). "사랑은 하느님으로부터 났기에, 우리는 하느님 안에서가 아니면 안식을 얻지 못할 것이다"(quia amor ex Deo natus est, nec potest nisi in Deo… quiescere).

"사랑하는 사람은 날고 뛰면서 기뻐한다. 그리고 모든 사람을 위해 모두를 내어 준다"(amans volat, currit et laetatur… dat omnia pro omnibus). 또 "예수님께 대한 사랑은 고귀하기에 사람들로 하여금 좋은 일을 실천하게 하고 더 완전한 것을 열망하게 한다"(amor Jesu nobilis ad magna operanda impellit, et ad desideranda semper perfectiora excitat).

"사랑은 항상 깨어 있다. 사랑은 피곤하지만 지치지 않고, 겁에 질려도 당황하지 않으며 생동하는 불꽃과 같다. 사랑은 어려움 중에도 흔들리지 않는다"(amor vigilat… fatigatus non lassatur, territus non conturbatur, sed sicut vivax flamma… sursum erumpit secureque pertransit).

1222　ㄷ) 사랑은 영혼에게 커다란 기쁨과 해방을 가져다 준다. 곧 하느님은 최고의 선으로써 사랑 그 자체이시다. 이 뜻은 다음과 같다. "영원한 생명이 우리 안에 시작되었다"(inchoatio vitae aeternae in nobis). 그리고 이 생명은 "우리 마음을 기쁨으로 가득 채워 준다"(dans vera cordis gaudia).[287]

이어서「준주성범」에서는, "사랑보다 더 감미로운 것은 없다. 하늘과 땅에서 그 어떤 사랑보다 기쁘고 더 좋으며 달콤한 사랑은 없다."(Nihil dulcius est amore… nihil jucundius, nihil ple-

---

287) 예수의 거룩한 이름 축일의 성가.

nius nec melius in caelo et in terra)라고 말한다. 그래서 이 참된 기쁨은 우리 안에 계시는 하느님과 예수 그리스도의 현존(現存)을 가장 생생하게 인식하기 시작할 때이다. "예수님과 함께 사는 것은 즐거운 낙원이다"(Esse cum Jesu dulcis paradisus…).[288] "주님이 계시면 모든 것이 즐겁지만, 당신이 안 계시면 모든 것이 싫증이 난다"(Te siquidem praesente, jucunda sunt omnia, te autem absente fastidiunt cuncta).[289]

1223 ㄹ) 이처럼 사랑의 기쁨에는 깊은 평화가 뒤따른다. 하느님께서 우리 안에 계시고 우리에게 당신의 부성애(父性愛)적 염려를 보여 주시는 확신을 가질 때, 우리는 그분을 신뢰하면서 모든 것을 맡길 수 있다. 그로 인하여 우리는 하느님의 참된 이해와 배려(配慮)를 믿게 되고, 하느님 안에서 진정한 마음의 평정(平靜)과 평화를 누릴 수 있다.

"당신은 마음의 고요함과 평화의 큰 기쁨을 실천하라"(Tu facis cor tranquillum et pacem magnam laetitiamque festivam).[290] 그런데 우리에게 내적 평화보다 더 좋은 영적 진보는 없다. 참으로 "신심 깊은 영혼은 침묵과 고요함 속에서 사랑에 진보한다"(in silentio et quiete proficit anima devota).

그러므로 지금까지 사랑 그 자체와 효과를 고려해 본 애덕의 모습에서, 사랑은 모든 덕 가운 데 영혼을 가장 거룩하게 하며 일치하게 한다. 그래서 사랑은 실제로 완덕과 뗄 수 없이 묶여 있다. 그러므로 이제 우리는 사랑을 어떻게 실천해야 하는지를

---

288) 「준주성범」., 제2권 8장.
289) 「준주성범」., 제3권 34장.
290) 「준주성범」., 제3권 31장.

살펴보기로 하자.

Ⅲ. 하느님께 대한 사랑의 점진적 실천

1224 사랑의 실천에 대한 일반 원칙

사랑은 그 자체가 하느님의 선물이므로, 우리가 그분께 드리는 사랑은 보다 완전해야 한다. 곧 우리는 "네 마음을 다하고 목숨을 다하고 생각을 다하고 힘을 다하여"(ex tota anima, ex toto corde, ex totis viribus).[291] 하느님을 사랑해야 한다. 우리의 사랑은 희생(犧牲) 없이 자신을 줄 수 없으므로, 우리가 하느님을 사랑할 때 희생의 실천을 통해 더욱 사랑이 완전해지도록 해야 한다(제321항).

1225 (1) 완덕으로 나아가는 초보자들은 죄 가운데, 특히 대죄(大罪)와 그 원인을 피하려고 노력하면서 하느님께 대한 사랑을 실천해야 한다.

ㄱ) 초보자들은 하느님께 속죄자(贖罪者)로써 사랑을 실천한다. 그리고 하느님의 영광을 훔치고, 그분을 거스른 것을 비통(悲痛)하게 뉘우쳐야 한다(제743항-제745항).

이와 같은 사랑은 다음 두 가지 결과를 가져온다.

① 먼저, 사랑은 우리가 애착하는 모든 죄와 피조물(被造物)에서 조금씩 우리를 떼어놓는다.

② 그리고 사랑은 우리로 하여금 하느님과 일치하게 하고 화해시켜 준다.

---

291) 마르 12, 30.

또 사랑은 하느님과 일치하는 데 큰 방해가 되는 죄로부터 우리를 떼어놓는다. 뿐만 아니라 사랑은 우리의 마음 안에 모욕(侮辱)과 회개(悔改)의 감정을 일으키게 한다. 그리고 은총을 통해 보다 완전한 사랑으로 변화시켜 놓는다.

이 점에 대하여 성 프란치스코 살레시오는 다음과 같이 말한다. "불완전한 사랑은 하느님을 열망하고 찾아다니며, 회개하는 사람은 하느님을 찾고 발견한다. 그래서 완전한 사랑은 하느님을 만나 포옹한다." 어쨌든 우리 죄는 하느님께 대한 사랑이 강렬하면 할수록 보다 완전하게 사(赦)함을 받는다.

1226 ㄴ) 초보자들은 무엇보다 먼저, 하느님의 뜻과 일치하는 사랑의 첫 단계를 실천하도록 한다. 곧 하느님의 계명(誡命)과 교회에 순명하고, 그분의 섭리(攝理)에 따라 영혼의 정화(淨化)를 위해 보내는 시련(試鍊)들을 용감하게 참는다(제747항).

ㄷ) 이러한 인내는 오래지 않아 그들의 사랑을 감사하는 마음으로 변화시킬 것이다. 초보자들이 짓는 죄에도 불구하고, 하느님께서는 당신의 선하심을 통해 끊임없이 그들을 채워 주신다. 그리고 하느님께서는 초보자들이 자신의 잘못을 뉘우치는 즉시, 매우 관대하게 그들을 용서해 주신다. 초보자들은 이와 같은 하느님의 은총에 진정으로 감사드리고, 그분의 선하심을 찬송(讚頌)하며, 그분의 은총을 보다 더 잘 선용(善用)하도록 노력해야 한다.

바로 이러한 자세는 우리의 순수한 사랑에 대한 훌륭한 준비와 고결(高潔)한 감정을 낳는다. 그리고 우리는 하느님으로부터 받은 은혜를 은인(恩人)에 대한 사랑으로 승화시켜야 한다. 그렇게 함으로써 초보자들은 하느님의 선하심을 온 땅에 알리고 찬양(讚揚)하려는 열망을 갖게 된다. 이와 같은 사랑의 모습은 그 자체로써 이미 애덕이다.

1227 (2) 완덕으로 나아가는 진보자들은 친절하고 관대하게 하느님의 뜻과 일치하는 사랑을 실천함으로써 형제적 사랑에까지 이른다.

(가) 친절한 사랑은 자기 반성과 믿음에서 나온다.

ㄱ) 진보자들은 하느님께서 완전 · 지혜 · 권능 · 선과, 존재 그 자체로써 충만한 분이심을 묵상(默想)하고 확신하면서 믿는다. 진보자들은 선(善)하신 하느님의 풍요로우심을 보는 것을 기뻐한다. 그리고 진보자들은 자신의 기쁨보다는 하느님의 기쁨을 더 만족해 한다. 또 진보자들은 자신들이 하느님께 드리는 찬양과 경축의 행위로써 그 기쁨을 표현한다.

ㄴ) 이렇게 함으로써 진보자들은 신적 덕성(德性)을 자신들 안에 끌어들인다. 그래서 진보자들의 하느님은 자기 자신들의 하느님이 되고, 그들은 하느님의 덕성과 선하심, 온유와 신적 생명으로 자라난다. 왜냐하면 우리 마음은 우리가 만족하는 것들로부터 영양분을 섭취하기 때문이다. 그래서 우리는 하느님께 대한 사랑 안에 만족하면서, 그분의 덕성으로 풍요로워져야 한다.

1228 ㄷ) 우리는 하느님의 완전한 덕성을 우리 안에 끌어들여야 한다. 이 점에 대하여 성 프란치스코 살레시오가 이미 우리에게 잘 설명했듯이, 우리는 하느님께 모두를 바쳐야 한다. "하느님의 거룩하신 사랑으로 인해, 마치 그 사랑이 우리 것이거나 된 듯 우리는 그분의 선을 소유합니다. 그러나 하느님의 덕성이

언제나 우리 정신보다 훨씬 더 강하다는 것을 알아야 합니다. 그래서 우리는 하느님의 배려(配慮)로 인해, 당신은 우리의 하느님이 되실 뿐만 아니라 우리도 그분의 것이 될 수 있는 것입니다."

그래서 영혼은 거룩한 침묵 속에서 영원을 외친다. "하느님께서는 참된 하느님이시며, 그분의 선하심과 덕성이 무한한 것만으로 나에게는 충분합니다. 곧 내가 죽던 살던 그것은 나에게 그렇게 중요하지 않습니다. 왜냐하면 나는 사랑하는 하느님께서 승리하신 영원한 생명을 누릴 수 있기 때문입니다…. 내 자신보다 더 사랑하는 하느님께서 영원한 행복으로 충만하심은 그분을 사랑하는 영혼에게는 부족함이 없습니다. 왜냐하면 영혼은 자기에게 생명을 주고 사랑해 주시는 하느님 안에서 살 수 있기 때문입니다."[292]

1229 ㄹ) 진보자들의 사랑은 고통받으시는 예수님을 묵상할 때 비통(悲痛)함과 애도(哀悼)로 변한다. 신심 있는 영혼은 사랑하는 분의 슬픔과 근심을 보면서, 사랑으로 그분의 고통을 함께 나누지 않을 수 없다. 그 예로 아씨시의 성 프란치스코는 하느님께 대한 사랑의 상흔(傷痕, stigmates)을 받았다. 이처럼 참된 사랑은 연민(憐憫)을 낳고, 연민은 사랑하는 분과 같은 상처(傷處)를 갖게 한다.

1230 (나) 진보자들은 친절한 사랑에서 관대(寬大)한 사랑으로 진보한다. 즉 사랑하는 하느님께 영광을 드리기 위해 강한 열정

---

292) *Am. de Dieu*, l. V, ch. III.

을 갖는다. 이와 같이 하느님께 대한 사랑은 다음 두 형태로 실천될 수 있다.

ㄱ) 먼저 완덕에 대한 내적 방법으로, 가정적(假定的, hypothétique)인 실천을 할 수 있다. 예를 들어, 불가능한 것을 상상하면서, 그 선을 실천할 수 있다면, 나는 내 생명을 바쳐서라도 끊임없이 그 선을 열망할 것이다. 또 이러한 가정적 상태에도 불구하고, 선을 실천할 수 있다면, 나는 온 마음으로 하느님을 열망할 것이다.

1231 ㄴ) 그 다음 우리는 하느님의 영광에 속하는 외적인 것들이 우리 자신과 이웃 안에서 커 나가도록 절대적인 방법을 열망한다. 그리고 우리는 이 영광 안에서, 하느님을 알게 되고 또 사랑하도록 한다. 뿐만 아니라 이 사랑이 사색(思索)으로만 끝나지 않도록 하기 위해, 우리는 신적 덕성의 아름다움을 찬양하도록 노력한다.

하느님께 대한 찬양과 존경으로 가득 찬 우리는 온 땅에서 당신의 거룩한 이름이 찬양받고, 높여지고, 찬미받으며 흠숭받기를 열망한다. 그리고 우리 스스로 완전하게 하느님을 찬양할 수 없으므로, 모든 피조물이 창조주를 찬양하도록 초대한다. "주님의 모든 업적들아 주님을 찬미하라"(Benedicte omnia opera Domini Domino).[293]

우리는 천사들과 성인들과 함께 노래하기 위해 하늘을 향한다. "거룩하시다. 거룩하시다. 거룩하신 주님…"(Sanctus, Sanctus, Sanctus, Dominus…). 우리는 또 천사들 위에 올림을 받고 하느

---

293) 다니 3, 57.

님께 영광을 드리는 동정 성모님과 일치하면서, 성모님과 함께 노래한다. "내 영혼이 주를 찬송하며…"(Magnificat anima mea Dominum…).

그러나 우리는 특히 육화(肉化)되신 하느님이시고 사람이신 예수님과 함께, 성부와 일치하면서 삼위일체(三位一體)께 무한한 존경과 찬양을 드린다.

끝으로 진보자의 사랑은 서로를 찬미하는 세 위격(位格)이신, 하느님과 일치한다. 이 점에 대하여 성 프란치스코 살레시오는 다음과 같이 말한다. "이 때 우리는 영광이 성부와 성자와 성령께 하고 외칩니다. 이와 같이 우리가 하느님께 기원하는 것은 창조에 대한 영광이 아니라 하느님을 통하여, 하느님 안에, 하느님과 함께 있는 영원한 영광이라는 사실을 알기 위해서입니다.

그래서 우리는 덧붙여 처음과 같이 이제와 항상 영원히 하고… 기도합니다. 곧 우리는 모든 피조물에 앞서 하느님께서 당신이 가지셨던 영광을 영원히 받으시기를 빕니다."[294]

1232 (다) 관대한 사랑은 일치의 사랑으로 나타난다. 진보자로써 하늘 나라를 전파하기 위해서는, 거룩한 뜻을 실천하는 것보다 더 효과적인 방법은 없다. "당신의 뜻이 하늘에서와 같이 땅에서도 이루어지소서"(fiat voluntas tua sicut in caelo et in terra).

사랑은 모든 것에 앞서 서로 일치하게 하며, 둘의 뜻을 하나로 묶어 준다. "좋아하는 것도 하나요, 싫어하는 것도 하나다"(unum velle unum nolle). 하느님의 뜻은 언제나 좋고 지혜로우

---

[294] 성 프란치스코 살레시오. *Amour de Dieu*, 1. V, ch. XII.

며 유일하므로, 우리는 하느님의 뜻에 우리의 뜻을 일치시켜야 한다. "제 뜻대로 하지 마시고 아버지의 뜻대로 하십시오"(non mea voluntas, sed tua fiat).[295]

이와 같은 사랑의 일치는, 이미 제480항-제492항에서 다룬 것처럼, 계명과 권고와 은총의 영감(靈感)에 대한 순명을 통해 하느님의 영광을 드러내는 데 있다. 또 이 사랑은 우리의 성화(聖化)를 위해 우리에게 주어진 온갖 종류의 시련・굴욕・실패・불행 또는 행복과 섭리적(攝理的)인 사건들 앞에서 겸손히 굴복하게 한다.

이처럼 사랑의 일치는 하느님께 속하지 않는 모든 것에는 무관심(無關心)을 나타낸다. 그리고 이 사랑은 하느님이 우리의 모든 것이며, 피조물은 하느님 앞에서 아무런 존재도 아니라는 사실을 확신하게 한다. 그래서 우리는 하느님께 대한 사랑과 그분의 영광만을 원하고, 그 나머지는 우리에게 무관심으로 남는다.

그러나 우리는 결코 우리의 구원(救援)에 대하여 무관심하지 않도록 해야 한다. 우리가 구원을 열렬히 희망하지만, 그 구원은 어디까지나 하느님의 뜻과 일치할 때 이루어진다.

이처럼 구원을 위한 우리의 포기(抛棄)는 마음 안에 깊은 평화를 가져다 준다. 곧 우리의 성화(聖化)에 필요하지 않은 일은 우리 앞에 일어나지 않을 것이다. "하느님의 계획에 따라 부르심을 받은 사람들에게는 모든 일이 서로 작용해서 좋은 결과를 이룬다는 것을 우리는 압니다"(diligentibus Deum omnia cooperantur in bonum).[296]

---

295) 루가 22, 42.
296) 로마 8, 28.

그러므로 우리는 기쁘게 주님을 닮으려고 노력하면서 사랑하는 마음으로 십자가와 그것이 주는 시련(試鍊)을 끌어 안아야 한다.

이처럼 하느님의 뜻에 완전히 일치하는 사랑에 대하여, 보슈에(Bossuet)는 다음과 같이 말한다. "우리에게 좋은 것을 주시는 분께 기쁨을 드리는 것처럼, 사랑은 고통 속에서도 우리를 하느님께로 향하게 합니다. 사랑의 일치는 우리로 하여금 이기적인 만족에 머물지 않고, 하느님의 기쁨 안에서 쉬게 합니다. 그러기에 우리는 하느님께 기쁨을 드리도록 항상 기도해야 합니다."[297]

1233 (라) 사랑의 일치는 우리를 하느님과 정다운 관계로 맺어 준다. 이 두 벗 사이에 상호간의 우정에 대한 배려(配慮)와 교환은 어디까지나 하느님께 대한 사랑 안에서 실현된다.

성 프란치스코 살레시오는 이것을 두고 진정한 우정(友情)이라고 말한다. "왜냐하면 참된 우정은 언제나 상호적입니다. 이 우정은 일시적인 사랑이 아닙니다. 왜냐하면 하느님께서는 당신 스스로 우리 안에 사랑을 넣어 주셨기 때문에, 우리는 그분의 사랑을 모르는 체 할 수 없습니다…. 그러므로 우리는 하느님의 영원한 사랑의 나눔에 민감해야 할 것입니다. 이 사랑을 위해 하느님께서는 끊임없이 우리 마음 안에 바른 성향(性向)과 신성한 충동, 그리고 계시를 통해 말씀하십니다."

이어서 성인은 다음과 같이 덧붙인다. "하느님과의 이 우정은 단순한 우정이 아니라 숭고한 사랑입니다. 이 사랑은 하느님을 사랑하기 위해 하느님으로부터 선택된 사랑의 우정입니다."[298]

---

297) *Elévations*, XIIIe Sem., 7e Elév.

1234 그러므로 이 우정은 하느님께서 우리에게 주신 은사(恩賜)와, 우리의 인격(人格)을 그분께 드리는 사랑의 선물과 깊이 관계된다. 이제 우리는, 우리를 위한 하느님께 대한 사랑이 무엇인지, 또 무엇이 하느님을 위한 우리의 사랑인가를 이해하기 위해 살펴보기로 한다.

ㄱ) 하느님께 대한 우리의 사랑은,

① 영원하다.

"나는 한결같은 사랑으로 너를 사랑하였다"(in caritate perpetuâ dilexi te).[299]

② 사심(私心)이 없다.

왜냐하면 하느님께서는 당신 스스로 충만(充滿)하시며, 그분은 우리가 좋은 일을 하도록 우리를 사랑하신다.

③ 너그럽다.

왜냐하면 하느님께서는 우리 영혼 안에 정답게 오셔서, 당신 모두를 우리에게 주시기 때문이다(제92항-제97항).

④ 선행(先行)한다.

하느님께서는 먼저 우리를 사랑하셨다. 그럼에도 불구하고, 마치 하느님께서 우리를 필요하신 것처럼, 당신은 우리의 사랑을 구걸하고 청원하신다. "나는 사람들과 함께 있는 것이 즐거워…"(deliciae meae esse cum filiis hominum…).[300] "아들아, 네 마음을 내게 다오"(praebe, fili, cor tuum mihi). 이와 같은 하느님의 예민한 마음을, 과연 우리가 짐작이라도 할 수 있겠는가?

---

298) *Amour de Dieu*, 1. II, ch. XXII.
299) 예레 31, 3.
300) 잠언 8, 31; 23, 26.

1235 ㄴ) 그러므로 우리는 하느님께 대한 사랑에 가능한 한, 보다 완전한 사랑으로 그분께 응답해야 한다. "우리를 이렇게 사랑해 주시는 분을 누가 사랑으로 갚지 않겠습니까?"(sic nos amantem quis non redamaret?).

① 하느님께 대한 사랑은 항상 진보적이다. 우리는 영원히 하느님을 사랑하려고 노력하지만, 그 가치만큼 사랑할 수 없다. 그러기에 우리는 매 순간 더 많이 하느님을 사랑하도록 해야 한다. 그리고 자기 자신에 대한 애정(愛情)에 집착하지 말고, 언제나 우리에게 요구되는 어떤 희생도 거절하지 않으면서 하느님께 기쁨을 드리도록 노력해야 한다. "나는 언제나 아버지께서 기뻐하시는 일을 한다"(quae placita sunt ei facio semper).[301]

② 그래서 우리는 열심히 기도하면서 신심 깊은 사랑에는 언제나 너그러워야 할 것이다. 나는 하느님을 "온 마음을 다하고 목숨을 다하고 생각을 다하고 힘을 다하여 주님이신 당신을 사랑합니다."[302]

하느님은 우리 존재의 중심이시다. 그리고 그분은 우리 지혜(知慧)의 뿌리가 되신다. 그래서 우리의 소망(所望)을 겸손하게 예수님께 순종시킬 때, 그분은 우리 의지의 기초가 되신다. 더 나아가, 하느님께 대한 사랑에 장애(障碍)가 되지 않도록, 그분은 우리의 감정을 조절(調節)하신다. 끝으로 우리가 하느님을 기쁘게 해 드릴 때, 하느님은 우리 삶의 중추(中樞)가 되신다.

하느님께 대한 사랑은 개인적인 욕심을 배격(排擊)한다. 그래서 우리는 하느님을 당신의 은총보다 더 진하게 사랑할 수 있

---
301) 요한 8, 29.
302) 마르 12, 30.

다. 하느님께서는 우리가 오직 당신만을 사랑하기를 원하신다. 그러기 때문에 우리에게 위로(慰勞)가 필요한 만큼, 마음이 무미건조(無味乾燥)할 때에도 그분을 사랑해야 한다. 이렇게 함으로써 우리는 자신의 무능력(無能力)함에도 불구하고, 하느님께 대한 사랑에 기꺼이 응답할 수 있을 것이다.

제2절
이웃에 대한 사랑

 여기서 우리는 형제적 사랑의 본질과 그 사랑의 성화(聖化)를 살펴본 뒤, 그 형제적 사랑의 실천 방법을 소개할 것이다.

I. 형제적 사랑의 본질

1236   형제적 사랑은 이웃 안에 현존(現存)하시는 하느님께 대한 사랑을 말한다. 만일 우리의 형제적 사랑이 이웃을 사랑한다는 그 자체에만 목적이 있다면, 그 사랑은 그리스도인의 사랑일 수 없다. 더구나 형제적 사랑이 되돌려 받을 수 있는 봉사(奉仕) 때문에 이웃을 사랑한다면, 그것은 결코 애덕이 될 수 없다.
  (가) 그러므로 우리는 하느님을 형제들 사랑 안에서 보아야 한다. 하느님께서는 우리 안에서 당신의 존재와 속성(屬性)과 자연적 은사(恩賜)들을 표현하신다(제445항). 그리고 더 나아가 하느님께서는 당신의 본질과 생명 안에서 초자연적 은사로 자신을 드러내신다. 그러기에 하느님의 초자연적 사랑은 우리 사랑의

뿌리가 된다. 그러므로 자연적이고 인간적인 품성(品性)은 은총으로 초자연화된 믿음의 눈으로 보아야 할 것이다.

1237 (나) 형제적 사랑의 진정한 뜻을 더 잘 이해하기 위해서, 우리는 하느님과 형제들의 관계에서 이웃들을 고찰(考察)하면서 그 이유를 분석할 수 있다. 그 때 형제들은 모두 우리에게 하느님의 자녀들이고, 예수 그리스도의 지체(肢體)들이며, 하늘 나라의 공동 상속자(相續者)들로 나타날 것이다(제93항, 제142항-제149항).

그렇기에 형제들이 은총의 상태가 아니거나 믿음이 약하더라도, 그 형제들도 초자연적 은사를 받도록 불림을 받았다는 사실을 바르게 인식해야 한다. 이러한 뜻에서 서로 은사를 나누는 것은 우리의 의무이며, 또 그들의 회개를 위해 기도해야 한다.

우리가 하느님께 대한 사랑으로 인해 이웃을 형제로서 사랑하는 것은 매우 뜻 있는 이유가 된다. 다행스럽게도 서로가 보는 관점의 차이에 따라 우리를 멀어지게 하는 것이, 우리를 일치시키는 것들에 비해 적다는 현실은 우리에게 큰 위로가 되지 않는가!

II. 형제적 사랑의 성화

1238 (1) 형제에 대한 초자연적 사랑은, 우리가 하느님을 사랑하는 구체적인 한 방법이다. 그래서 우리는 이 시점에서 하느님께 대한 사랑의 감탄할 만한 효과들을 소개한 뒤, 그 모든 사랑을 간단하게 되짚어 보고자 한다.

하느님을 사랑하기 위해 우리는 복음사가 요한의 문헌 몇 가지를 인용하는 것으로 충분할 것이다. "자기 형제를 사랑하는 사람은 빛 속에서 살고 있는 사람이며, 그는 남을 죄짓게 하는 일이 없습니다. 그러나 자기 형제를 미워하는 사람은 어둠 속에 있습니다."[303]

그런데 복음사가 요한의 표현으로는, 빛 속에 산다는 것은 모든 빛의 원천인 하느님 안에 산다는 것이다. 그리고 어둠 속에 있다는 것은 죄의 상태에 있다는 말이다. 뒤이어서, "우리는 우리의 형제들을 사랑하기 때문에 이미 죽음을 벗어나서 생명의 나라에 들어 와 있는 것이 분명합니다…. 자기 형제를 미워하는 자는 누구나 다 살인자입니다."[304]

그리고 그는 다음과 같이 결론을 맺는다. "사랑하는 여러분께 당부합니다. 우리는 서로 사랑합시다. 사랑은 하느님께로부터 오는 것입니다. 사랑하는 사람은 누구나 하느님께로부터 났으며, 하느님을 압니다. 사랑하지 않는 사람은 하느님을 알지 못합니다. 하느님은 사랑이시기 때문입니다….

그러나 우리가 서로 사랑한다면 하느님께서는 우리 안에 계시고 또 하느님의 사랑이 우리 안에서 이미 완성되어 있는 것입니다….

하느님은 사랑이십니다. 사랑 안에 있는 사람은 하느님 안에 있으며 하느님께서는 그 사람 안에 계십니다…. 하느님을 사랑한다고 하면서 형제를 미워하는 사람은 거짓말쟁이입니다. 눈에 보이는 형제를 사랑하지 않는 자가 어떻게 보이지 않는 하느님

---

[303] 1요한 1, 10-11.
[304] 1요한 3, 14-15.

을 사랑할 수 있겠습니까? 하느님을 사랑하는 사람은 자기 형제도 사랑해야 한다는 이 계명을 우리는 그리스도에게서 받았습니다."[305]

형제를 사랑하는 것이 하느님을 사랑한다는 사실을 이보다 더 명백하게 말할 수 없을 것이다. 그래서 하느님께 대한 사랑에 집중할 때 그 영혼은 자신에게 부여된 모든 특권(特權, privilèges)을 향유(享有)하게 된다.

1239 (2) 한편 예수님은 우리가 가장 비천한 형제에게 한 사랑이 곧 하느님을 위해 한 것이라고 말씀하신다. "나는 분명히 말한다. 너희가 여기 있는 형제 중에 가장 보잘 것 없는 사람 하나에게 해 준 것이 바로 나에게 해 준 것이다"(Amen dico vobis, quamdiu fecistis uni ex his fratribus meis minimis, mihi fecistis).[306]

예수님은 형제들에게 베푼 가장 작은 봉사(奉仕)라도 모든 종류의 은사를 통해 백 배로 갚아 주시고, 고귀한 마음 씀씀이를 결코 내버려두지 않으실 것이 분명하다.

이러한 예수님의 배려(配慮)는 이웃에게 정신적이고 물질적인 도움을 주는 형제적 사랑을 실천하는 영혼들에게 큰 위로가 된다. 그리고 전 생애를 사도직 또는 애덕 사업에 헌신한 사람들에게는 더욱 그 위로가 크지 않겠는가!

형제들 안에 현존하시는 예수님께 봉사하는 매 순간마다, 예수님은 그 영혼들을 성화시켜 주실 것이다.

---

305) 1요한 4, 7.8.12.16.20.21.
306) 마태 25, 40.

Ⅲ. 형제적 사랑의 실천

1240 우리를 형제적 사랑으로 이끌어 주는 한결같은 끈기는, 이웃 안에서 하느님과 예수님을 체험(體驗)하게 한다.[307] 이와 같이 "만사를 그리스도 안에서"(in omnibus Christus) 추구하는 우리 사랑은 그 실천과 방법에서 더욱 초자연화 될 수 있다. 그리고 그 사랑의 범위에서 더욱 보편화(普遍化) 되고, 또 사랑의 실천은 더 활동적이고 너그럽게 된다.

1241 (1) 완덕으로 나아가는 초보자들은, 특히 사랑에 반대되는 죄를 피하고, 하느님의 계명(誡命)을 실천하는 것을 목표로 삼는다.

(가) 그러므로 초보자들은 예수님과 이웃을 슬프게 하는 일은 세심하게 피한다.

ㄱ) 이미 제1043항에서 보았듯이, 사랑과 정의(正義)에 반대되는 중상(中傷)과 모략(謀略), 그리고 경솔한 판단은 피해야 한다.

ㄴ) 형제적 사랑에서 일어나는 자연적 반감(反感)은, 거의 대부분이 사랑의 결핍(缺乏)에 그 원인이 있다.

ㄷ) 귀에 거슬리는 목소리와 빈정거림과 경멸은, 이웃과의 친밀한 사랑의 관계를 슬프게 할 뿐이다. 이웃을 희생시켜 가며 하는 농담(弄談)도 쓰린 상처가 될 수 있다.

---

[307] 이것은 Bˣ Eudes, *Le Royaume de Jésus*. 2ᵉ P., §35. p. 259에서 잘 설명하고 있다. "이웃을 하느님 안에서, 하느님을 이웃 안에서 바라보십시오! 다시 말하면, 이웃을 하느님의 선하심에서 창조된 것처럼 보십시오. 즉 우리는 하느님께로 다시 돌아가기 위해 창조되었습니다. 우리는 하느님을 영원히 영광스럽게 하고, 이로써 하느님께서는 정의로써, 또는 자비로써 영원히 영광받으시도록 창조된 우리를 바라보십시오."

ㄹ) 이웃을 굴복시키고, 자기 자신의 의견만을 관철시키려는 교만과 격론(激論)들은 형제적 사랑을 갈라놓는다.

ㅁ) 초보자들은 교회와 가족 구성원들 사이에 분쟁(分爭)이 될 수 있는 모든 거짓들과 불화(不和)와 경쟁들을 피한다.

1242 형제적 사랑에 반대되는 모든 죄에서 벗어나려고 단단히 결심하기 위해, 사도 바오로가 초대교회 그리스도인들에게 전한 감동적인 다음과 같은 말을 묵상하는 것보다 더 효과적인 것은 없다.

"주님을 위해서 일하다가 감옥에 갇힌 내가 여러분에게 권고합니다. 하느님께서 여러분을 불러 주셨으니 그 불러 주신 목적에 합당하게 살아가십시오…. 겸손과 온유와 인내를 다하여 사랑으로 서로 너그럽게 대하십시오. 성령께서 평화의 줄로 여러분을 묶어 하나가 되게 하여 주신 것을 그대로 보존하도록 노력하십시오. 그리스도의 몸도 하나이며 성령도 하나입니다.

이와 같이 하느님께서 여러분을 당신의 백성으로 부르셔서 안겨 주시는 희망도 하나입니다. 주님도 한 분이시고 믿음도 하나이고 세례도 하나이며 만민의 아버지이신 하느님도 한 분이십니다. 그분은 만물 위에 계시고 만물을 꿰뚫어 계시며 만물 안에 계십니다….

우리는 사랑 가운데서 진리대로 살면서 여러 면에서 자라나, 머리이신 그리스도와 한 몸이 되어야 합니다."[308]

이어서 사도 바오로는 또, "여러분은, 그리스도의 사랑에서 위안을 받습니까? 서로 애정을 나누며 동정하고 있습니까? 그렇

---

308) 에페 4, 1-16.

다면 같은 생각을 가지고 같은 사랑을 나누며 마음을 합쳐서 하나가 되십시오. 그렇게 해서 나의 기쁨을 완전하게 해 주십시오. 무슨 일에나 이기적인 야심이나 허영을 버리고 다만 겸손한 마음으로 서로 남을 자기보다 낫게 여기십시오. 저마다 제 실속만 차리지 말고 남의 이익도 돌보십시오."[309]

사도 바오로의 이 호소를 들으면서 누가 감동을 받지 않을 수 있겠는가? 사도는 자신이 차고 있는 쇠사슬은 아랑곳하지 않고, 교회 공동체를 갈라놓는 서로의 불화(不和)를 없애도록 호소한다. 즉 공동체의 일치를 강조하면서 그들을 분열(分列)시키는 모든 것에서 이탈하도록 외친다.

1243 특히 초보자들은 형제적 사랑에 반대되는 악(惡)을 어떤 방법을 써서라도 피해야 한다. 다시 말해서, 이웃을 죄짓게 하는 모든 행위를 피해야 한다. 어떤 것은 자신에게는 아무 상관이 없지만, 경우에 따라서는 그것이 다른 사람들에게 죄의 기회가 될 수 있는 것이라면 사랑으로 그것을 자제해야 한다.

사도 바오로는, 우상(偶像)에게 바쳐진 고기에 대하여 차분하게 가르친다. 사도에게 우상들은 아무 존재도 아니므로, 고기 그 자체로는 금지된 것이 아니라는 것이다. 그러나 대부분의 그리스도인들은 고기 자체를 금지된 것이라고 잘못 생각한다. 그래서 사도는 그리스도인들의 잘못된 양심의 가책(呵責)은 고려되어야 한다고 권고한다.

"어떤 그리스도인들은 아직까지도 우상을 섬기던 관습에 젖어서 우상에게 바쳤던 제물(祭物)을 먹을 때는 그것이 참말로 우

---

[309] 필립 2, 1-4.

상의 것이라고 생각합니다. 음식이 우리를 하느님께로 가까이 나가게 해 주는 것은 아닙니다….

믿음이 약한 사람은 여러분의 지식 때문에 망하게 될 것입니다. 그리스도께서는 그 형제를 위해서 죽으시지 않았습니까? 여러분이 이렇게 형제에게 죄를 짓고 그들의 약한 양심에 상처를 입히는 것은 결국 여러분이 그리스도에게 죄를 짓는 것입니다. 만일 음식이 내 형제를 넘어뜨린다면, 나는 그를 넘어뜨리지 않기 위해서 절대로 고기를 다시 입에 대지 않겠습니다."[310]

사도의 이 말은, 현대인에게도 좋은 묵상의 주제가 될 수 있다. 그런가 하면 반대로 많은 그리스도인들은 다른 사람에게 아무런 손해(損害)도 끼치지 않는다는 이유로, 건전하지 못한 유흥(遊興)으로 추문(醜聞)을 일으키고 영혼에게 해로운 독서를 한다. 이 사람들의 주장은 대부분 환상(幻想)에 젖어 있는 경우이다.

1244 (나) 형제적 사랑에서 초보자들은 특히 자기를 모욕(侮辱)하는 이웃들을 용서하고 그의 잘못을 참아 주도록 노력한다.

ㄱ) 형제들의 잘못에도 불구하고 참아 준다.

우리는 형제들이 자신 때문에 감수(甘受)해야 할 잘못을 갖고 있지 않은가? 그러는 한편, 우리는 형제의 잘못을 과장(誇張)하고, 특히 우리에게 반감을 일으키는 사람의 잘못을 참아 주는가?

"너는 형제의 눈 속에 든 티는 보면서도 어째서 제 눈 속에 들어 있는 들보는 깨닫지 못하느냐? 제 눈 속에 있는 들보도 보지 못하면서 어떻게 형제더러 네 눈의 티를 빼내 주겠다고

---

310) 1고린 8, 13.

하겠느냐?"[311] 이처럼 우리는 언제나 형제적 사랑을 스스로 자문해 보아야 한다.

그러므로 이웃의 잘못을 단죄(斷罪)하기 전에, 우리 자신도 그들과 같은 잘못이 없는지를 반성해 보아야 한다. 그리고 언제나 먼저 자신부터 형제적 사랑에 반대되는 잘못을 고치려고 노력해야 한다. "의사여, 네 자신을 고쳐라"(medice, cura teipsum).

1245 ㄴ) 형제적 사랑은 모욕(侮辱)을 주는 이웃을 용서하고 원수(怨讐)와 화해하려 한다. 그리고 이 사랑은 우리가 고통을 주고 우리에게 고통을 준 형제들과 화해(和解)할 의무를 갖게 한다. 예수님은 이 의무의 중요함을 주저 없이 이렇게 말씀하신다. "그러므로 제단에 예물을 드리려 할 때 너에게 원한을 품고 있는 형제가 생각나거든, 그 예물을 제단 앞에 두고 먼저 그를 찾아가 화해하고 나서 돌아와 그 예물을 드려라."[312]

이 점에 대하여 보슈에(Bossuet)가 지적한 이유는, "우리가 하느님께 드려야 할 가장 첫 번째 선물이, 형제와의 친밀하고 순수한 마음입니다."[313] 그는 덧붙여, 성체(聖體)를 배령(拜領)할 때까지 기다리지 말고, 사도 바오로의 권고를 실천해야 한다고 말한다. "화가 난 채로 밤을 지내서는 안 됩니다."

그러므로 형제적 사랑에서 화해(和解)의 기회가 왔을 때, 우리는 변명 없이 솔직한 대화를 통해 오해(誤解)를 풀도록 한다. 그리고 형제의 잘못을 용서하도록 노력해야 한다. "왜냐하면 너희가 남의 잘못을 용서하면 하늘에 계신 아버지께서도 너희를 용

---

311) 루가 6, 41-42.
312) 마태 5, 23-24.
313) *Meditat.*, XIVe jour.

서하실 것이다. 그러나 너희가 남의 잘못을 용서하지 않으면 아버지께서도 너희의 잘못을 용서하지 않으실 것이다."[314]

1246 (2) 완덕으로 나아가는 진보자들은, 사랑 그윽한 예수님의 마음을 닮으려고 노력한다.

(가) 진보자들에게 사랑의 계명이란, 다름 아닌 형제적 사랑을 실천하는 것이므로 그리스도인의 특별한 징표가 된다. "나는 너희에게 새 계명을 주겠다. 서로 사랑하여라. 내가 너희를 사랑한 것처럼 너희도 서로 사랑하여라"(ut diligatis invicem sicut dilexi vos).[315]

이 계명에 대하여 보슈에는 다음과 같이 말한다. "예수 그리스도께서는 여기서 주님이 우리를 사랑하신 것처럼 우리도 서로 사랑하라는 중요한 사실을 덧붙이십니다. 우리가 그분을 생각하지 않고 있을 때, 그분은 사랑을 통해 우리를 앞질렀습니다.

예수님은 언제나 우리에게 먼저 다가 오셨습니다. 그분은 우리의 불충실함과 배은망덕함에 대해 결코 불쾌해 하지 않으셨습니다. 예수님은 우리를 거룩하고 행복하도록 하기 위해 아무런 사심(私心)없이 우리를 사랑하십니다. 왜냐하면 예수님은 우리의 봉사(奉仕)가 필요하지 않기 때문입니다."[316]

사랑은 모든 그리스도인의 특별한 징표이다. "너희가 서로 사랑하면, 세상 사람들이 그것을 보고 너희가 내 제자라는 것을 알게 될 것이다."[317]

---

314) 마태 6, 14-15.
315) 요한 13, 34.
316) *Méditations*, La Cene, I^e Part., 75e jour.
317) 요한 13, 35.

1247 (나) 또 진보자들은 구원자(救援者)의 모범을 따르려 노력한다.

ㄱ) 구원자의 사랑은 언제나 친절하다. 우리가 그분의 뜻을 거슬렀을 때 그분은 우리를 먼저 사랑해 주셨다. "그리스도께서는 우리 죄 많은 인간을 위해서 죽으셨습니다"(cum adhuc peccatores essemus).[318]

예수님은 우리가 죄인임을 아시면서도 우리에게 오셔서, 환자들에게는 의사가 필요하다는 것을 보여 주셨다. 주님은 우리의 회개를 위해, 강도와 죄 많은 여자와 사마리아 여인을 찾아가셨는 데, 그것은 그분의 친절한 은총이었다.

예수님은 우리의 고통을 예고하고 낫게 하기 위해, 우리를 친절하게 초대하신다. "고생하며 무거운 짐을 지고 허덕이는 사람은 다 나에게로 오너라. 내가 편히 쉬게 하리라"(venite ad me omnes qui laboratis et onerati estis, et ego reficiam vos).[319]

예수님은 우리의 불행을 아시고 도와 주시면서, 우리도 당신의 친절을 닮도록 하신다. 그리고 주님은 역경(逆境)에 처해 있는 사람들을 방문하시고, 그들에게 필요한 것을 도와 주신다. 또 죄인들을 방문하여 그들이 조금씩 덕(德)을 실천하면서 실망하지 않도록 도와 주신다.

1248 ㄴ) 구원자의 사랑은 동정적(同情的)이다. 예수님을 따라 광야에 와서 배고픔으로 고통 당하는 군중들을 보신 주님은 그들을 먹이려고 빵과 물고기의 기적(奇蹟)을 행하신다. 그러나 특

---

318) 로마 5, 8.
319) 마태 11, 28.

히 영적인 양식(糧食)에 굶주리는 영혼들을 보았을 때, 주님은 그들을 동정하시고, 성부께 추수할 일꾼을 보내 달라고 간청하신다. "주인에게 추수할 일꾼들을 보내 달라고 청하여라"(rogate ergo Dominum messis et mittat operarios in messem suam).[320]

예수님은 충실한 아흔아홉 마리의 양들을 놓아두고, 길 잃은 양 한 마리를 찾아 어깨에 메고 양 우리로 데려오신다. 주님은 죄인이 속죄(贖罪)할 표시만 해도, 즉시 당신은 죄인의 용서를 서두르신다. 또 예수님은 병자와 불구자들에 대한 동정으로, 많은 사람들을 낫게 하신다. 그와 동시에 주님은 영혼에게 건강을 돌려주시고 그들의 죄를 용서하신다.

진보자는 주님을 모범으로 삼고, 모든 불행한 사람들을 위해 커다란 동정심을 가져야 한다. 그리고 진보자는 그들에게 우리의 경제가 허락하는 한 도움을 주어야 한다. 만일 경제적으로 어려울 때는 다정한 말과 태도로 그들에게 용기를 주어야 한다.

진보자는 가난한 영혼들의 잘못에 대해 매정한 감정을 가져서는 안 된다. 그러나 실천적인 봉사는 훗날 그들에게서 많은 열매를 맺게 할 것이다.

1249 ㄷ) 구원자의 사랑은 너그럽다. 예수님은 우리를 사랑하시기에, 당신은 그 아픔과 고통 그리고 죽음마저 승낙하셨다. "우리를 위하여 당신 자신을 바쳐 하느님 앞에 향기로운 예물과 희생 제물이 되셨습니다"(dilexit nos et tradidit semetipsum pro nobis).[321]

---

320) 마태 9, 38.
321) 에페 5, 2.

그러므로 진보자는 약간의 경제적인 손해를 감수하고, 또 병을 간호할 준비가 되어 있어야 한다. 그리고 아주 힘든 희생을 치르면서도, 형제에게 봉사할 준비가 되어 있어야 한다. 이러한 진보자의 사랑은 진심이고 호의적이여야 한다. 왜냐하면 불행을 도와 주는 마음은 어쩌면 주는 것보다 더 가치롭기 때문이다.

그래서 가난한 사람에게 빵 한 조각을 주는 것보다 만일 가능하다면, 그들이 올바른 삶을 살 수 있도록 도와 주는 것은 더욱 현명한 일이다. 선을 실천하면서 영혼들을 위해서 기도를 한다거나, 직접적인 방법으로 현명한 권고를 한다면, 이러한 사랑은 다분히 선교적이다.

이와 같은 열정적인 사도직의 의무는, 특히 사제와 수도자 그리고 모범적인 모든 그리스도인에게 부과된다. 그러기에 그들은 다음과 같은 야고보의 말을 잊어서는 안 된다. "그러면 죄인을 그릇된 길에서 돌아서게 한 그 사람은 그 죄인의 영혼을 죽음으로부터 구원할 것이고 또 많은 죄를 용서받게 해 줄 것입니다."[322]

1250 (3) 완덕으로 나아가는 완전자는 자신을 제물(祭物)로 바치면서까지 이웃을 사랑한다. "그리스도께서는 우리를 위해서 당신의 목숨을 내놓으셨습니다…. 그러므로 우리도 형제들을 위해서 우리의 목숨을 내놓아야 합니다."[323]

ㄱ) 완전자들은 형제적 사랑을 위해 선교(宣敎)하는 일꾼들이다. 곧 그들은 형제를 위해 자신의 피를 흘리지 않고도, 영혼들

---

322) 야고 5, 20.
323) 1요한 3, 16.

을 위해 끊임 없이 일한다. 그리고 완전자들은 기도와 사도직과 휴식 속에서도 자신을 희생하면서, 그들에게 영적 생명을 준다.

이것은 사도 바오로의 말이다. "여러분을 위한 일이라면 나는 기쁜 마음으로 나 자신을 온통 희생하겠습니다…. 나는 여러분을 이렇게 열렬히 사랑하고 있는데 여러분은 나를 덜 사랑하려고 합니까?"[324]

1251 ㄴ) 완전자들은 형제적 사랑과 사도직에 대한 봉사를, 때로는 서원이나 약속을 통해 의무화하기도 한다. 그리고 모든 형제들은 마치 봉사를 명령할 권리가 있는 장상으로 생각하게 한다.

ㄷ) 형제적 사랑은 거룩한 호의(好意)로써, 이웃의 작은 소망도 예견(豫見)하고, 가능한 모든 봉사를 베푸는 것이다. 형제적 사랑은 때로 주어진 봉사를 호의적으로 받아들임으로써, 결과적으로 형제에게 기쁨을 주는 방법이다.

ㄹ) 끝으로 이 형제적 사랑은 원수들을 위한 특별한 사랑으로 나타난다. 이 사랑은 원수를 마치 자신에 대한 하느님의 징벌을 실행하는 자로 생각하게 한다. 그래서 형제적 사랑은 원수를 위해 특별히 기도하면서, 어떤 상황에서도 원수를 위해 선을 실천한다.

"잘 들어라. 너희는 원수를 사랑하여라. 너희를 미워하는 사람들에게 잘해 주고 너희를 저주하는 사람들을 축복해 주어라. 그리고 너희를 학대하는 사람들을 위하여 기도해 주어라."[325]

---

324) 2고린 12, 15.
325) 루가 6, 27-28.

이렇게 함으로써, 완전자들의 형제적 사랑은 선한 사람이나 악한 사람에게나 똑 같이 햇빛을 비춰 주시는 분께로 다가갈 수 있다.

제3절
사랑의 원천이신 예수 성심[326]

1252 (1) 예수 성심에 대한 간단한 고찰

지금까지 우리가 말한 사랑을 결론짓기 위해, 우리는 가장 완전한 사랑의 모범이고 원천인 예수 성심 속에서 사랑을 찾도록 독자를 초대하는 것이 좋다. 교회로부터 공식적으로 승인 받은 연속적 기도(連禱, Litanies)에서, 우리는 사랑에 불타는 화덕처럼, 사랑과 선의 충만함을 간청한다. "불타는 사랑의 용광로… 선과 사랑으로 충만하게 하소서"(fornax ardens caritatis… bonitate et amore plenum).

예수 성심에 대한 신심(信心)은 두 가지 주요한 요소를 가지고 있다. 먼저 감각적인 요소로써, 말씀인 신성(神性)과 인성(人性)의 결합(hypostatiquement)을 이루어 육화(肉化)되신 마음이다. 그 다음, 하느님과 인간을 위해 강생(降生)하신 예수님의 사랑인

---

[326] B^x J, Eudes, *Le coeur admirable de la T. S. Mère de Dieu*, 1. IV et 1. XII; J. Croiset, *La dévotion ou S. Caeur*; 성녀 말가릿다 마리아, *oeuvres, ed. Gauthey*; P. de Gallifet, *Excellence de la dévotion au S. Coeur*; Dalgairns, *Devotion to the Sacred Heart*; Manning, *The Glories of the Sacred Heart*; J.B. Terrien, *La dévotion au S. Coeur*; P. Le Doré, *Les Sacrés Coeurs et le V. J. Eudes*; *Le Sacré Coeur*; J. Bainvel, *La dévotion au S. Coeur, doctrine, histoire*; L.Garriguet, *Le Sacré Caeur, exposé historique et dogmatique*.

실체적인 마음으로 상징된 영적인 요소이다. 이 두 요소는 결국 하나일 뿐, 상징된 징표도 하나이다.

그러나 예수 성심으로 표현된 사랑은 형제적 사랑이지만, 실질적으로는 신적 사랑이다. 왜냐하면 예수님 안에서 이 사랑은 신적이고 인간적인 작용으로 나눌 수 없이 일치되어 있기 때문이다. 그래서 예수 성심의 사랑은 바로 형제를 위한 하느님께 대한 사랑이다. 이러한 관점에서 볼 때, 여기에 형제를 사랑하시는 예수님의 마음이 있다.

이미 말한 바와 같이, 이웃에 대한 사랑은 하느님께 대한 사랑에서 흘러 나오기에, 우리는 진정한 사랑의 원천(源泉)을 예수 성심 안에서 찾아야 할 것이다.

그러므로 우리는 예수 성심을 하느님과 이웃을 위한 모든 사랑의 완전한 모범으로 생각할 수 있다. 왜냐하면 사랑은 모든 덕을 포함하고 모든 것을 완전하게 해 주기 때문이다. 그리고 예수님은 지상에서 우리로 하여금 당신의 사랑을 본 받고 공로를 세우는 은총을 얻게 하셨다. 예수 성심은 우리가 하느님과 형제를 사랑하고, 모든 덕을 실천하게 하는 은총의 원천이며 공로(功勞)의 원인이시다.[327]

1253 (2) 하느님께 대한 사랑의 원천이고 모범인 예수 성심

사랑은 자기 존재를 몽땅 선물로 주는 행위이다. 만일 사랑이 이와 같은 것이라면, 성부(聖父)께 드린 예수님의 사랑은 얼마나 완전하였을까! 육화(肉化)되신 첫 순간부터, 예수님은 우리의 죄

---

327) 이 간단한 해설에서, P. Eudes가 가르친 신심과 Paray-le-Monial에서 가르친 신심 사이의 부차적인 차이점은 강조하지 않았다. 우리는 같은 신심인 두 가지 형식 속에서 공통적인 것을 찾고자 노력했다.

로 인해 손상된 하느님의 영광을 회복하기 위해 당신 자신을 희생 제물로 바치신다.

예수님은 탄생에서부터 성전(聖殿)에 봉헌되는 순간처럼, 당신은 이 봉헌을 새롭게 하셨다. 나자렛의 삶에서, 예수님은 마리아와 요셉에게 순명하시면서 하느님께 대한 사랑을 증명하셨다. 그리고 예수님은 신적 권위(權威)를 부모님들 안에서 보았다. 그러기에 나자렛의 작은 집에서 끊임없이 성 삼위(聖三位)께 드리는 예수님의 흠숭(欽崇)과 순수한 사랑을 과연 누가 말해 줄 것인가?

예수님의 공적(公的) 삶 가운 데, 당신은 오직 아버지의 영광과 그리고 기쁨을 드리는 것만을 찾았다. "나는 언제나 아버지께서 기뻐하시는 일을 하기 때문이다"(Quae placita sunt ei facio semper).[328] 그래서 "나는 내 아버지를 높이 찬양한다"(Ego honorifico Patrem).[329] 최후의 만찬(晚餐) 때, 예수님은 온 생애(生涯)를 통해 아버지께 영광을 드리셨다. "나는 세상에서 아버지의 영광을 드러냈습니다"(Ego te clarificavi super terram).[330]

그리고 이어서 예수님은 갈바리아에서 당신 자신을 희생 제물로 바치신다. 예수님은 "당신 자신을 낮추셔서 죽기까지, 아니, 십자가에 달려서 죽기까지 순종하셨습니다"(factus obediens usque ad mortem, mortem autem Crucis).[331]

누가 감히 예수님이 온 생애를 통해 보여 주신, 보다 완전하시고 영원하신 그분의 사랑을 헤아릴 수 있겠는가? 또 누가 예

---

328) 요한 8, 29.
329) 요한 8, 49.
330) 요한 17, 4.
331) 필립 2, 8.

수 성심에서 끊임없이 솟아오르는 내적 사랑의 행위를 헤아릴 수 있을까?

1254 더 나아가, 누가 예수님의 완전하신 사랑을 설명할 수 있을까?

위드(J. Eudes)는, 성부께 드리는 예수님의 사랑은, 아버지와 아드님에게 알 맞는 사랑이라고 말한다. "사랑하는 분에게 드리는 예수님의 사랑은 이루 말할 수 없는 가장 완전한 사랑입니다. 이 사랑은 무한하신 아버지를 사랑하는 아드님의 사랑입니다. 그래서 예수님은 아버지를 사랑하는 하느님이라고 합니다…. 한 마디로 신성(神性)과 인성(人性)의 결합으로 인식되는 예수 성심은 아버지를 위한 영원한 사랑이십니다. 그리고 천사들과 온 성인들이 영원히 사랑해도 다 할 수 없는 예수 성심의 사랑은, 매 순간마다 아버지를 더욱 한없이 사랑하십니다."[332]

그러나 만일 우리의 사랑이 예수 성심(聖心)과 일치하지 않고, 또 아버지께 자신을 드리지 않는다면 참된 사랑일 수 없다고 위드(J. Eudes)는 계속 말한다. "오 나의 구세주이신 예수님, 저는 당신이 아버지께 가지고 계시는 영원하고 무한한 사랑에 일치하기 위해 저 자신을 당신께 드립니다. 오 흠숭하올 아버지, 저는 당신 아드님의 무한하고 영원한 사랑에 저의 모두를 바칩니다…. 그리고 당신 아드님이신 예수님께서 당신을 사랑하신 것처럼 저도 당신을 사랑합니다".[333]

1255 (3) 형제 사랑의 원천이신 예수 성심

---

332) *Le Coeur admirable*, 1. XIII, ch. II.
333) *Le Coeur admirable*, 1. XII, ch. II.

우리는 제1247항에서 예수님이 이 세상에 계실 때, 얼마나 우리를 사랑하셨는지를 지적하였다. 이제 우리는 예수님이 하늘에 계시면서 지상에 있는 우리를 얼마나 사랑하고 계시는지를 설명하고자 한다.

ㄱ) 예수 성심은 성사(聖事)를 통하여 우리를 사랑하시고 성화시켜 주신다. 위드(J. Eudes)에 따르면, 그것은 "구세주(救世主)의 성심이란 우리에게 마치 성성(聖性)과 은총이 마르지 않는 샘과 같습니다. 그리고 우리에게 주어진 모든 은총은 신적 불꽃들과 같았습니다."[334]

1256 ㄴ) 특히 성체성사(聖體聖事)는 예수 성심을 통해 당신이 우리에게 주시는 가장 큰 사랑의 징표이다.

① 예수 성심은, 마치 자녀들을 떠나지 않으시는 아버지처럼, 친구들과 함께 나누는 기쁨이 되는 친구처럼, 병자를 지키는 의사처럼, 예수님은 밤낮으로 우리와 함께 계신다.

② 예수 성심은 우리를 위해 아버지께 영광과 찬양을 드리고 흠숭하면서, 항상 성체 안에 현실적으로 존재하신다. 그래서 우리는 예수님 안에서 새로운 은총을 끊임없이 구하고, 우리가 속죄하기 위해 그분의 공로를 아버지께 봉헌(奉獻)한다. 그리고 하느님을 끊임없이 사랑하도록, 우리를 돌보시는 예수 성심의 모든 은총에 감사한다.

"예수님께서는 항상 살아 계셔서 그들을 위하여 중재자의 일을 하십니다"(semper vivens ad interpellandum pro nobis).[335]

---

334) ibid., ch. VII. 여기서는 그의 생각을 요약했다.
335) 히브 7, 25.

③ 예수 성심의 사랑은 갈바리아의 희생을 제대(祭臺) 위에서 우리를 위해 항상 새롭게 바치신다. 이미 제271항-제273항에서 보았듯이, 예수님은 당신 희생의 열매들을 우리에게 주시기 위해, 희생 제물을 봉헌할 사제가 있는 곳이면, 어디에서든 실행하신다. 그리고 희생 제물이 되시는 것만으로 끝내지 않으신다.

이미 제277항-제281항에서 보았듯이, 예수 성심은, 성체를 받아 모시는 자와 상통(相通)하시기 위해, 당신 자신을 모두 내어 주신다.

그리고 예수 성심은 우리와 당신 사랑의 감정을 생생하게 상통하기를 바라신다. 성녀 말가릿다 마리아는 성심의 영적 체험에 대한 느낌을 이렇게 표현한다. "예수 성심의 사랑은 너무 강렬합니다. 그래서 나는 이 열렬한 사랑의 불꽃을 자신 안에만 붙들어둘 수 없기에, 이 사랑을 널리 퍼뜨리려고 했습니다. 그리고 예수 성심은 당신의 값진 보석으로 우리를 부유하게 하기 위해 나타나십니다."[336]

이와 같이 예수 성심은 성녀에게 당신의 마음과 일치하기 위해 그의 마음 안에 사랑의 불꽃을 심어 놓으셨다. 예수 성심은 우리 마음 안에 거룩한 사랑의 불을 놓으려고 이 세상에 오셨기에, 우리가 그 불을 켜는 것만을 열망하신다. "나는 이 세상에 불을 지르러 왔다. 이 불이 이미 타올랐다면 얼마나 좋겠느냐?"(ignem veni mittere in terram et quid volo nisi ut accendatur).[337]

---

336) *Première des grandes révélations*, 1673.
337) 루가 12, 49.

1257 (4) 모든 덕의 모범이고 뿌리인 예수 성심

성서에서는 가끔 내적 마음을 외적 행동에 반대되는 인간의 모든 감정을 지칭하는 말로 표현한다. "사람들은 겉모양을 보지만 나 야훼는 속마음을 들여다본다"(Homo videt ea quae parent, Deus autem intuetur cor).[338]

그래서 예수 성심은 하느님께 대한 사랑을 상징할 뿐만 아니라, 영혼의 내적 모든 감정들을 지칭한다. 우리는 중세기(中世紀)의 위대한 신비가들이 증거하는 예수 성심에 대한 신심을 잘 알고 있다. 예를 들어, 위드(J. Eudes)와 성녀 말가릿다 마리아와 같은 영혼들이다.

특히 이 성녀는 예수 성심을 채우는 사랑을 강조하였다. 그리고 성녀는 여러 저서에서, 우리에게 예수 성심을 모든 덕의 모범으로 보여 주고 있다. 그리고 성녀의 영적 지도자인 꼴롬비에르(Colombière) 신부는 봉헌에 대한 성녀의 생각을 다음과 같이 요약한다. "하느님께 대한 봉헌은 모든 축복의 원천이며, 예수 성심을 흠숭하고 사랑하기 위한 표현입니다.

예수 성심의 봉헌을 위한 사랑의 주요한 덕은 첫째, 아버지이신 하느님께 대한 깊은 존경과 큰 겸손으로 그분을 열렬히 사랑하는 것입니다. 둘째, 모든 불행에서의 인내, 죄의 결과인 극심한 고통 그리고 예수님께 대한 깊은 신뢰입니다. 셋째, 자기 자신의 비참함에 대한 공감과 어떤 어려움에도 흔들리지 않고, 하느님의 뜻에 완전히 일치하는 봉헌의 약속입니다."[339]

우리는 이미 모든 덕이 사랑에서 흘러나온다는 사실을 제318

---

338) 1사무 16, 7.
339) *oeuvres complètes*, Grenoble, 1901, VI, p, 124.

항-제319항에서 지적하였다. 그러므로 우리는 완덕을 예수 성심의 사랑에서 찾아야 한다. 왜냐하면 예수 성심의 사랑은 바로 하느님께 대한 사랑의 모범이고 모든 덕의 뿌리이기 때문이다.

1258 예수 성심께 대한 신심(信心)은, 올리에(M. Olier) 신부에 의해 설명되었고, 그 다음 성 슐피스(Sulpice)에 의해 실천되었다고 말할 수 있다. 그로 인하여, 예수 성심의 내적 생명은 하느님께 대한 사랑의 신심과 만난다.

올리에는 예수 성심의 이 내적 생명인, "예수 성심의 사랑은 우리의 모든 감정과 자세와 관계됩니다. 예를 들어, 하느님께 대한 경건한 마음, 이웃에 대한 사랑, 자신으로부터의 이탈, 죄에 대한 두려움 등입니다."[340]

그런데 이와 같은 우리의 감정과 자세는 예수 성심 속에서, 또 그분 안에서 성심의 사랑을 키워야 한다. 또 예수 성심 속으로 피신하기를 좋아하는 신심 깊은 사람에게, 올리에 신부는 이렇게 말하고 있다. "당신이 그처럼 강하게 이끌리는 예수 성심 안에 하루에도 수없이 빠져들도록 하십시오…. 예수 성심은 하느님 외 아드님의 마음이 정선된 자리입니다. 예수 성심은 하느님께서 우리에게 모든 은총을 주시고 통교하는 보물 창고입니다. 이러한 예수 성심에서, 모든 기적이 일어났습니다…."[341]

또 다른 책에서 올리에(Olier) 신부는 다음과 같이 보충한다. "예수 성심은 어떤 마음이신가! 온 땅 위에 넘치는 그분의 사랑은 무엇인가! 오, 모든 사랑의 풍요로운 그 원천이여! 모든 경건한 마음의 샘이 마르지 않는 깊은 심연의 사랑이여! 오, 모든

---

340) *Catéch. chrétien*, Ire P., leç. I.

마음의 중심인 예수 성심이여!… 오, 고통 당하시는 예수님, 저는 당신의 마음을 흠숭합니다.

저는 당신의 마음을 닮으려고 하지만, 당신의 성심이 황홀한 그 만큼 더 당신을 묘사할 수 없습니다. 저는 빛과 사랑과 감사와 찬양으로 가득 차 있는 하늘처럼 성심을 봅니다. 예수 성심은 아버지를 찬양하고 그 위대하심을 우리에게 깨우쳐 주십니다."[342]

1259 결 론

예수 성심의 신심이 영혼 안에서 행복하기 위해, 다음 두 가지 중요한 실천이 뒤따라야 한다. 그것은 다름 아닌 사랑과 속죄(贖罪)이다.

(1) 첫 번째 행복을 위한 실천은 사랑이다.

성녀 말가릿다 마리아는 다음과 같이 쓰고 있다. "사랑은 많은 사람들로부터 사랑받게 합니다. 그리고 이 사랑은 타락의 길에서 벗어나지 못하는 사람들을 구해 주고 용기를 줍니다. 또 이 사랑은 자신들의 능력 안에서 예수 성심의 모든 영예와 영광을 이웃에게 돌려줍니다. 더 나아가 이 사랑은 마음 안에 신적 보물을 풍요롭게 합니다. 그리고 이 모든 사랑은 자비와 은총과 성화를 통한 구원의 계획을 갖게 하였습니다."[343]

이어서 성녀는 바르쥐(Barge) 수녀에게 쓴 편지에서 다음과 같이 결론짓는다. "그러므로 우리는 유일한 예수 성심의 이 사랑을 사랑합시다. 예수님은 우리를 먼저 사랑하셨고, 많은 열정

---

341) *Lettres*, t, II, lettre 426.
342) *Esprit de M. Olier*, t. I, 186-187, 193.
343) *Lettres inédites*, IV, p. 142.

으로 우리를 사랑하시며, 특히 성체 안에서 끊임 없이 당신 사랑을 불태우고 계십니다. 우리 모두는 성인이 되기 위해, 성인들 가운 데 성인이신 예수님을 사랑해야 합니다. 그러므로 우리가 고통받고 사랑하기 위한 마음을 갖고 있는 데, 누가 감히 성인이 되려는 우리를 막을 수 있겠습니까?…

예수 성심의 순수한 사랑만이 우리로 하여금 그분을 기쁘게 할 수 있을 것입니다. 곧 그분의 완전한 사랑만이, 우리가 당신을 기쁘게 할 방법을 만들어 줄 것입니다."[344]

1260 (2) 두 번째 행복을 위한 실천은 속죄이다.

예수 성심은 많은 사람들의 배은망덕(背恩忘德)으로부터 상처를 받았다. 그래서 우리는 이 배은망덕을 증거하기 위해 그분 앞에서 속죄해야 한다. 그리고 사랑의 성사 안에서 우리가 행한 모든 잘못의 용서를 구하면서, 예수 성심의 아픔을 위로해야 한다. 그리고 자신들의 죄 뿐만 아니라, 예수 성심을 배반한 모든 사람들의 잘못을 위해서도 속죄해야 한다. 더 나아가 자신이 알게 모르게 행한 예수 성심께 대한 신성 모독(神聖冒瀆)에 대한 속죄가 성심에 큰 위로가 되고 사랑을 회복하는 행위가 되어야 한다.

1261 예수 성심의 행복을 위한 이 두 실천인 사랑과 속죄는 분명 우리를 거룩하게 할 것이다. 먼저, 사랑은 예수님의 거룩한 마음 안에 우리를 일치시키면서, 그분의 덕성을 공감(共感)하게 한다. 그리고 이 사랑은 모든 장애물에도 불구하고, 사랑을

---

[344] Lettre CVIII, t. II, p. 227.

실천할 수 있는 용기를 우리에게 준다. 다음, 속죄는 우리를 예수님의 고통에 동참하게 한다. 그리고 이 속죄는 우리의 열성을 부추겨서, 모든 시련을 사랑으로 인내롭게 받도록 한다.

　이렇게 다져진, 예수 성심에 대한 신심은, 결코 나약하지 않을 것이다. 이러한 정신은 대신덕과 윤리덕의 실천을 통해 보다 사랑과 보속(補贖)을 조화롭게 할 것이다. 이것이 바로 제4편에서 이야기한 빛의 길에 대한 총체적인 개념이며, 끝으로 제5편 일치의 길로 나아가는 입문이다.

제IV부 악의 공격에 대한 투쟁

제Ⅳ부 악의 공격에 대한 투쟁 303

1262 우리가 완덕에 이르기 위해 노력하는 동안, 우리 영혼의 적(敵)인 악(惡)은 활동을 멈추지 않는다. 이 영혼의 적들은 우리로 하여금 일곱 가지(七罪宗) 죄의 형태로, 우리 영혼들을 공격하기 위해 교활(狡猾)하게 다시 되돌아온다.

제1장 일곱 가지 죄에 대한 각성(覺醒)

1263 성 십자가의 요한은 완덕의 길로 나아가는 초보자들, 즉 감각의 밤을 통해 관상(觀想)으로 들어가는 영혼들에게 존재하는 일곱 가지 죄를 잘 설명하고 있다. 이것을 우리는 단순하게 성인이 「어둔 밤」의 저서에서[345] 말하는 초보자의 불완전에 대한 일곱 가지 죄의 심리 분석을 간단히 요약한다.

I. 죄의 성향에서 교만까지

1264 성인이 말하는 일곱 가지 죄들에 대한 성향은, 대개 다음 여섯 가지 방법으로 나타난다.

① 초보자들은 영적 수련(修鍊)에 성실과 열정을 목표로 하면서도, 그들은 자신의 행위에 만족하고 자신을 과도하게 믿는다. 곧 교만한 자로써, 그들은 많은 계획을 세우지만 거의 대부분은 실천하지 않는다.

② 초보자들은 자신들이 직접 실천하기보다는, 언제나 다른 사람들에게 교훈을 준다는 명목으로 영성을 말한다. 또 초보자들은 자기들 방식의 영성에 동의하지 않는 사람들을 심하게 단죄한다.

---

[345] *La nuit obscure*, 1. I, ch. II-VII.

③ 초보자들은 그들 곁에 경쟁자(競爭者)가 있는 것을 참지 못한다. 만일 경쟁자가 나타날 경우, 그들은 그 경쟁자를 단죄하고 격하(格下)시켜 버린다.

④ 초보자들은 처음 영적 지도자들과 내밀하고 친밀한 관계를 찾는다. 그러나 만일 지도자가 자신들의 사상(思想)에 동의하지 않으면, 그들은 즉시 다른 지도자를 찾는다. 또 초보자들은 자기 자신의 성공을 위해, 그들은 자신들의 잘못을 언제나 축소(縮小)시킨다. 만일 초보자들이 매우 큰 잘못을 저지르면, 그들은 일상적인 영적 지도자가 아닌 다른 고해 신부에게 자기 잘못을 고백한다.

⑤ 초보자들은 만일 그들에게 중죄(重罪)를 범하는 기회가 오면, 그들은 자기 자신에게 화를 내고 실망하면서 자신이 아직 성인이 아니라는 것에 대해 화를 낸다.

⑥ 초보자들은 하느님께 대한 신심(信心)을 외적으로 나타내면서, 자신 스스로 특별한 영혼이 되기를 좋아한다. 그리고 의도적(意圖的)으로 다른 사람에게 자신들의 훌륭한 업적과 성공에 대하여 이야기하기를 좋아한다.

일반적으로, 성 십자가의 요한이 말하는 초보자들에게는, 교만에서 질투(嫉妬, envie)가 나온다는 것이다. 그런데 이 교만은 다른 사람의 영적 행복에 대해서 불쾌한 행동을 나타낸다. 그래서 초보자들은 이웃이 칭찬 받는 것을 괴로워하고, 그들의 덕을 슬퍼하며, 기회가 생기면 그들을 비방(誹謗)하기를 멈추지 않는다.

Ⅱ. 감각적 죄들

1265 (가) 초보자들의 영적 탐욕(貪慾)은 대개 두 형태로 나타난다.

ㄱ) 먼저 초보자들은 영적 위로(慰勞)의 맛에 지나치게 집착한다. 예를 들어, 고행으로 갖는 절식(絶食)이나 금욕(禁慾)과 편태(鞭笞) 등이다. 초보자들은 이와 같은 고행에서 갖는 위로를 얻기 위해, 스스로 고행을 엄격하게 행할 허락을 받으려고 영적 지도자를 성가시게 한다.

ㄴ) 그리고 같은 의미에서, 어떤 초보자들은 기도할 때나 영성체할 때, 감각적 신심을 얻기 위해 악착같이 노력한다. 그런가 하면, 고해성사를 영적 위로를 얻기 위한 목적으로 자주 한다. 이와 같은 노력이나 열망은 결과적으로 영혼에게 무의미(無意味)하게 남을 뿐이다. 이와 같은 초보자들의 실망은, 많은 영혼들에게 하느님보다는 인간적 위로(慰勞)에 더 애착을 갖게 한다.

1266 (나) 영적 사치(奢侈)는 다음 두 가지 형태로 나타난다.

ㄱ) 먼저, 초보자는 신심(信心)이란 이름 아래 감각적이고 관능적(官能的)인 우정(友情)을 찾으며, 그 우정을 절대로 포기하지 않는다. 왜냐하면 이 초보자는 우정만이 유일하게 신심을 유지할 수 있다고 주장하기 때문이다.

ㄴ) 다음, 초보자가 기도 시간이나 영성체할 때 느끼는 감각적 위로는, 본성(本性)이 착하고 정감적(情感的)인 사람에게는 커다란 기쁨이라고 착각한다.[346]

---

[346] 성녀 예수의 데레사는 이와 같은 종류의 걱정으로 괴로워하고 있는, Lorenzo de Cepeda 형제에게 현명한 권고를 주는 편지를 적고 있다. "당신이 괴로워하는 비참

1267 (다) 게으름.

ㄱ) 초보자들은 영성 수련에서 감각적인 맛을 느끼지 못할 때, 수련생활을 지겹게 생각하고 영성 수련을 빼거나 줄이려고 한다.

ㄴ) 초보자들은 장상(長上)이나 영적 지도자가 그들에게 규칙을 엄하게 권고했을 때, 그들은 기가 꺾여 버린다. 초보자들은 자신의 작은 계책(計策)을 흩으리거나 편안함을 깨뜨리는 것은 원하지 않고, 항상 가장 쉬운 영성생활을 원한다.

Ⅲ. 영적 인색(吝嗇)

1268 ㄱ) 초보자들 가운 데, 영적 계명과 권고를 아무런 인식(認識)도 없이 마구잡이로 받아들이는 사람들이 있다. 그들은 특별한 계명과 권고를 잘 이해하도록 해야 할 것이다. 초보자들은 모든 일에 많은 시간을 투자하지만, 그들의 첫 째 의무인 실천에는 매우 인색하기 때문이다. 곧 정신적으로는 완벽하게 가난을 실행하지만, 고행에는 너무나 인색하다.

ㄴ) 그 외에도, 초보자들은 상본·묵주·십자가 등 귀중하다고 생각하는 골동품 같은 물건에 애착하면서 그것을 모은다. 그들은 이것은 좋아하기 때문에 버릴 수 없고, 저것은 아깝기 때문에 줄 수 없게 된다. 이와 같은 인색함은 가난의 정신에는 반대되고,

---

을 무시해 버려야 합니다. 하느님께서는 내게 이런 열정에서 항상 보호에 주셨기 때문에, 나는 체험할 수 없음에도 불구하고, 내게 일어났던 일을 설명하고자 합니다. 우리의 본성 안에 일어나는 영혼의 기쁨조차 격렬한 데, 하느님의 은총으로 우리의 비참함은 지나갈 수 있을 것입니다. 그러니 크게 걱정하지 않아도 됩니다." (Lettre 138, éd. *Vicente de la Fuente*).

그 결과 신심에 필요한 것들은 무시하고 부차적(副次的)인 것에 더 신경을 쓰고 중요하게 생각한다.

1269 결 론

불완전함은 초보자들의 영적 진보에 많은 해(害)를 끼친다. 그래서 성 십자가의 요한은 「어둔 밤」의 저서에서 초보자들의 불완전함을 고치기 위해 하느님의 도움을 말하고 있다. 이 점에 대해서는 다음 기회에 다루기로 한다.

그러나 아직 어두운 밤에 들어가지 않는 초보자들에 대해서는, 제921항-제933항에서 말한 영혼의 무미건조(無味乾燥)와 위로(慰勞)의 사용에 대한 것을 실천하면서, 장애물을 없애려고 노력할 것이다. 그리고 초보자들은 제1057항, 제1076항, 제1127항, 제1154항에서 다룬 순명·절제·겸손·온유 등을 실천하고자 노력해야 한다.

제2장 영적 미지근함[347]

만일, 영혼이 지금까지 우리가 명시(明示)한 잘못들을 대항하여 싸우지 않는다면, 우리는 즉시 영적 미지근함에 빠져들게 될 것이다. 이 미지근함은 영적으로 영혼에게 매우 위험하다.

이제 우리는,
  Ⅰ. 영적 미지근함의 본질.
  Ⅱ. 영적 미지근함의 위험들.
  Ⅲ. 영적 미지근함에서의 이탈 등을 간단하게 살펴 본다.

Ⅰ. 영적 미지근함의 본질

1270 (1) 영적 미지근함의 개념

영적으로 미지근함은, 완덕으로 나아가는 초보자나 진보자를 공격할 수 있는 영적 질병(疾病)이다. 특히 빛의 길에서 이 미지근함의 특성이 많이 나타난다. 영적으로 미지근함은 영혼이 어느 정도 완덕의 단계를 획득했다는 착각에서, 그는 단계적으로 나태(懶怠)에 빠지게 된다.

그래서 미지근함은 영적인 면에서 일종의 나태와 관계된다.

---

[347] Bellecius, *Solidae virtutis impedimenta*, P. I, cap. II; Boudaloue, *Retraite*, 3e jour, 1re médit.; 그리고 보통 영성 피정의 모든 저자들; W. Faber, *Le progrès*; ch: XXV.

이 영적 미지근함은 의지의 힘을 느슨하게 하고, 노력에 대한 공포와 그리스도적 삶을 부진(不振)하게 한다. 이러한 모습은 아직 죽음은 아니지만, 영혼을 무기력하게 하고 의기소침(意氣銷沈)하게 한다. 이 미지근함은 영적으로 우리의 용기를 점차 약하게 하고 무감각(無感覺)으로 이끈다. 그래서 우리는 이 영적 미지근함을 영혼의 병으로 간주한다.

1271 (2) 영적 미지근함의 원인들

미지근함은 영혼에게 다음 두 가지 주요한 원인으로 간주한다. 하나는 영혼이 영적으로 충분하게 영양분을 섭취하지 못한 것이고, 다른 하나는 몇 가지 병균이 영혼 안에 침입한 것이다.

(가) 우리의 영혼이 영적으로 살고 성장하기 위해서는, 영적으로 좋은 음식이 필요하다. 그런데 이 음식은, 여러 가지 수련·기도·독서·묵상·성찰·직무 완성과 덕의 실천 등이 필요하다. 이 영적 음식은 우리를 초자연적 생명의 원천인 하느님과 일치하게 하는 것들이다.

그러므로 만일 우리가 위와 같은 수련을 무시하고, 의식적인 분심(分心)과 무기력한 습관에 대항해서 싸우지 않는다면, 우리는 많은 은총을 빼앗기게 될 것이다. 그 결과 영혼은 잘 먹지 못해 약하게 되고, 아주 쉬운 그리스도인의 덕조차 실천할 수 없게 될 것이다.

위에서 말한 이와 같은 영혼의 상태는, 무미건조함이나 영적 시련(試鍊)과는 그 성질이 매우 다르다. 즉 무미건조나 시련에는, 분심(分心)을 받아들이는 것 때문에 영혼은 고통스러워 한다. 그래서 그 분심을 줄이기 위해 열심히 노력한다.

그러나 반대로 영적 미지근함은, 영혼을 쉽게 쓸 데 없는 분심에 빠지게 하고, 거기에서 지나가는 기쁨을 찾는다. 그는 분심을 쫓기 위해 아무런 노력도 하지 않으며, 그 결과 얼마 후에는 분심이 완전히 자신의 기도를 삼켜 버린다.

미지근한 영혼은 영적 수련에서 아주 작은 열매만을 보면서, 수련을 없애기 전에 먼저 단축시키기부터 시작한다. 그래서 양심 성찰(省察)은 지겹고 거북스러워, 단순하게 습관화되어 버리는 것으로 끝난다. 그로 인하여, 영적 미지근함은 자신의 잘못을 더 이상 알 수 없게 되고, 자기 죄에 무감각하게 된다. 그 결과 미지근한 영혼은 완덕을 위해 어떤 노력도 하지 않고, 끝으로 악한 경향으로 기울어진다.

1272 (나) 미지근함은 영적 무기력(無氣力)함에서 오는 결과로써, 영혼의 성장을 약화시키는 일종의 영적 빈혈(貧血)이다. 이 미지근함은 세 가지 탐욕(제193항-제209항; 육체적 탐욕, 호기심, 교만)이라는 병균을 영혼이 받아들이는 꼴이 된다. 물론 이 세 가지 탐욕은 가끔 함께 작용하는 경우도 있다.

ㄱ) 영적 미지근함은 우리의 내적 외적 감각을 통해 쉽게 유혹이나 호기심, 건전하지 못한 육욕(肉慾)의 제안을 받아들인다. 그래서 이 무기력함은 가끔 마음이 문란한 애정에 사로잡히도록 내버려둔다. 그 결과 영혼은 쉽게 경솔한 죄를 짓게 되며, 위험에 빠지기도 한다.

ㄴ) 미지근함으로 인한 교만은 자기 자신에 대한 만족을 억제하기를 그치지 않는다. 오히려 교만은 좀더 자신을 높이기 위해, 언제나 자기보다 더 나태(懶怠)한 사람과 비교하면서 만족해

한다. 그리고 교만은 자기 의무에 충실한 사람들을 소심(小心)하고 편협(偏狹)한 정신을 가졌다고 멸시한다.

더 나아가 교만은 형제들과의 모든 관계를 부담스럽게 하고, 화를 잘 내게 하면서 성급한 행동과 아울러 질투를 나타난다.

ㄷ) 미지근함은 영혼 안에 탐욕을 되살아나게 한다. 이 탐욕은 쾌락을 얻기 위해, 정직하지 못하고 부정한 여러 방법을 통해 만족을 취한다.

1273 영적 미지근함은 영혼으로 하여금 많은 잘못과 소죄(小罪)를 건성으로 뉘우치게 한다. 왜냐하면 양심의 섬세한 판단의 빛이 그 영혼 안에 약화되었기 때문이다. 결국 미지근한 영혼은 습관적인 부주의(不注意) 속에 살게 되고, 양심 성찰을 등한시하게 된다. 그로 인하여 미지근한 영혼은 대죄에 대한 두려움이 감소되고, 자연히 하느님의 은총에 민감하지 않게 된다. 한 마디로 모든 영적 기관들이 약화되어 버린다.

1274 (3) 영적 미지근함의 단계들

위에서 말한 것처럼, 영혼의 미지근함에는 여러 단계가 있다. 그러나 실천적인 면에서, 미지근함은 초보적 단계와 노련한 단계로 구분할 수 있다.

ㄱ) 미지근한 영혼의 초보적 단계는, 태만(怠慢)으로 인해 짓는 대죄에 대한 두려움을 어느 정도 가지고 있다. 그러나 소죄를 고의로 쉽게 범한다. 특히 우월감과 관계되는 잘못의 죄를 쉽게 범한다. 한편 영성수련 때는 아주 적은 실천만을 습관적으로 한다.

ㄴ) 미지근한 영혼의 노련한 단계는, 책망을 받아야 할 태만에서, 대죄에 대한 혐오감(嫌惡感)이 차츰 없어지게 된다. 한편

이 노런한 단계는 쾌락적 애착이 강렬해지고, 대죄에 대한 형벌로 금지된 쾌락들을 아쉬워 한다. 그러므로 노런한 단계에 있는 영혼은 유혹을 무기력(無氣力)하게 거절한다. 그 결과 미지근한 영혼은 자기가 은총의 상태에 있는가를 스스로 자문하게 된다.

Ⅱ. 영적 미지근함의 위험들

1275 미지근한 영혼의 위험한 상태는, 대죄보다 더 위험하게 영혼의 역량(力量)을 점진적으로 약화시키는 데 있다. 이러한 의미에서 예수님은 영적 미지근함에 대하여 다음과 같이 말씀하신다. "나는 네가 한 일을 잘 알고 있다. 너는 차지도 않고 뜨겁지도 않다. 차라리 네가 차든지, 아니면 뜨겁든지 하다면 얼마나 좋겠느냐! 그러나 너는 이렇게 뜨겁지도, 차지도 않고 미지근하기만 하니 나는 너를 입에서 뱉어 버리겠다.
  너는 스스로 부자라고 하며 풍족하여 부족한 것이 조금도 없다고 말하지만 사실은 네 자신이 비참하고 불쌍하고 가난하고 눈멀고 벌거벗었다는 것을 깨닫지 못하고 있다."[348]

이러한 관점에서 우리는 뜨겁지도 차갑지도 않은 것을, 만성 질환(慢性疾患)과 급성 질환(急性疾患)의 병에 비유하면서 그 차이점을 지적할 수 있다. 먼저 급성 질환은 병이 나으면, 대개 다시 건강한 상태로 되돌아오지만, 만성 질환은 육체를 조금씩 약화시키므로 병이 나은 후에도 오랫동안 약한 상태로 남는다.

이 점에 대하여 우리는 미지근한 영혼의 상태를 더 구체적으

---

348) 요한 묵시 3, 15-17.

로 살펴 보기로 한다.

1276 (1) 미지근한 영혼이 갖는 첫 번째 결과는 일종의 의식실명(意識失明)의 상태가 된다. 자신의 잘못을 너그럽게 덮어두고 용서한 나머지, 그는 판단이 비뚤어지고 중한 죄를 가벼운 죄로 보게 된다. 그리하여 영혼은 느슨해진 양심을 갖게 되고, 범한 죄나 무분별(無分別)로 인한 잘못을 더 이상 인식하지 못하게 된다.

그 결과 미지근한 영혼은 즉시 범죄적인 환상(幻想) 속으로 빠지게 된다. "사람의 눈에는 바르게 보이는 길도 끝장에는 죽음에 이르는 수가 있다"(est via quae videtur homini justa, novissima autem ejus ducunt ad mortem).[349]

미지근한 영혼은 자신의 교만 때문에 스스로 부유(富裕)하다고 믿지만, 사실 그는 하느님의 눈에는 비참하고 가난할 뿐이다.

1277 (2) 영적으로 미지근한 영혼에게는 차츰 의지(意志)의 약화가 온다.

ㄱ) 미지근한 영혼은 교만으로 인해 작은 일들을 양보한 나머지, 중요한 일에도 쾌락에 자리를 양보하게 된다.

성서는 이 점에 대하여 다음과 같이 말한다. "작은 것을 멸시하는 자는 점점 가난해진다."[350] "지극히 작은 일에 충실한 사람은 큰 일에도 충실하며 지극히 작은 일에 부정직한 사람은 큰 일에도 부정직할 것이다."[351]

---

349) 잠언 14, 12.
350) 집회 19, 1.
351) 루가 16,10 : 여기서 작은 일이란 글자 그대로 지상의 재물들을 말하는 것이며, 큰 일이란 하늘의 재물을 지적하는 말이다.

ㄴ) 미지근한 영혼은 곧 이어 자신의 노력에 싫증을 느끼게 된다. 그래서 영혼에게 금지된 의지는 자신의 자연적 성향의 무기력과 쾌락에 애착에 내버려두게 한다. 그러므로 만일 우리의 의지를 강하게 하지 않는다면 영혼은 대죄를 짓게 될 경향이 크다.

ㄷ) 미지근한 영혼의 행동은 은총을 남용하게 되고, 자주 성령의 영감(靈感)을 저항하게 된다. 이로써 영혼은 더 쉽게 쾌락의 목소리에 귀를 기울이게 되고, 악한 성향에 자리를 내어 주며, 대죄를 짓는 것으로 끝난다.

1278 이와 같은 영혼의 추락(墜落)은 대부분 스스로 무감각하기 때문에 회복하기 매우 어렵다. 미지근한 영혼의 의지는 갑작스러운 충격 없이 차츰 죄의 심연(深淵)으로 미끄러져 내려간다. 그 때 영혼은 자신의 환상(幻想)을 만들려고 시도한다. 이 환상은 자신의 잘못을 다만 소죄라 생각하고, 중한 죄라 하더라도 마음 아프게 회개(悔改)하지 않는다. 그 후, 그는 대죄가 될 수 없는 뜻밖의 죄라고 변명까지 한다.

이렇게 미지근한 영혼은 자신의 양심을 속이고, 하찮은 것만을 고백할 것이다. 공은 높은 곳에서 떨어지면 다시 튀어 오른다. 그러나 미지근한 영혼이 구렁텅이에 빠지면, 거기서 다시 헤어나지 못한다. 이처럼 미지근한 영혼도 마찬가지가 아닐까!

Ⅲ. 영적 미지근함에서의 이탈

1279 예수님은 영적 미지근함에서 벗어날 대책(對策)을 가르쳐

주신다. "그러므로 나는 너에게 권고한다. 너는 나에게서 불로 단련된 금을 사서 부자가 되고(열정과 사랑의 황금), 나에게서 흰 옷을 사서 입고, 네 벌거벗은(양심의 순결) 수치를 가리우고 또 안약을 사서 눈에 넣어 눈을 떠라. 나는 내가 사랑하는 자일수록 책망도 하고 징계도 한다.

그러므로 너는 열심히 노력하고 네 잘못을 뉘우쳐라. 들어라. 내가 문밖에 서서 문을 두드리고 있다. 누구든지 내 음성을 듣고 문을 열면 나는 그 집에 들어가서 그와 함께 먹고, 그도 나와 함께 먹게 될 것이다."[352] 그러므로 우리는 절망해서는 안 된다. 예수님은 우리가 진정으로 회개하면, 참된 사랑을 주시기 위해 항상 준비하고 계신다.

1280 그래서 우리가 진정으로 회개하기 위해서는 좋은 영적 지도자를 만나야 한다.

(1) 지혜로운 고백 신부에게 자주 자신의 영혼 상태를 솔직하게 말하고, 자기 영혼의 마비 상태(痲痺狀態)를 깨우쳐 주기를 진심으로 원해야 한다. 그러기 위하여, 영혼은 인내와 열정으로 지도자의 권고를 받고 따르도록 한다.

(2) 영혼은 영적 지도 아래, 특히 제523항-제528항에서 이야기한 활동을 실행한다. 곧 영혼은 자주 자신을 새롭게 봉헌(奉獻)하면서, 양심 성찰(良心省察)과 기도를 통해 영성 수련을 실천한다. 이 때의 열정은 감성적(感性的)이 아니라, 하느님께 아무것도 거절하지 않으려는 의지의 용기여야 한다.

(3) 이미 제265항, 제468항-제476항에서 말했듯이, 영혼은 어

---

352) 요한 묵시 3, 18-20.

떤 주제에 대해서는 특별 성찰(省察)을 단계적으로 하고, 고해성사를 받으면서, 덕행과 직무에 충실하도록 한다.

　이렇게 할 때, 영혼에게는 완덕에 대한 열정이 되돌아 올 것이다. 그리고 지난 죄를 진심으로 뉘우치고 속죄(贖罪)할 것이다.

부　록 : 빛의 길을 위한 영의 식별

1281 우리는 이미 제953항-제957항에서, 정화의 길을 걷는 초보자들을 위한 영의 식별(識別, discernement)에 대한 성 이냐시오의 규범을 다루었다.

이제 성 이냐시오가 빛의 길을 위한 수련의 규범들을 요약하는 것은 매우 유익할 것이다.[353] 우리는 이 규범에서 말하는 영의 식별을 단순하게 다음 두 가지 관점에서 살펴보기로 한다. 즉 (1) 영적 위로에 관한 규범. (2) 미래의 계획에 대한 열망의 규범 등이다.

1282 (1) 영적 위로(慰勞)에 관한 규범

ㄱ) 빛의 길을 걷는 영혼의 위로는 올바른 정신과 관계된다. 올바른 정신을 가진 영혼은 좋은 의지로써 평화가 깃든 참된 영적 기쁨을 준다. 그러나 바르지 못한 정신을 가진 영혼은, 환상(幻想)과 교활함을 통해 그럴듯한 이유를 대면서 기쁨과 싸우기 위해 온다. 그래서 영의 식별에 대한 이 규범은, 하느님께서는 평화의 창조자이시고, 악마는 영혼을 실망에 빠뜨리고 혼란을 준다는 데 그 근원을 둔다.

ㄴ) 하느님만이 빛의 길을 걷는 영혼에게 아무런 조건 없이 참된 영적 위로를 주실 수 있다. 오직 하느님만이 영혼을 끌어당기고 당신께로 돌려놓기 위해 영혼의 내면(內面)으로 깊이 스

---

353) 성 이냐시오의 「영성 수련」, 영의 식별에 관한 규범들. 제313항-제344항 참조.

머드실 수 있다. 영적 위로는, 우리의 영혼이 실망에 빠져 있을 때, 한 순간 좋은 뜻과 용기와 기쁨을 영혼에 가득 채워 주고 안심하게 한다.

ㄷ) 어떤 원인이 영적 위로(慰勞)보다 선행했을 때, 이 영적 위로는 바른 정신과 그릇된 정신, 둘 가운 데 하나이다. 만일 영적 위로가 영혼을 분명하고 힘있게 선으로 돌려준다면, 그 영적 위로는 선한 영에서 온 것이다. 그렇지 않고 교만과 명예 또는 쾌락에 대한 애착, 나태와 무기력함을 영혼에게 준다면, 그 위로는 그릇된 영에서 온 것이다. 다르게 표현한다면, 영적 위로는 열매를 보고 그 나무를 알 수 있다는 것이다.

ㄹ) 빛의 천사(天使)로 변장(變裝)한 악한 천사는, 먼저 열심한 영혼 안에 악한 감정을 불어넣는다. 그래서 악한 천사는 한 영혼이 덕에 전념하는 것을 볼 때, 처음에는 덕에 합당한 감정을 영혼에게 불러일으킨다. 그리고 나서, 악한 천사는 영혼이 이기적 사랑에 의지하도록 이끈다.

이어서 실망(失望)으로 영혼을 끌어들이기 위해, 영혼에게 애착과 자만(自慢) 또는 헛된 만족의 감정을 불러일으키게 한다. 이로 인하여 영혼은 조금씩 자신을 잃어버리게 된다.

1283 (2) 미래의 계획에 대한 열망의 규범

ㄱ) 완덕으로 나아가려는 우리의 계획과 열망은, 항상 조심스럽게 처음과 중간 그리고 마지막이 선(善)을 향하고 있는가를 검토해야 한다. 만일 이 열망에 대한 움직임이. 어느 한 곳에라도 우리가 처음 시도했던 것보다 올바르지 않고 주위를 산만하게 한다면 즉시 중단해야 한다.

그리고 이 열망이 영혼을 근심스럽게 하고 약화시키고, 혼란마저 준다면, 이 열망에는 분명 영원한 구원을 방해하는 원수인 악마가 작용하고 있다는 증거이다.

빛의 길을 걷는 진보자의 행동이 올바르기 위해서는, 그에게 하느님의 뜻이나 영적 행복에 반대되는 것이 없어야 한다. 그러므로 만일 이 열망의 요소들 가운데 여러 잘못을 만난다면 그것은 악마의 징표가 된다.

ㄴ) 만일 빛의 길에 있는 영혼이 악의 개입을 발견했을 때, 그는 미래에 대한 좋은 열망을 다시 시작하는 것이 유익하다. 그리고 어떻게 조금씩 악마가 영혼 안에 들어와서 자신을 혼란시키고 악으로 이끌기를 시도했는지를 살펴보는 것도 유익하다. 이 경험은 우리가 악마의 계략(計略)에 대항해서 자기 자신을 지키는 방법을 알게 한다.

ㄷ) 선하고 악한 영(靈)의 행동 방식을 식별(識別)하는 규범은 단순하다. 곧 선한 영은 소리 없이 스며드는 이슬처럼 빛의 길로 진보하는 영혼에게 조심스럽게 움직인다. 그러나 악한 영은 마치 돌 위에 떨어지는 폭포처럼 그 행동이 시끄럽고 요란하게 움직인다.

ㄹ) 빛의 길을 걷는 진보자는 하느님으로부터 오는 위로(慰勞)를 받을 때에도, 그 위로의 전 후 시기(時期)를 잘 식별할 줄 알아야 한다. 영혼을 위로하는 시기에 영혼은 은총의 충동에 따라 움직인다. 그러나 위로가 지나간 후에는 은총이 하느님으로부터 직접 오지 않는다. 그러므로 영의 식별에 대한 규범에 따라 세심하게 영적 위로를 성찰해야 한다.

제Ⅳ부 악의 공격에 대한 투쟁 321

1284 (3) 성 이냐시오에 의해 묘사(描寫)된 영의 식별에 대한 이 규범들을 살펴보면서 우리는 다음 몇 가지를 덧붙인다.

ㄱ) 시기에 맞지 않은 완덕에 대한 영감(靈感)을 얻어, 현실적이 아닌 유별난 덕을 실천하면서, 자신을 특별하게 생각하는 것은 그릇된 영의 징표이다. 왜냐하면 올바른 영은 우리를 높은 완덕으로 이끌면서, 자신의 직무와 알맞게 겸손한 삶을 완성시켜 주기 때문이다.

ㄴ) 작은 일을 무시하면서 큰 일을 통해 자신을 성화(聖化)시키려는 열망은 올바른 영의 징표가 아니다. "천지가 없어지는 일이 있더라도 율법은 일 점 일 획도 없어지지 않고 다 이루어질 것이다"(iota unum aut unus apex non praeteribit a lege, donec omnia fiant).[354]

ㄷ) 우리가 잘하고 있다고 믿을 때 갖게 되는 자기 만족, 덕과 신심으로 존경받고 싶은 열망은 하느님을 모든 것에 앞서 찾으려는 그리스도적 정신에 위배된다. "내가 지금 사람들의 호감을 사려고 한다면 나는 그리스도의 일꾼이 아닐 것입니다"(Si adhuc hominibus placerem, servus Christi non essem).[355]

그러므로 칭찬 받기 위해 자책(自責)하는 거짓 겸손과 실제로 이웃만을 기쁘게 할 열망을 가진 거짓 온유(溫柔)는 하느님의 정신과 반대된다.

ㄹ) 빛의 길을 걷는 영혼이 무미건조(無味乾燥)와 시련 가운데서 실망하고, 투덜대고, 안절부절하는 것은 세속(世俗)적인 정신의 징표이다. 이와는 반대로, 그리스도인의 정신은 십자가에 대

---
354) 마태 5, 18.
355) 갈라 1, 10.

한 사랑과 거룩한 포기(抛棄)와 체념으로 우리를 이끈다. 그리고 빛의 길을 걷는 진보자는 분심과 무미건조 가운 데서도 묵상을 끝까지 실천하게 한다.

제4편 빛의 길의 요약

1285 (1) 영혼이 완덕으로 나아가는 빛의 길의 목표는, 우리의 나약함에서 예수님의 덕성(德性)을 본 받고 그분을 따르는 데 있다. 이것을 두고 빛의 길을 걷는 진보자의 영혼은 예수님의 빛을 따라 걷는다고 한다.

"나는 세상의 빛이다. 나를 따라 오는 사람은 어둠 속을 걷지 않고 생명의 빛을 얻을 것이다"(Qui sequitur me, non ambulat in tenebris, sed habebit lumen vitae).[356] 그래서 빛의 길을 걷는 영혼이 갖는 온 삶의 중심은, 참된 사랑을 통해 매 순간 예수님과 일치하도록 노력하는 것이 그의 가장 큰 이상(理想)이다.

이와 같은 이상의 삶을 위해서 우리의 묵상은 보다 정감적(情感的)이어야 한다. 우리가 하느님을 흠숭(欽崇)하기 위해, 예수님을 항상 우리 눈 앞에 두고 그분과 일치하면서 덕을 실천하도록 노력해야 한다.

그리고 빛의 길을 걷는 영혼은 주님을 사랑하기 위해 그분을 우리 마음 안에 모신다. 이 길을 걷는 영혼이 실천해야 할 덕은 크게 나누어 대신덕(對神德)과 윤리덕이다. 완덕의 삶에서 볼 때, 위에서 말한 초자연적 덕과 자연적 덕들은 서로 도와 준다.

---

356) 요한 8, 12.

그럼에도 불구하고 우리의 영적 삶의 발전에는 크게 나누어 두 단계로 구분할 수 있다. 곧 완덕의 삶에서 첫 번째 단계는, 먼저 윤리덕에 더 치중하지만, 궁극적으로는 두 번째 단계의 대신덕에 더욱 중점을 두어야 한다.

1286 (2) 빛의 길을 걷는 영혼이 하느님과 일치하기 위해서는, 먼저 그 일치에 장애가 되는 요인들을 완화시켜야 한다. 그런데 이 요인들은 다름 아닌 사추덕(四樞德)이다.

① 현명(prudence)의 덕은, 우리의 지성을 완화시키고, 행동하기 전에 생각하게 한다. 그리고 하느님과 그 대리자의 권고(勸告)를 듣는 습관을 갖게 하며, 신적 지혜(智慧)의 삶에 참여하게 한다.

② 정의(justice)의 덕은, 나무랄 데 없는 청렴(淸廉)한 실천과, 장상에 대한 순명과 존경의 실천을 통해, 하느님과 형제의 권리를 존중하는 습성을 키우면서 의지를 유연하게 한다. 이렇게 함으로써 우리는 하느님의 정의에 가까이 가게 된다.

③ 용기(force)의 덕은, 우리의 탈선(脫線)에 제동을 걸고 절제시키면서 강한 열정을 완화시킨다. 그리고 실현하기 힘든 초자연적 선을 향해 우리로 하여금 강한 힘을 쏟게 한다. 그래서 용기는 항구함과 인내와 아량을 실천하게 하고, 이로써 하느님의 힘에 가까이 가게 한다.

④ 절제(tempérance)의 덕은, 우리에게 쾌락에 대한 애착을 없애 준다. 절제는 우리에게 음식의 절제를 통해 탐식을 금하도록 도와 준다. 그리고 절제는 정결에 대한 육체적 욕망, 겸손을 거스르는 오만함, 온유함을 통해 화내는 것을 다스리게 한다.

1287 (3) 빛의 길의 두 번째 단계는, 대신덕을 통하여 하느님께 직접 우리를 일치시킨다.

① 믿음은 지성의 어두움을 조절하여 명확하게 우리를 하느님과 일치시킨다. 그리고 믿음은 우리를 하느님의 뜻에 순종시키고, 그분의 생각과 같게 한다.

② 희망은 우리의 의지를 들어 올려, 지상에서 하늘의 것으로 그 열정을 태우게 한다. 그리고 우리를 무한히 강하게 하고 선하게 하며, 우리 행복의 원천인 하느님과 일치하게 한다. 즉 희망은 신뢰를 기초로 하면서 초자연적 목적에 도달하기 위해 필요한 모든 도움을 기다리게 한다.

③ 사랑은 우리로 하여금 진정으로 하느님을 사랑하게 한다. 왜냐하면 그분은 참으로 무한히 선하시기 때문이다. 사랑은 우리 영혼 모두를 하느님과 일치시킨다. 그래서 사랑은 우리가 하느님을 위해 이웃을 사랑하게 한다.

우리는 예수 성심에서 하느님과 이웃에 대한 사랑을 하나의 사랑으로 묶어야 한다. 그러기에 우리 사랑은 하느님과 일치하면서 우리의 이기심에서 이탈(離脫)해야 한다. 그리고 예수님의 마음을 우리의 마음으로 만들면서, 우리는 예수님이 살았던 것처럼 하느님을 위해 살아야 한다. "나는 내 아버지의 힘으로 산다"(Ego vivo propter Patrem).[357]

1288 (4) 끝으로 우리는 승천(昇天)날에 있을 악의 원수로부터 반격(反擊)을 기다려야 한다. 왜냐하면 우리 영혼의 가장 내면까지, 일곱 가지 죄가 스며들어 오려고 계속 시도하기 때문이다.

---

357) 요한 6, 58.

그러기에 우리가 조심하지 않으면 우리의 영혼은 죄악에 빠지고 말 것이다. 그러나 끝까지 예수님께 의지하는 용감한 영혼들은 이 공격을 물리치고 완덕을 다질 것이다. 그 결과 빛의 길을 걷는 영혼은, 앞으로 일치의 길에 있을 시련과 기쁨을 준비하게 된다.

수덕 신비 신학 4
빛의 길

1999년 9월 11일 교회 인가
2000년 10월 30일 1판 1쇄
2007년 5월 20일 1판 4쇄
2018년 10월 15일 1판 5쇄

지은이 아돌프 땅끄레
옮긴이 정대식
펴낸이 한상천
펴낸곳 가톨릭 크리스찬

142-109 서울 강북구 미아 9동 103-127
등록 1993. 10. 25 제 7-109 호
전화 02) 987-9333
팩스 02) 987-9334
이메일 moregoodok@hanmail.net
우리은행 1002-533-493419 한상천

값 **12,000원**

ISBN 89-88822-08-0
ISBN 89-88822-04-8 (제5권)